弱い円の正体
仮面の黒字国・日本

唐鎌大輔

日経プレミアシリーズ

はじめに

「腐りにくい議論」の反響

2022年9月、日本経済新聞出版から発刊させて頂いた前著『「強い円」はどこへ行ったのか』は大変多くの方々の手に取って頂き、私のキャリアの中でも経験したのことない反響を頂戴した（以下特に断らない限り、単に前著と呼ぶ）。企業勤めの方々や資産運用に関心がある一般の方々に限らず、官僚や政治家といった為政者の方々からも多くの感想を頂戴した。普段、あまりお近づきになれない経営者や現役閣僚の方々など、本の内容に関して講演を依頼されることも増えた。為替というのはそれだけ広い読者層を持つ分野なのだと改めて感じさせられた次第である。なお、経済・金融関連の議論は反響が大きければ大きいほど賛否入り混じるものだが、前著に関しては多くの賛意に支えられた実感もあった。例えばアマゾンの評価で100件以上のレビューを頂きながら、批判的な意見は殆ど無かった。ありがたい話である。前著の「はじめに」では中長期的な議論、ラフに言えば「腐りにくい議論」に努めると宣言した上で筆を進めた。この点を評価して頂いたという感覚が非常に強い。今の時代、動画やSNSなどを通じて、お手軽に経済統計やニュースをまとめた上で「さくっと分かります」のような謳い文句と共に情報発信する風潮が流行しやすいが、まだまだ構造的な議論や分析に関心がある人は相応にいるのだということに勇気づけられた。本書も、前著同様、「腐りにくい議論」を徹底したつもりゆえ、その点はご安心頂きたい。

異端ではなくなった構造的円安論

筆者が2022年3月時点で「構造的円安」という表現を使った際、少なくないベテランの同業者や学者の方々から「言い過ぎではないか」という反駁が出たことも記憶している。前著に対しても「悲観的過ぎる」という声は少なからずあった。しかし、ディーリングルームに席を置き、日々、事業法人や投資家の方々と意見を交わす機会に恵まれてきた筆者の経験に照らせば、2012年頃を境として東京外国為替市場は確実に「円を買いたい人が多い市場」から「円を売りたい人が多い市場」へ変わっていることは確信していた。それは赤字転化した貿易収支とも平仄の合う話であった。しかし、日本経済の歴史が「円高の歴史」であり、現に経常収支が大幅黒字で、対外純資産残高も世界最大であることから、「どうせまた円高に戻る」という史実を忘れられない経験豊富な分析者が多かったのではないかと察する。その気持ちは分からなくもない。しかし、分岐点の可能性くらいは疑うべきだと筆者は思う。

前著は日本円ひいては日本経済が直面している構造変化について、国際収支統計を主軸に分析した。そこでは端的に「日本は今までよりも外貨が獲得しにくくなっている」という事実を指摘したつもりである。そのような趣旨が多くの人々に刺さったということは「やはり多くの人々が、円の将来を憂いている」という現状があるのだと感じた。そして、前著を出してから約1年半後となる2024年3月26日、財務省は神田眞人財務官の下、「国際収支に関する懇談会」の立ち上げを発表した。筆者においては同会合の委員を拝命し、僭越ながら初回会合のリードスピーカーという貴重な役回りも務めさせて頂いた。このような行政の流れに、前著以降の筆者の議論が何らかの一助となったのであれば非常に本望と感じる。

いずれにせよ、2022年とは違い、長引く円安相場に関し、その構造的性格を疑う論調はもはや異端ではなくなっている。前著に引き続き、「日本は今までよりも外貨が獲得しにくくなっている」というメッセージは今回も議論の要である。

「新時代の赤字」

というわけで、本書も「明確な方向感をすぐ知りたい」と切望する読者よりも「日本経済や円の何が変わっているのか（あるいは変わろうとしているのか）」を長い目で知りたい読者の期待に応えるように努めた。前著発刊以降も、筆者は円相場の動向について需給面から調査・分析を進めてきた。そこから得られた知見を今回、ご紹介させて頂きたいと思っている。その意味で本書は前著の続編的な位置づけとご理解頂いても差し支えない。もちろん、前著の知識がなくとも理解に支障が無いように配慮したつもりなのでご安心頂きたい。

前著同様、今回も国際収支を分析の中心に据えている。例えば第1章ではサービス収支の構造に大きな変化が生じている事実を議論している。実は本書の執筆依頼も、筆者が2023年春以降、議論を重ねてきたサービス収支の構造変化に関するコラムを受けて日本経済新聞出版から「面白いので掘り下げて欲しい」とお声がけ頂いた経緯がある。GAFAM（Google、Amazon、Facebook（現Meta）、Apple、Microsoft）に象徴される米国の巨大IT企業が提供するプラットフォームサービスや日本で事業展開する外資系コンサルティング企業、海外に拠点を構える国内外企業の研究開発拠点など、これまで為替の世界ではあまり注目されてこなかった費目について外貨の支払いが増えている現状がある。これらは統計上、サービス収支赤字（厳密にはその他サービス収支赤字）として計上されるものだ。筆者はこれを「新時代の赤字」と呼び、執拗な円安相場の一因として注目してきた。詳しくは本文で紹介しているが、今や多用されるようになった「デジタル赤字」というフレーズは、2023年春以降、「新時代の赤字」を議論する過程から派生し、耳目を引くようになった感が強い。

歴史的に、円相場と関連して取り上げられる需給関連の統計と言えば、なんといっても貿易収支が筆頭だった。当然、それは現在も重要である。2022年に記録した約▲20兆円という史上最大の貿易収支赤字が対ドルで▲30％以上という円相場の暴落を主導した疑いは強い。だが、資源価格や為替動向に左右されやすい貿易収支と違って「新時代の赤字」は増える未来しか思い浮かばない怖さがある。前著ではカバーできなかった論点だ。

「仮面の黒字国」の素顔に迫る努力

一方、「日本は経常収支黒字国である。円安はいずれ収束する」といった論調もまだ相応に根強さを感じる。2022年3月に大幅な円安相場が始まって以降、筆者は日本固有の構造的な要因にも目を向けた方が良いとしつこく論じてきた。しかし、「経常収支黒字国ゆえにそれは杞憂」といった反対論陣も常にあった。確かに、日本の経常収支は大きく悪化したと言われた2022年でも＋11兆4486億円の黒字を記録し、2023年には＋21兆3810億円と極めて大きな黒字を実現した。しかし、円の対ドル相場は2022年に最大で約▲35％（約113円↓約152円）、2023年に最大で約▲20％（約127円↓約152円）、それぞれ下落している。つまり、現実に起きたことは「経常収支黒字にもかかわらず円急落」であった。こうした事実を額面通り受け止めた場合、「統計上の（経常収支の）黒字」が実際に円買い・外貨売りという為替取引、一言で言えばキャッシュフロー（CF）を伴っていない可能性に目を向けるのが真摯な分析姿勢ではないか。この点、第2章ではCFベースで見た経常収支の実情を詳しく議論している。あくまで試算だが、CFベースで見た場合、2022年および2023年の経常収支は赤字だった可能性を筆者は疑っている。日本の経常収支黒字は今や過去の投資の「あがり」である第一次所得収支黒字に支えられている。その中身は本当に日本に回帰しているのか（円買いに繋がっているのか）。また、回帰していないとすれば、それを回帰させる方法はあるのか。本書の焦点はあくまで円相場だが、日本経済の現状と展望を考える上で非常に重要なテーマも孕んでいる。この点も前著ではカバーできなかった論点だ。

経常収支黒字国や対外純資産国というステータスは一見して円の強さを担保する「仮面」のようなものであり、「素顔」としてはCFが流出していたり、黒字にもかかわらず外貨のまま戻ってこなくなったりしている可能性がある。この意味で日本は「仮面の黒字国」ないし「仮面の債権国」とも言える状況にあり、統計上の数字を見るだけでは見えてこない「素顔」に迫る努力が必要というのが筆者の問題意識である。

異なる視点が求められる時代

2022年末ないし2023年初頭時点で、殆どの有識者は「2023年は2022年の揺り戻しで円高の年になる」と予想していた。2022年9月に円安相場の構造的性格を議論した書籍を著わしたばかりの筆者からすれば「そう簡単に円安は終わらない」と考えていたゆえ、「2023年も円安の年」との論陣を張った。当時、これは非常に珍しい意見であった。これは2022年末から2023年初頭の様々なメディアに掲載された各金融機関の見通しを見ればよく分かる。

しかし、現実は2023年も円安が続き、同年10月には2022年と同様、一時150円を突破した。ここで「自分の予想が当たった」ということを喧伝したいわけではない。為替予想は当たることもあれば、外れることもある。注目すべきは予想の正否ではなく、多くの有識者と呼ばれる人たちの予想がなぜ一方向に集約されたのかという点だ。それはひとえに「同じものを見ている」からではないか。2023年に限って言えば、殆どの有識者が「年初は円安だが、3~5月を境に円高へ転じる」とその軌道まで類似していた。これは米連邦準備理事会（以下FRB）の金融政策運営、言い換えれば「米国金利の軌道に応じて円相場の軌道も決まる」という経験則に基づいた結果だと見受けられる。実際、FRBの利上げ路線は2023年3~5月頃から停止観測が強まったので、そのような読み自体は概ね適切だったと言える。歴史的に日米金利差とドル／円相場の関係が安定してきたのも事実であり、「FRBが利上げを停止する（2023年の）春先以降に円高・ドル安になる」という予想は王道だったと言って良い。

しかし、「米国の金利が低下すれば（ドル安になり）大きく円高へ傾く」というのは貿易収支が黒字だった時代の発想でもある。米金利の軌道は今後も円相場にとって重要には違いないが、米金利が低下したからと言って、本書で注目する「新時代の赤字」やCFベース経常収支の赤字が消えてなくなるわけではない。端的に言えば、需給構造の変化を背景として金利差が円相場に持つ説明力が過去よりも衰えている可能性を視野に入れるべきというのが筆者の立場だ。そういった意味で金利差に依存しない、これまでの歴史とは異なる視点が強く求められる時代に入ったと言える。

通貨高は先進国の悩み、通貨安は途上国の悩み

なお、強く断っておくが、筆者は「金利差は無意味」と言いたいわけではない。「新時代の赤字」やCFベース経常収支の赤字といった議論で注目を集めてしまったため、そのように解釈されがちだが、あくまで「金利差が円相場に持つ説明力が過去よりも衰えている可能性」を知って欲しいという立場だ。金利差も依然、重要なドライバーに違いない。また、筆者は「もう円高にならない」と述べたこともない。前著の影響もあり、「円安しかあり得ない」と考えているかのような誤解を受けることもあり困惑することがある。特に、メディアを通じた情報発信では語気の強いヘッドラインが切り出されるため、「また円安を煽っている」と思われたりすることもある。だが、変動為替相場制である以上、通貨の軌道が一直線であるはずがないし、顧客向けの説明でも潮目の変化はしっかりと議論している。この点は筆者の情報発信管理の拙さを自省する部分もある。

しかし、今後円高という「方向感」が出ることはあっても、「どこまで戻るのか」という「水準感」は別問題として考える必要がある。少なくとも、日本がかつてのように「円高に怯える経済」ではなくなったという事実はもう認めても良いのではないか。円高が日本経済の宿痾のように言われていた2012年頃までの状況と比べると、それから10年余りで社会・経済構造は大きく変化した。背景には何があるのだろうか。それは少なくとも「米国の雇用統計が市場予想を上回った（もしくは下回った）」とか「FRBの利上げ回数があと〇回だ」といったような日々消費されるだけのヘッドラインに執心しては見えてこないものだと筆者は考えている。先に述べたように、本書では居住者と非居住者の対外経済取引を包含する国際収支統計を主軸として円相場の実相に迫った。それにより近年の日本が経験する需給構造の変容を少しでも炙り出せたのではないかと思っている。それは「さくっと分かります」のような解説が難しい世界だが、極力分かりやすい解説に努めたつもりだ。

「はじめに」の結びとして前著と同じことを述べたい。資源の純輸入国である日本にとって「通貨の価値」は国民生活の生殺与奪に関わるテーマだ。これは2022年を通じて日本全体が痛感したはずであり、2023年以降はその結果として値上げが頻発している。円安が万能薬として喧伝された時代は終焉を迎え、為替に対する社会規範も2022年を境として明確に変わったと筆者は感じている。そうでなければ「悪い円安」という言葉が流行語大賞の候補に入ったりはしない（2022年にはそうした話もあった）。歴史に通底する事実として「通貨高は先進国の悩み、通貨安は途上国の悩み」だ。2022年以降、日本は明らかに「通貨価値が高いこと（円高）」よりも「通貨価値が低いこと（円安）」に悩む時間が増えた。それをもって「途上国になった」と言うつもりはない。だが、足場が崩れ始めているような感覚を覚えるのは筆者だけではないのではないか。前著に続き本書が、読者の方々にとって日本円ひいては日本経済の現状と展望を考える契機になれば幸いである。

目次

第3章　資産運用立国の不都合な真実 ……………………

第5章 日本にできることはないのか ——円安を活かすカード

第　1　章

「新時代の赤字」の正体

為替を動かす「金利」そして「需給」

2022年に始まった歴史的な円安相場は一過性の動きにとどまらず2023年に入ってからも持続しており、本書執筆時点（以下、断らない限り2024年4月時点）でも社会問題の1つとして認識される状況にある。多くの識者の予想に反し、2023年や2024年に入っても円安が持続した要因は1つではないだろう。2023年には終息へ向かうと思われた米国のインフレが意外にも粘着的であったこと（それゆえにFRBも利下げに着手できなかったこと）や2023年4月に就任した植田和男総裁の下、日本銀行（以下日銀）が緩和路線の継続を強調したことなど、金融政策に絡んだ議論が金融市場では円安の理由として取りざたされた。こうした金融政策関連の議論は為替の変動要因で言えば「金利」要因であり、確かに重要な説明変数ではある。

しかし、円相場の解説があまりにも金利（特に海外と比較した際の内外金利差）要因に依存し過ぎていることに筆者は違和感を抱いてきた。というのも、2022年から2023年にかけてFRBは利下げの着手にこそ至らなかったものの、利上げ幅の縮小を経て利上げ停止の判断にまで至った。しかし、それでもドル／円相場は150円を超える時間帯があった。2024年に入ってからもパウエルFRB議長が利下げを約束するような言動を繰り返したが、円安は反転せず、逆に2024年4月には対ドルで約34年ぶりの安値を更新している(4月29日には1990年4月以来の160円台をつけている)。長い歴史において円相場では「FRBがハト派色を強めれば自ずと円高になる」という不文律があったように思うが、少なくとも2023年はそうならなかったし、本書執筆時点でもそうなってはいない。これは何故なのか。もう少し深く考える必要がある。

そもそも為替は「金利」だけで動くものではなく、究極的には「需給」に依存するものだ。世界で最も広くて深い金融市場である為替市場の「需給」を把握するのは容易ではないが、その基本として国際収支統計が発表されているのだから、可能な限りそれを細かく分析すべきというのが筆者の基本姿勢である。この点は前著でも強調してきた。本書の第1章および第2章では歴史的な円安を経験した2022年や2023年を中心として国際収支統計を振り返り、現在の日本が直面している構造変化の実相に迫りたいと思う。まず、第1章では国際収支統計の中に「新時代の赤字」とも言うべき新しい赤字が発生していることを議論する。次に、第2章では報道で取り上げられるような「統計上の黒字」を額面通り受け止める危険性について議論する。この第1章および第2章は本書の核となる部分だ。

図表1-1　日本の経常収支

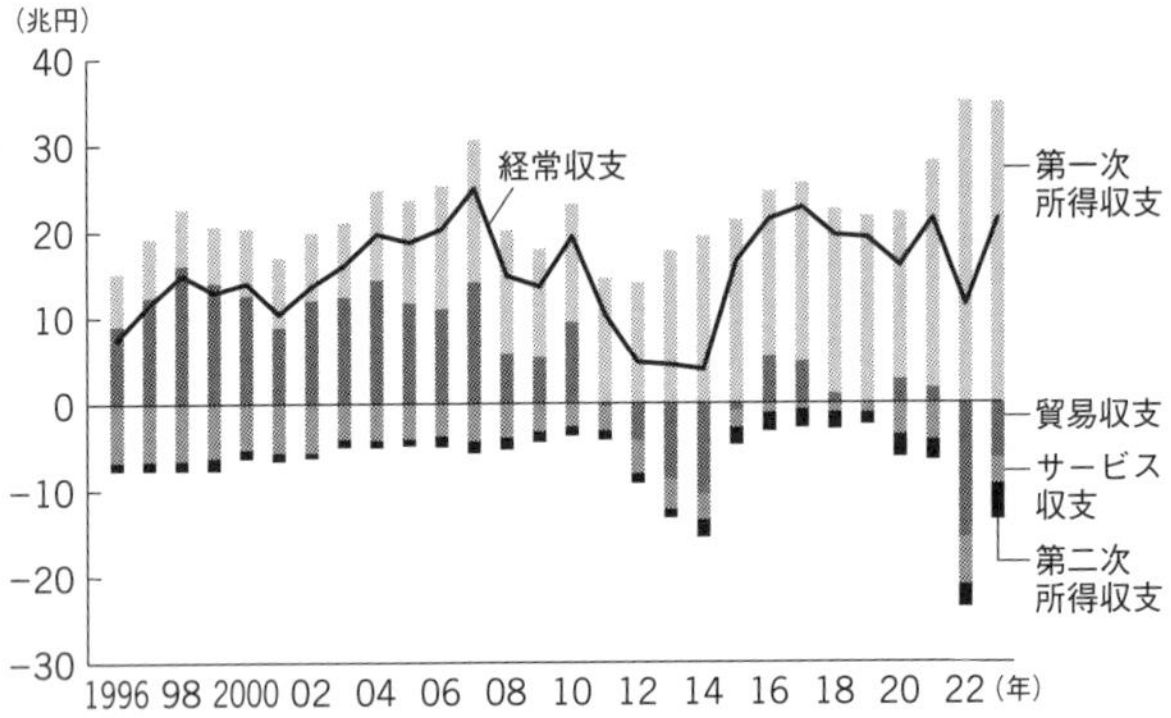

（出所）財務省

「成熟した債権国」らしい仕上がり

本書執筆時点では2023年が暦年として取得できる日本の最新の国際収支統計となる。この点、同年の経常収支は＋21兆3810億円の黒字だった（図表1−1）。これはひとえに第一次所得収支黒字が＋34兆9240億円と史上最大を更新したことの結果である。第一次所得収支黒字は、いわゆる過去に行った投資の「あがり」の部分とも表現される部分だ。こうした国内企業や国内投資家が抱える巨額の外貨建て資産は今の日本に残された希少な強みである。そうした「あがり」の部分が歴史的な円安もあって膨張したのが2022年や2023年であった。片や、第一次所得収支黒字で大きく黒

図表1-2 世界の経常収支黒字国（2022年、上位10か国）

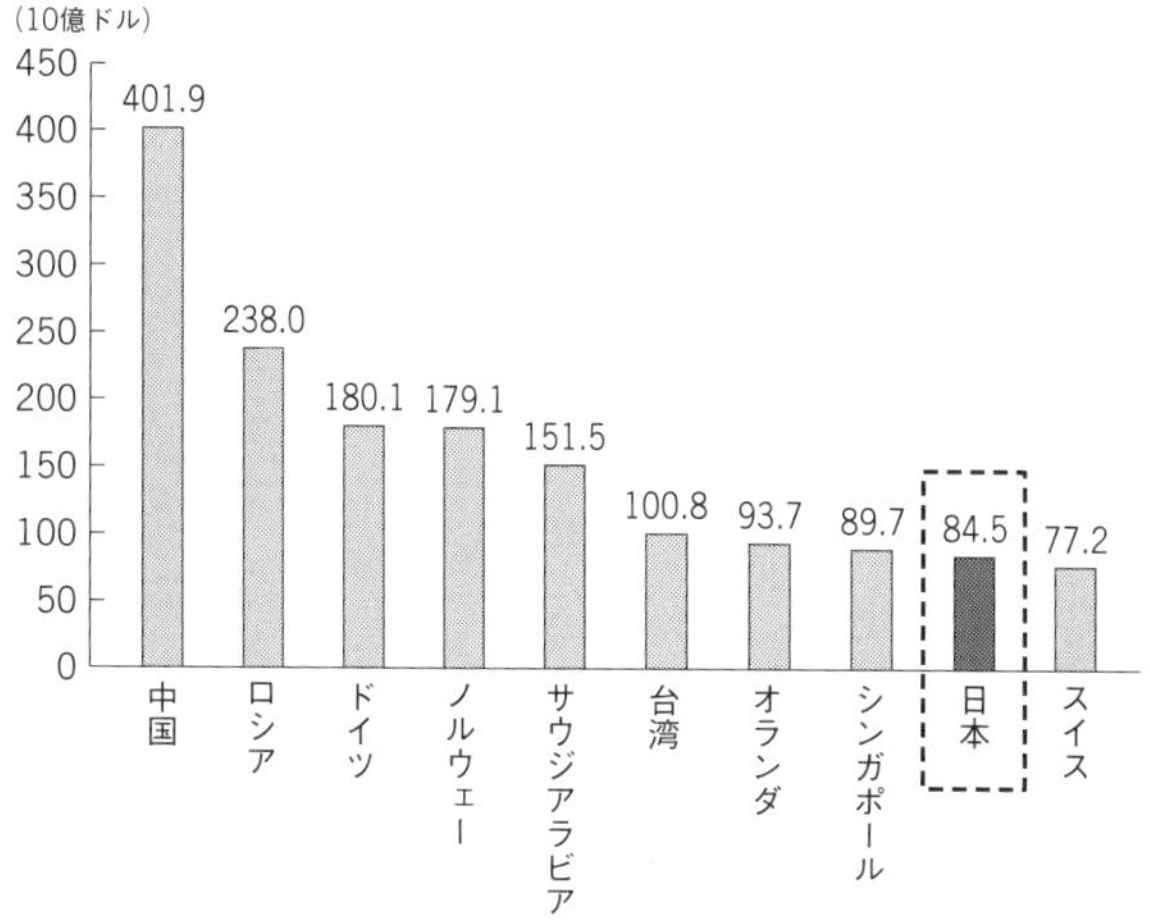

（出所）IMF, World Economic Outlook（WEO), April 2024

字を稼ぎつつも、２０２３年は貿易サービス収支が▲９兆４１６７億円と現行統計開始以来で４番目となる大きな赤字を記録したことも見逃せない動きではあった。ちなみに前年（２０２２年）の貿易サービス収支は大幅な資源高と円安が直撃したことで▲21兆６６５億円と過去に類例を見ない規模の赤字を記録していたので、そこから比較すれば「赤字が半減した」という表現も可能ではあった。実際、メディア報道においてはそのようなヘッドラインが目立った。しかし、その２年間だけで優に▲30兆円を超える赤字が出ていたことを踏まえれば、２０２２年

図表1-3　国際収支の発展段階説

需給の実情は?（⑤→⑥）

	①未成熟な債務国	②成熟した債務国	③債務返済国	④未成熟な債権国	⑤成熟した債権国	⑥債権取り崩し国
経常収支	赤字	赤字	黒字	大幅黒字	黒字	赤字
財・サービス収支	赤字	黒字	大幅黒字	黒字	赤字	赤字
第一次所得収支	赤字	赤字	赤字	黒字	大幅黒字	黒字
対外純資産	赤字	赤字	赤字	黒字	大幅黒字	黒字
金融収支	黒字	黒字	赤字	大幅赤字	赤字	黒字
例	英国		中国	2012年頃までの日本	日本	米国

（資料）筆者作成

から２０２３年の日本において円の需給構造が歴史的な歪み（具体的には円売り超過）に直面していたのは疑いようのない事実である。

　また、見方を変えれば、２０２２年も２０２３年も、貿易サービス収支でそれほどの赤字を記録しながらも、まだ世界有数の経常収支黒字国として君臨できているという評価も可能ではあった。例えば、史上最大の貿易サービス収支赤字を抱えた2022年でも日本の経常収支黒字は約+85億ドルで、これは世界で9番目に大きい黒字水準であった（図表1－2）。経済学の世界には国際収支統計の項目を用いて、ある国が債務国から債権国になり、それが崩れていく展開を6段階に分けて解説する「国際収支の発展段階説」という1950年代に提唱された考え方がある（図表1－3）。2022年や2023年の日本の国際収支は見事に「財では稼げないが、投資の収益で稼ぐ」という「成熟した債権国」らしい仕上がりではあった。詳しくは前著をお読み頂きたいが、2012年頃までの日本は「財を売っても外貨を稼ぐし、投資でも外貨を稼ぐ」という「未成熟な債権国」という段階にあった。それから10余年の月日を経て、段階が1つ進んだ状況（図表1－3で言えば④から⑤に移った状況）である。この点については異論が存在しないところだ。

「国際収支の発展段階説」を疑う目が必要

しかし、本章でこれから取り扱う「新時代の赤字」がこのまま膨らんだ場合、⑤の「成熟した債権国」が⑥の「債権国取り崩し国」に進む契機になるかもしれないというのが筆者の抱く問題意識である。半世紀以上前の理論では「新時代の赤字」は当然、想定されていなかった。言い換えれば、現在は理論的に想定し得なかったコースから経常収支黒字が削られる状況とも言える。

そもそも「国際収支の発展段階説」の分類上は「成熟した債権国」であっても、日本が実際に直面した現実は円安であったという事実を分析的な視点からどう評価するかという問題意識を抱くのが自然ではないか。既述した通り2022年も2023年も日本は大きな経常収支黒字が確保されたが、円相場は暴落と言っても良い動きだった。具体的な数字を示しておこう。2022年の円相場は対ドルで最大約▲35%、対ユーロでは最大約▲18%も下落し、通年ではそれぞれ約▲14%と約▲7%と顕著に下落した（最大変化率は当該年の高値と安値、通年変化率は始値と終値を比較、以下同）[1]。

ちなみに2023年も円は対ドルおよび対ユーロで最大約▲20%も下落し、通年ではそれぞれ約▲8%、約▲11%とやはり大幅に下落している。この間、筆者はほぼ毎日、主要通貨の対ドル変化率をチェックしていたが、2022年や2023年において円以上に常に下落していたのはG20通貨の中でトルコリラやアルゼンチンペソくらいだった。とりわけG7通貨としては異例の暴落を経験した局面が2022年や2023年だったと言える。経常収支が黒字ということは「入ってくる外貨の方が出て行く外貨よりも多い」はずなので、こうした一方的な通貨安は理論上、懸念される筋合いにない。しかし、2022年や2023年の日本ではそれが起きた。それは何故なのか。この点に疑問を持つのは分析者として当然である。

2023年の論調を振り返ると「2022年は『成熟した債権国』からの転落などを騒ぐ悲観論があったものの、杞憂だった」と過去の悲観論を腐すような声も散見された。過度な悲観論は確かに好ましくないが、そのような声は浅はか過ぎると筆者は感じた。定義上の「成熟した債権国」が維持されても、歴史的な円安相場が持続し、国民生活で痛みが続くのであれば、安堵感を覚える理由はどこにもない。「経常収支黒字なのに通貨安」という状況が慢性化するならば、そもそも「国際収支の発展段階説」に依存した現状把握を疑う必要がある。理論上、「成熟した債権国」が慢性的な通貨安に悩む局面は想定されていないはずだが、現に日本はそうなっている。こうした「経常収支黒字なのに通貨安」という状況については第2章でCFベース経常収支という考え方を通じ、筆者なりの見解を詳述する。

いずれにせよ、国際収支統計を構成する各項目の符号変化をもって国の発展段階をダイナミックに分類しようとする「国際収支の発展段階説」はシンプルに優れた考え方であると同時に、半世紀以上前の理論であるがゆえの不十分さも考慮する必要がある。過去の偉人が打ち立てた理論であっても、疑う目を持つことは悪いことではない。少しずつ、今を生きる我々がアップデートしていけば良い話だ。「国際収支の発展段階説」に関しては、改めて第2章の最後で筆者なりの考察を示したいと思う。

「新時代の赤字」としてのサービス収支赤字

本章や第2章では経常収支黒字という事実の陰に隠れ、注目されにくくなっている事実に焦点を当てていく。まず、本章では「新時代の赤字」の存在を示すべく、サービス収支赤字の存在を中心的に掘り下げる。既述したように、2023年の日本の貿易サービス収支は▲9兆4167億円と史上4番目に大きな赤字を記録した。これを主導したのは間違いなく貿易収支赤字（▲6兆5009億円）だが、サービス収支赤字（▲2兆9158億円）も決して無視できる規模ではなかった。このサービス収支赤字の規模は歴史的に大きなものではないが、実は中身を仔細に見ると、現在の日本が直面する課題が浮かび上がる。周知の通り、現在の世界経済は高度に国際化しており、財の取引だけではなく、サービスの取引も積極的に国境を超える。それに伴い円を取り巻く需給環境も変容しつつある。こうした状況下、サービス収支にどのような変化が起きており、それが円安とどういった関係を持っているのかについて第1章で議論していきたい。

2013年以降、日本の経常収支を議論するにあたっての注目点は①貿易収支の赤字、②第一次所得収支の黒字、③旅行収支の黒字という3点に集約されてきた。とりわけ③は言わずと知れた訪日外国人観光客（以下インバウンド）需要の結果であり、世間的にも耳目を引きやすい論点なので、読者にも馴染みがあるだろう。しかし、2020年以降、第4の論点として④その他サービス収支の赤字という伏兵が登場し、勢いを増している現実も知っておきたい。「その他サービス収支赤字」と呼んでしまうと重要性に乏しい印象を与えるため、筆者はその性質に鑑みて「新時代の赤字」と呼ぶことにしてきた。

「新時代の赤字」の中身を詳しく議論する前に、まず、サービス収支に関し、基本的な事実をおさらいしておこう。サービス収支は旅行収支・輸送収支・その他サービス収支の3項目から構成される。多くの人が知る通り、2015年頃から日本では旅行収支の黒字拡大が話題を集めている。2020年から2022年にかけては鎖国政策とも揶揄されたパンデミックにまつわる水際対策もあってそのポテンシャルを発揮できなかったものの、2023年には+3兆6313億円と2019年に記録した過去最大の黒字（+2兆7023億円）を優に更新している（図表1－4）。現在の日本経済が能動的に稼ぐことができる外貨の経路としては最大の項目である。

図表1-4　サービス収支とその中身

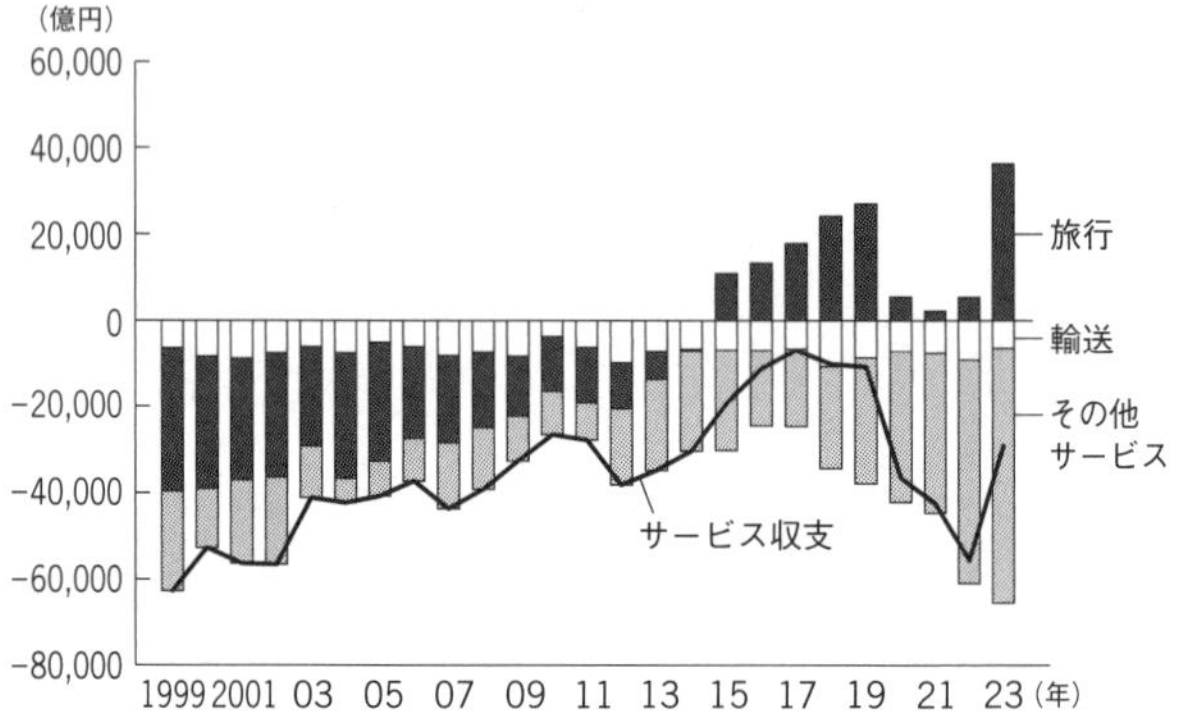

（出所）日本銀行

だが一方、その他サービス収支は2023年には▲5兆9040億円と過去最大の赤字を更新している。図表1－4に示す通りだが、その他サービス収支赤字の拡大ペースは非常に早く、実は2019年から2023年に至るまで、5年連続で過去最大の赤字を更新している。その結果、旅行収支で記録した「過去最大の黒字」はその他サービス収支で記録した「過去最大の赤字」に飲み込まれて消えてしまう構図にある。改めてサービス収支全体について2023年の数字を整理しておくと、まずサービス収支全体では▲2兆9158億円の赤字だった。この赤字は大きいが、歴史的な水準というほどではない。しかし、その中身は輸送収支で▲6432億円、旅行収支で＋3兆

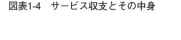

6313億円、その他サービス収支で▲5兆9040億円と濃淡が極めてはっきりしている。いくら旅行収支で沢山の外貨を稼いでも、その他サービス収支からの外貨漏出があまりにも大きいため、日本のサービス収支赤字は一向に解消しない。この構図こそ、日本の経常収支を議論する上での新しい論点として注目したいものだ。

「新時代の赤字」に掻き消される旅行収支黒字

図表1－5はサービス収支の変遷をより分かりやすくしたものだ。本書執筆時点で最新となる2023年とその前年の2022年、そして10年前となる2014年を比較している。例えば2014年と2023年を比較すると、サービス収支全体で見れば▲3兆335億円から▲2兆9158億円とほぼ横ばいで、特筆するほどの変化ではない。しかし、既に論じたように、サービス収支の中身では大きな変化が打ち消し合っている。2014年から2023年の10年間について項目別の変化を見ると、まずポジティブな変化としては旅行収支が▲444億円の赤字から＋3兆6313億円の大幅黒字へ転換していることが目に付く。その一方、同じ期間にその他サービス収支の赤字は▲2兆3239億円から▲5兆9040億円へ約2・5倍に膨らんでいる。注目度の高い旅行収支の黒字拡大ペースは確か

図表1-5　サービス収支の変遷

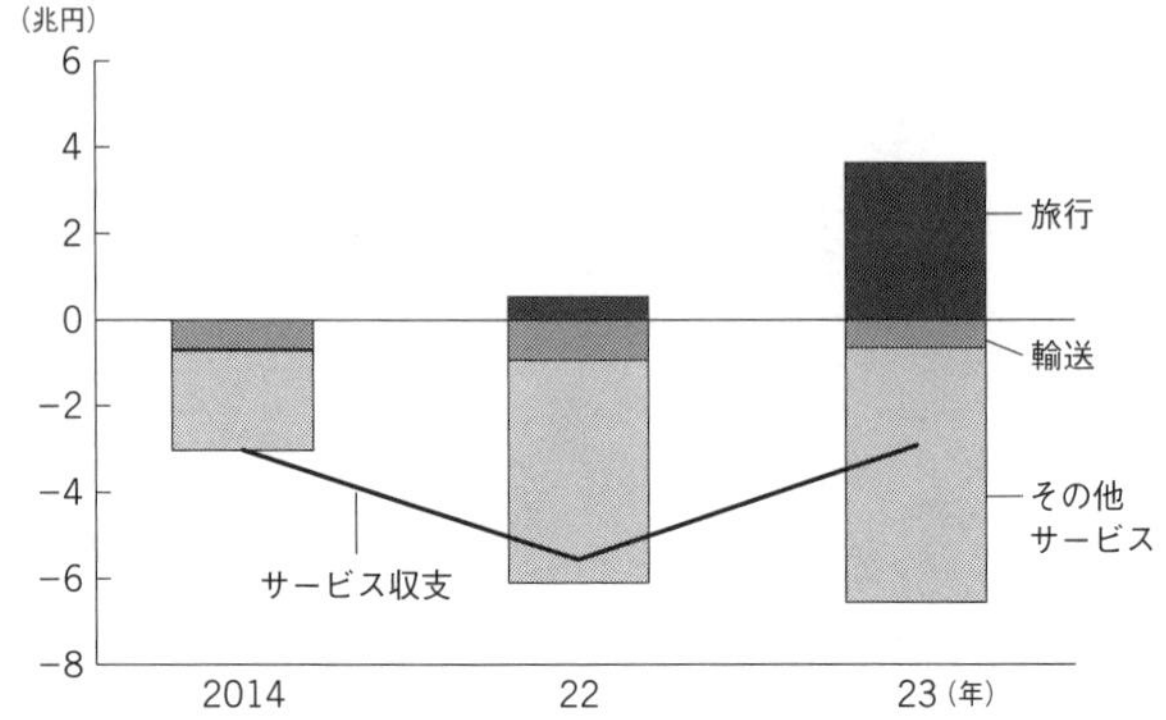

(出所) 日本銀行

に早いものの、それに匹敵するほどの変化がその他サービス収支で起きている。恐らく、前者を知っていても後者は知らなかったという読者は多いのではないか。近年の日本では経常収支における サービス収支、特にこれを構成するその他サービス収支の赤字が膨張しているという事実が見逃せない。

経常収支全体の仕上がりを議論しようとすると、どうしても動きが激しくヘッドラインにもなりやすい貿易収支や、経常収支黒字の主柱である第一次所得収支、そしてインバウンドと共に世間を賑わせやすい旅行収支に注目が集まる。だが、その他サービス収支の赤字は明らかに無視できない変化と規模を備えている。後述するように、その他サービス収支は非常に多くの項目から構成されており、その中身を調べるほど、「新時代の赤字」と呼ぶに相応しい性質を含んでいることに気づかされる。同時に、日本経済がこれから付き合っていかねばならない新しい課題を含んでいるとも言える。以下、デジタル、コンサルティング、研究開発といった論点に沿いながら「新時代の赤字」を紹介してみたい。

デジタル赤字は10年で2倍、四半世紀で6倍に

では、その他サービス収支とは何か。その構成項目は多岐にわたる。図表１－６に示すように、まず「知的財産権等使用料」の黒字を除けば全て赤字項目である。そして、各赤字項目の性質も多種多様だ。近年、新聞紙面で頻繁に報じられるようになっているのが「通信・コンピューター・情報サービス」で、２０２２年は▲１兆４９９３億円、２０２３年は▲１兆６１４９億円の赤字だった。２０１４年が▲８８７９億円だったので、10年で赤字額が約2倍に膨れ上がったことになる。ちなみに遡及可能な１９９９年では▲２６６８億円だったので、そこから約四半世紀で約6倍に赤字が膨らんだことになる。「通信・コンピューター・情報サービス」はいわゆるＧＡＦＡＭに象徴される米国の巨大ＩＴ企業が提供するプラットフォームサービスなどへの支払いを反映することで知られており、別名「デジタル赤字」と

図表1-6　その他サービス収支の変遷

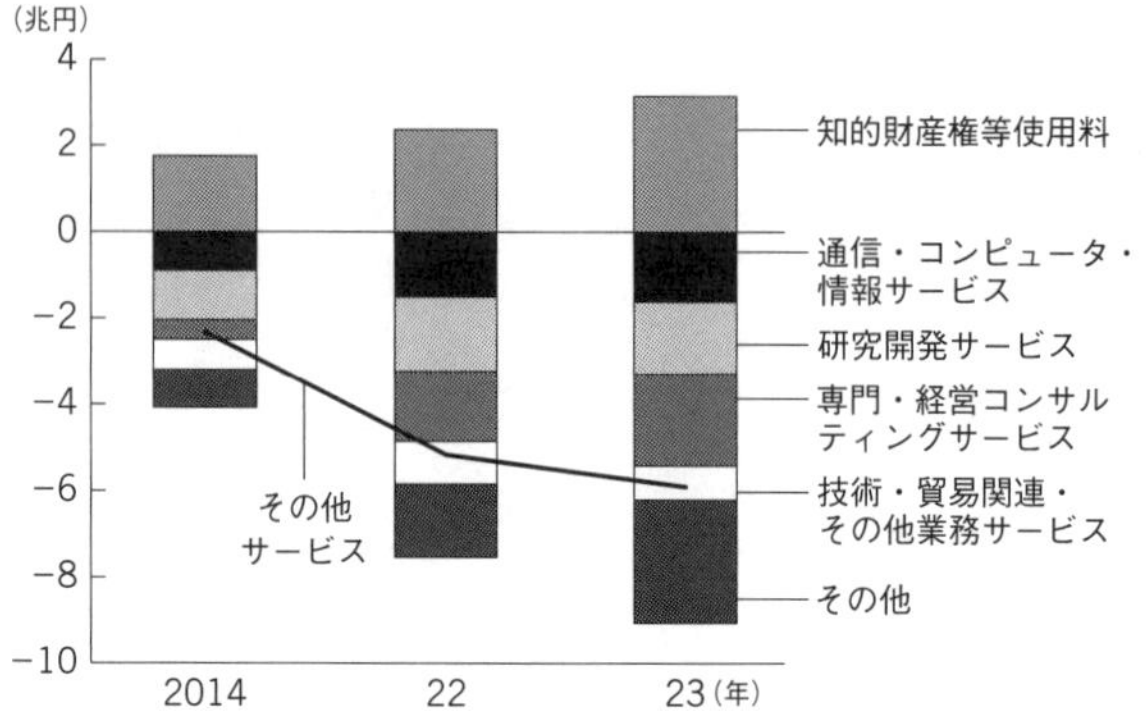

(出所) 日本銀行

いうキャッチーな呼び名が２０２３年以降、メディアでは盛んに使われるようになっている。[2]具体的にこれはどういった取引を含むのか。

例えば、日本では政府の共通クラウド基盤「ガバメントクラウド」においてもアマゾンのＡＷＳ（Amazon Web Services）、グーグルのＧＣＰ（Google Cloud Platform）、マイクロソフトのＡｚｕｒｅ、オラクルのＯＣＩ（Oracle Cloud Infrastructure）の4事業者が採用されており、２０２３年11月にさくらインターネット株式会社の「さくらのクラウド」が初めて国産クラウドとして採用されたことが話題になった。[3]海外企業のサービスを利用すれば当然、外貨の支払が必要になり、それは円売り圧力に直結する。こうした動きは企業や個人でも体感しているはずであり、例えばiPhoneのクラウドストレージに月額課金すれば、やはりドル買い・円売りに加担していることになる。本書執筆時点であれば、50GBで130円、200GBで400円といった料金体系が「iCloud+」として用意されている。ほかにも、米OpenAI社の人工知能（AI）チャットボットであるChatGPTなどへの課金も「通信・コンピューター・情報サービス」に入ると見られる。例を挙げれば枚挙に暇がなく、その数は今後、年々増えていくと予想される。こうした項目に関するサービス取引について赤字が膨らんでると聞いて、日常生活の実体験から強く共感する読者は多いのではないかと思う。

外資系コンサルブームも「新時代の赤字」に寄与？

ちなみに、その他サービス収支の赤字はこうした「通信・コンピューター・情報サービス」だけに起因するものではない。そのほか「専門・経営コンサルティングサービス」の赤字も2022年は▲1兆6313億円、2023年は▲2兆1246億円と「通信・コンピューター・情報サービス」よりも大きな赤字を記録している。「専門・経営コンサルティングサービス」は広告取引や世論調査などにかかる費用が計上されたりする項目であり、当然、インターネット広告を売買する取引などもここに含まれてくる。この意味で「専門・経営コンサルティングサービス」もデジタル赤字の色合いを含んだ項目である。

　しかし、項目名が示す通り、外資系コンサルティング企業の日本における取引も反映している。多くの読者が知る通り、近年の日本では大学卒業後、外資系コンサルティング企業へ新卒で就職したり、もしくは転職したりするケースが増えている[4]。筆者の周りでも業種問わず外資系コンサルティング企業に転職したという話は非常に多く、一種のブームのような機運も感じる（もちろん、ブームだと一過性で終わってしまうため、表現としては適切ではないかもしれない）。ここで重要なことは、それだけ外資系コンサルティング企業の事業拡大が日本で図られているという事実だ。外資系企業である以上、日本で計上した売上・利益の一部は本国へ送金される。日本人（≠日本企業）から見ればサービスの対価として外貨を支払っていることになるため、彼らの事業活動が日本で活発化するほど、それは円売り圧力に直結すると考えるのが自然だ。

　日本が発表する統計ではこうしたコンサルティングサービスに関する取引だけを切り出すことはできないが、「専門・経営コンサルティングサービス」の赤字は「全てがデジタルではない」という知識は持っておいた方が良い。デジタル赤字というフレーズが流行する中で、さほど知見を持たない識者がこれを乱用するケースも多々見られており、ミスリーディングな議論も見受けられるため、正しい知識と共に読み解くことを推奨したい。なお、「【ＢＯＸ③】：デジタル赤字は日本だけなのか」ではデジタル赤字の国際比較を行っているが、米国や英国の例を踏まえると、「専門・経営コンサルティングサービス」に占めるコンサルティングサービスの割合はかなり大きそうであり、本来はデジタルサービスと切り分けて考えたいものではある。

頭脳流出を象徴する研究開発サービスの赤字

さらに「研究開発サービス」も２０２２年に▲１兆７２５２億円、２０２３年は▲１兆６７７９億円の赤字となっており「通信・コンピューター・情報サービス」や「専門・経営コンサルティングサービス」と匹敵する赤字を記録している。なお、２０２２年の赤字は過去最大であった。

「研究開発サービス」は文字通り、研究開発に関するサービス取引のほか、研究開発の成果である産業財産権（特許権、実用新案権、意匠権）の売買などを計上する。日本の貿易収支黒字が減少し始めた頃、「モノを作って売るといった経済活動は海外に移るが、研究開発の

図表1-7　主要国の民間部門における研究者数

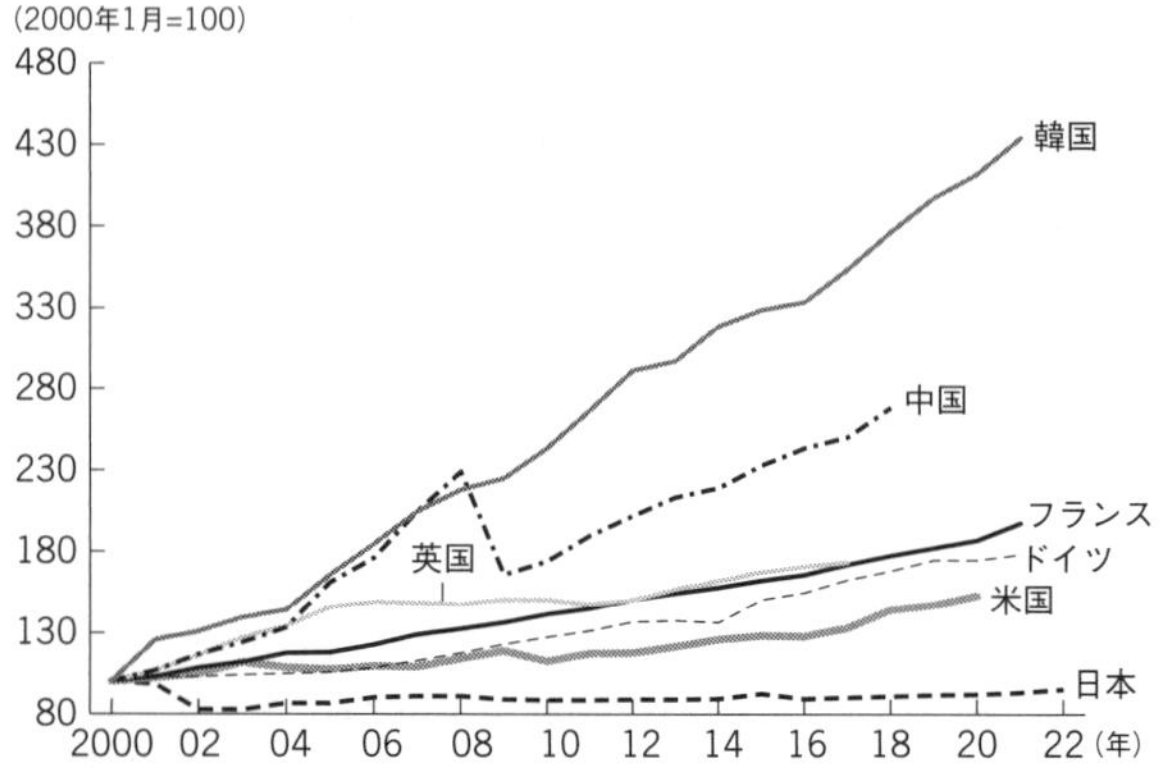

（出所）文部科学省科学技術・学術政策研究所、「科学技術指標2023」を基に、筆者加工・作成

ような付加価値の高い経済活動は日本に残る（だから心配ない）」という論調があった。しかし、残念ながら貿易収支は赤字が慢性化し、研究開発関連のサービスに関しても海外への支払いが膨らんでいる現実がある。こうした状況を映すデータは数多いが、例えば、日本における民間部門の研究者数は全く伸びておらず、これが諸外国対比で見ても異様な状態であることは既に文部科学省の報告書などで指摘されている（図表1－7）。頭脳流出とも形容できる現状に関し、日本政府としても無策であって良いはずがなく、歯止めをかけようという動きも見られ始めてはいる（この点はイノベーションボックス税制の解説と共に後述

する)。

このほか「技術・貿易関連・その他業務サービス」も2022年は▲9900億円、2023年は▲7903億円と▲1兆円の大台に迫る赤字を記録している。これは建築、工学等の技術サービス、農業、鉱業サービス、オペレーショナルリースサービス、貿易関連サービスなどを含むとされ、石油や天然ガス等の探鉱・採掘などの売買が計上されているという。具体的には資源の権益売買などが計上されるというが、分類の判然としない取引がここに集約される傾向も指摘されており、実情はよく分からないという方が正確である。

「虎の子」の知的財産権使用料にもデジタルの影

図表1－6で見たように、大幅な赤字が常態化するその他サービス収支において「知的財産権等使用料」だけは安定的に黒字を確保している。しかし、こうした「虎の子」とも言える項目にもデジタル赤字の影は及んでいる。その他サービス収支における「知的財産権等使用料」は厳密には「産業財産権等使用料」と「著作権等使用料」の2項目から構成される。これを可視化したものが図表1－8だ。前者の「産業財産権等使用料」は産業財産権（特許権、実用新案権、意匠権、商標権）やノウハウ（技術情報）の使用料、フランチャイズ加盟

図表1-8　知的財産権等使用料とその内訳

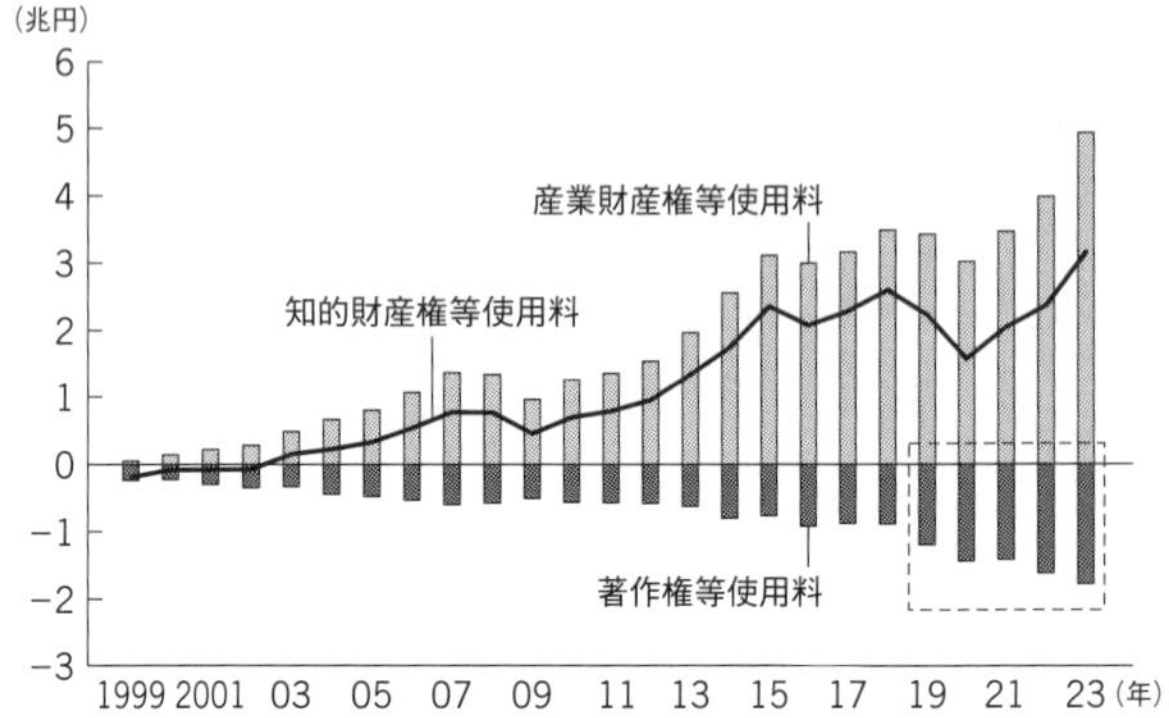

（出所）日本銀行

に伴う各種費用、販売権の許諾・設定に伴う受払などが計上されるほか、そうした権利に関する技術、経営指導料[5]も含む項目とされている。例えば日本の自動車メーカーが海外の生産拠点から生産台数に応じて受け取るロイヤリティや、医薬品の開発・販売許諾に伴う受払（契約一時金、売上げに応じたロイヤリティ等）がここに計上される。なお、世界的に見ると、日本同様、この種の黒字が大きいのがドイツで同国の自動車や化学製品の高い競争力を反映している。

次に「産業財産権等使用料」と共に「知的財産権等使用料」を構成する「著作権等使用料」を見てみよう。これは著作物（コンピュータソフトウェア、音楽、映像、キャラクター、文

図表1-9 日本の直接収支（※、月次、後方6か月累積）

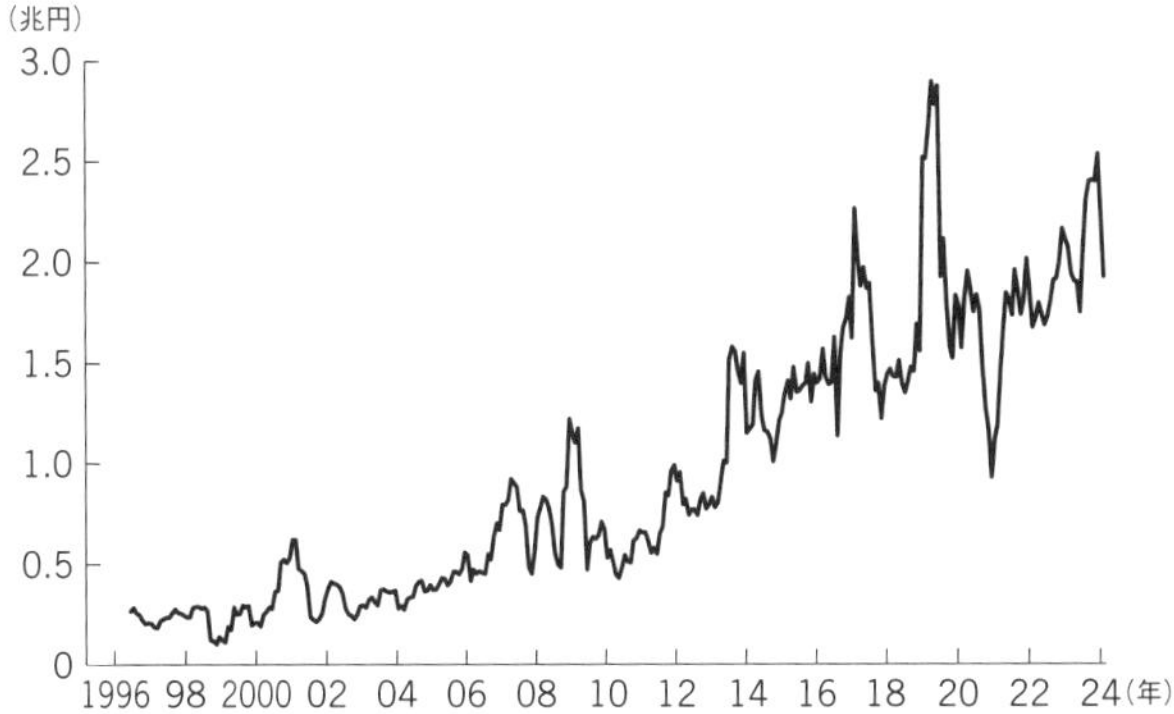

（出所）財務省

芸、学術、美術等）を複製して頒布（販売、無償配布等）するための使用許諾料（ライセンス料）等を計上する。ここには定額制の動画・音楽配信サービス、例えばユーチューブ、ネットフリックス、アマゾンのプライム・ビデオやミュージック、ダゾーン（DAZN）、ディズニープラス、フールー（Hulu）などへの支払が計上される。これらはもちろん、円売りを伴うサービス取引だ。なお、コンピュータソフトウェアも含むため、マイクロソフト社のウインドウズなど、ソフトウェアを端末に搭載するにあたっては、やはり支払が発生することになる。

図表1−8で示すように、日本において「知的財産権等使用料」が黒字となっているのは

図表1-10　貿易収支とドル／円相場

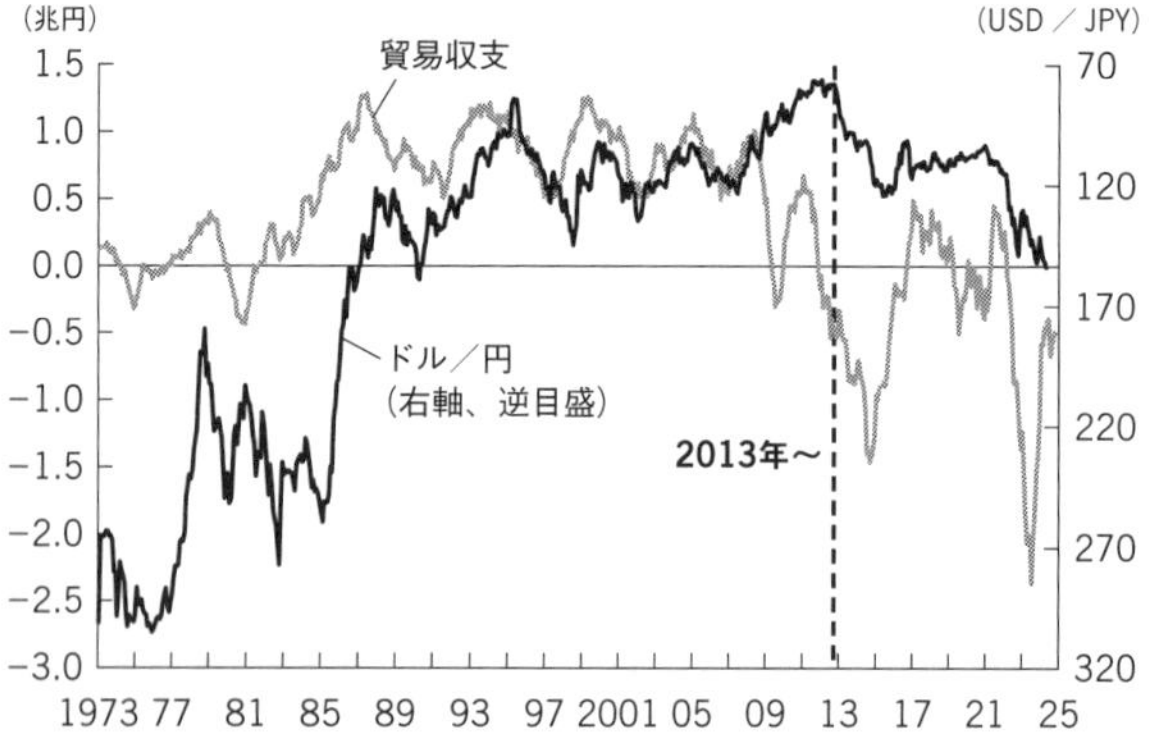

(注) 貿易収支は6か月先行させて表示、6ヵ月移動平均を使用。
(資料) bloomberg

「産業財産権等使用料」が安定的な黒字を記録しているからだ。しかし、これはそれだけ日本企業の海外における生産・販売活動が活発化していることの裏返しでもある。周知の通り、日本が貿易収支黒字を稼げなくなった背景として製造業の海外生産移管を指摘する声は多い。そうだとすれば「産業財産権等使用料」の黒字拡大は貿易収支の赤字拡大とある程度は表裏一体という読み方も可能になる。事実、日本において産業財産権等使用料の黒字が増え始めた時期、対外直接投資が顕著に増加し始めた時期、そして貿易収支が黒字を稼げなくなった時期は概ね2012年前後で一致している（図表1－8、図表1－9、図表1－10）。こうした論点に関しては

「【ＢＯＸ①】：サービス収支に透ける製造業の行動変化」で詳述する。

いずれにせよ、２０１９年以降、「著作権等使用料」の赤字は増加傾向にある（図表１−８の点線四角部分）。ここまでの議論で見た通り、これはデジタル取引の要素を含んでいる疑いが強い。多くの読者が知る通り、そうした外資系企業からのサービスは断続的な値上げが行われている。諸外国では労働者の名目賃金は上がっているのだから当然である。このように考えると、日本のその他サービス収支で唯一の黒字である「知的財産権等使用料」にも「著作権等使用料」という名目でデジタル赤字が混入しており、その動き次第では「知的財産権等使用料」の黒字水準が徐々に切り下がる未来が暗示されているようにも思える。仮にそうなれば、サービス収支ひいては経常収支全体の仕上がりにも影響が及ぶ。「著作権等使用料」の赤字はまだ大きな水準ではないが、「新時代の赤字」をなす一角として注目すべき項目である。

「新時代の赤字」は原油輸入を超える

その他サービス収支赤字、本書のフレーズで言えば「新時代の赤字」はデジタル赤字という象徴的な名称と共に様々なメディアに取り上げられるようになった。必然、注目度の高まりと相まって将来の見通しを具体的な数字と共に問われることも増えている。この点、

図表1-11　原油及び粗油の輸入とコンピュータサービス赤字

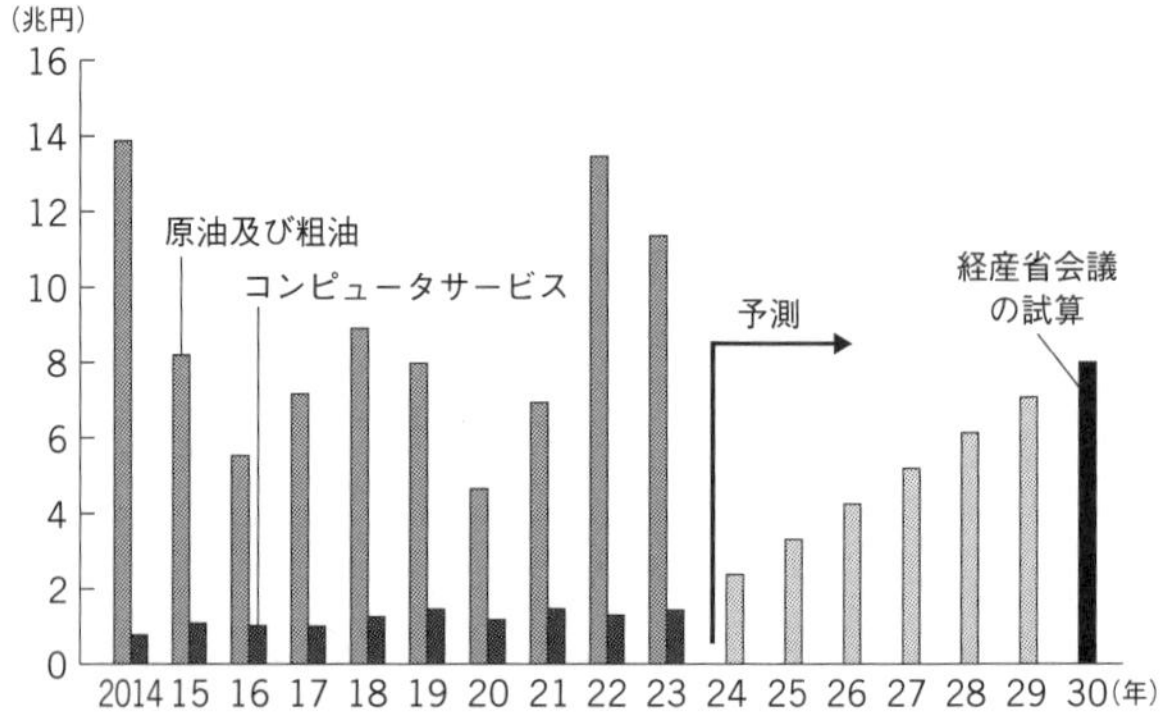

※2024－29年は筆者が線形補完で試算したもの。
（出所）経済産業省「第6回半導体・デジタル産業戦略検討会議」、日本銀行、macrobond

２０２２年７月20日に開催された経済産業省の「第６回半導体・デジタル産業戦略検討会議」の資料ではクラウドサービスなどを含むコンピュータサービスが生み出す赤字に関し、「現在のペースでいくと、２０３０年には約８兆円に拡大する」との試算が示され、これについて「原油輸入額を超える規模」という表現が付けられた[6]（図表１－11）。この際、同資料では２０２１年の原油輸入実績として約６・９兆円という数字が紹介されているが、図示されるように、２０１４年や２０２２年、２０２３年のように、それよりも遥かに大きな輸入額だった年もある。それゆえ、この点はラフに「６～10兆円」くらいと構えておけば良いだろう。

提示された「8兆円」の積算根拠については「国内パブリッククラウド市場の規模に近似していると見なし、今後、国内パブリッククラウド市場の民間予測に基づく成長率と同程度に拡大すると仮定すると、2030年には年間約8兆円の赤字額になると推計」と資料には注記されている。こうした経済産業省予測が実現すると経常収支のイメージはどう変わってくるのか。以下で簡単に考えてみたい。

予測通りなら「新時代の赤字」は約▲12兆円に

ここまで本書では「通信・コンピューター・情報サービス」という項目全体に着目してきたが、同会議ではその中の「コンピュータサービス」だけを切り出している。しかし、2023年を例に取れば「通信・コンピューター・情報サービス」の赤字（▲1兆6149億円）はほぼ「コンピュータサービス」の赤字（▲1兆4407億円）で説明可能ゆえ、いずれで議論しようと大勢に影響は無い。仮に「コンピュータサービス」だけで▲8兆円もの赤字を記録すると考えた場合、2023年を例に取れば「通信・コンピューター・情報サービス」の赤字が約6兆円以上（約▲1・7兆円→▲8兆円）も拡大するイメージになる。「通信・コンピューター・情報サービス」を包含するその他サービス収支（≒「新時代の赤字」）

は2023年で約▲5・9兆円の赤字だった。ということは、その他の条件が一定ならば、試算通りに「コンピュータサービス」の赤字が拡大すると「新時代の赤字」は2030年に約▲12兆円（▲5・9兆円＋▲6兆円）に達する。

約▲12兆円という「新時代の赤字」が意味するところは小さくない。既に見たように、2023年の旅行収支は約＋3・6兆円と過去最大の黒字だった。「【BOX②】：旅行収支にどこまで頼れるのか」で議論するように、日本が直面する人手不足の現状と展望を踏まえれば、旅行収支黒字にはそれほど拡大余地は無いと考えた方が良い。そうした状況にもかかわらず、現状が続けば、いくら旅行収支で黒字を積み上げても、今後拡大していくであろう「新時代の赤字」の半分も相殺できない可能性が視野に入る。そこへ慢性的な赤字である貿易収支、統計上の黒字でしかない第一次所得収支黒字（第2章で詳述）を合計したものが経常収支になる。こうした需給環境の現状や展望は執拗な円安が続いてしまう状況と無関係ではないように思える。

原油とコンピュータサービスの同質性

この会議資料の秀逸な部分はコンピュータサービスと原油を並べて議論した点だろう。確かに、日常生活に食い込んでおり、価格の決定権が相手方にあるという意味では中東産油国などから輸入する原油も、外資系企業から購入するデジタルサービスも共通する。筆者のコラムを読んで頂いた読者から「日本はデジタル原油を掘り当てないといけない」といった感想を頂戴したことがある。非常に巧い表現だと感じた。

しかし、原油は諸要因で価格変動する一方、恐らくデジタルサービスの単価は今後上がることはあっても下がることは考えにくい。既に述べたように、デジタルサービスを提供する外資系企業で働く人々の給料は上昇傾向にあるのだから、値上げは不可避の展開に思える。日本人がその痛みから開放されるためには日本人の給料も同じかそれ以上に上昇する必要があるわけだが、その難易度が高そうなことは多くの国民が知る通りである。コンピュータサービスへの外貨支払は原油へのそれと同様、日本経済にとって必要不可欠だが、その価格形成に殆ど関与できないという意味で厄介なコストとなる恐れがある。

第2章で詳しく議論するが、日本の国際収支構造を突き詰めるほど、外貨が獲得しづらい体質になっている疑いは相当に強い。元々、天然資源に乏しいことが交易損失の拡大（＝端的には海外への所得流出）を通じて実体経済の足枷となりやすい歴史が日本にはあった。恐らく、デジタルサービスはそれと類似の足枷になっていく可能性がある。もちろん、デジタルサービスを抜きにして実体経済の生産性が改善することも難しいだろうから、それ自体が実体経済に対して持つ前向きな効用も無視してはならない。

しかしながら、原油を筆頭とする鉱物性燃料価格の上昇が為替需給を歪め、円売りを促してきたという歴史を踏まえると、「新時代の赤字」がそれに次ぐ、いやそれに勝る円売り材料として幅を利かせてくる未来は警戒すべきストーリーではないかと思う。2024年3月、財務省に国際収支分析をテーマとする有識者会議が発足した背景も、大きな構造変化が国民生活に不安をもたらす可能性を看過してはならず、処方箋を検討すべきという問題意識があったと考えられる。

既に論じたように、日本は「成熟した債権国」に位置づけられるものの、半世紀以上前に提唱された「国際収支の発展段階説」ではこうしたデジタルサービス経由で為替需給が歪む未来については想定されていなかった。今後、万が一、日本が「債権取り崩し国」に引っ張られる未来があるとすれば、「新時代の赤字」がその原動力となる可能性は十分懸念される。

時代を映すサービス収支の組替え

このように、その他サービス収支赤字の内実を追求すると「新時代の赤字」とも言うべき新しい日本経済の課題が見えてくる。しかし、読者も既に感じていると思うが、その他サービス収支の中身はあまりにも多岐にわたっている。例えば「デジタル赤字」と一口に言っても、赤字の大部分がそうした性質を帯びている項目（「通信・コンピューター・情報サービス」）もあれば、一部分しか帯びていなそうな項目（「専門・経営コンサルティングサービス」）もあって、「実際、デジタル赤字はどれくらいなのか」という疑問は持つだろう。関連項目だけを集計した場合、「デジタル赤字」の規模がどうなるかは知りたいところではないかと思う。

この点、日銀が妙案を示しているので紹介したい。2023年8月10日に公表された日銀レビュー「国際収支統計からみたサービス取引のグローバル化」[7]（以下単に日銀レビュー）では、サービス収支を主題として日本が直面している構造変化を議論しており、興味深い切り口を示している。サービス収支にかかる取引はアウトライト（売り切り・買い切り）の為替取引を伴うものが多く、赤字拡大はそのまま「構造変化ゆえの円安長期化」の可能性を感じさせる。ここまでの議論ではその他サービス収支赤字の拡大についてデジタルサービス、コンサルティングサービス、研究開発サービスといったキーワードから読み解いたが、日銀レビューではさらに分かりやすい切り口からサービス収支全体の変化を捉えている。

具体的に日銀レビューはサービス収支全体を以下の5つに分類した上で組み替えている（以下、本書では日銀分類と呼ぶことにする）。参考までにその具体的な分類表も示しておく（図表1―12）。この分類は日本のサービス取引が直面している現実を可視化する方法として優れているように思う。

①　モノの移動や生産活動に関係するもの（モノ関連収支）
②　ヒトの移動や現地での消費活動に関係するもの（ヒト関連収支）
③　デジタルに関係するもの（デジタル関連収支）
④　金融や保険に関係するもの（カネ関連収支）
⑤　①～④以外（その他）

例えばサービス収支に関して話題になりやすいインバウンド関連の受払（要するに旅行収支）は②に、米国の巨大ＩＴ企業が提供するデジタルサービスへの受払はもちろん③に計上される。既に議論した通りだが、日本で業容を拡大し、売上を伸ばす外資系コンサルティング企業への支払も統計上、③に計上されてしまう。この点は統計の限界として受け入れるほ

図表1-12 サービス収支をモノ・ヒト・デジタル・カネ・その他の5分類に分ける場合…

			モノ関連収支	ヒト関連収支	デジタル関連収支	カネ関連収支	その他
輸送	海上輸送	海上旅客		○			
		海上貨物	○				
		その他海上輸送					○
	航空輸送	航空旅客		○			
		航空貨物	○				
		その他航空輸送					○
	その他輸送						○
旅行				○			
その他サービス	委託加工サービス		○				
	維持修理サービス		○				
	建設						○
	保険・年金サービス					○	
	金融サービス					○	
	知的財産権等使用料	産業財産権等使用料	○				
		著作権等使用料			○		
	通信・コンピュータ・情報サービス	通信サービス			○		
		コンピュータサービス			○		
		情報サービス			○		
	その他業務サービス	研究開発サービス	○				
		専門・経営コンサルティングサービス			○		
		技術・貿易関連・その他業務サービス	○				
	個人・文化・娯楽サービス	音響・映像関連サービス					○
		その他個人・文化・娯楽サービス					○
	公的サービス等						○

（出所）日本銀行、日銀レビュー「国際収支統計からみたサービス取引のグローバル化」2023年8月

かない。なお、④は保険・年金サービスと金融サービスの合計であり、実は顕著な拡大傾向を示している。その他サービス収支としてまとめてしまうと見えづらいが、カネ関連として切り出すと保険・年金サービスも「新時代の赤字」の一端をなしていることが分かる。この点は後述する。以下では、この日銀分類を用いて、数字を見ながら、日本のサービス収支がどういった状況にあるのかを整理してみたい。

結局、デジタル赤字はどれくらいなのか

日銀分類に従うとデジタル赤字とは一体どのくらいの規模になるのか。日銀分類に倣ってサービス収支の組替えを行い、本書執筆時点で最新となる2023年までの変化が分かるように整理したものが図表1－13だ。2023年に▲2兆9158億円を記録したサービス収支赤字のうち▲5兆5194億円がデジタル関連収支の赤字であり、ヒト関連収支の＋3兆5770億円という黒字を飲み込んでしまっている構図が印象的である。猛烈なインバウンド需要にもかかわらず一向に解消する気配のないサービス収支赤字の正体は基本的にデジタル関連収支だと言って差し支えない。もちろん、統計上の限界は留意しておく必要がある。繰り返し述べているように、この分類では「専門・経営コンサルティングサービス」を丸ご

図表1-13　組替え後サービス収支の変化

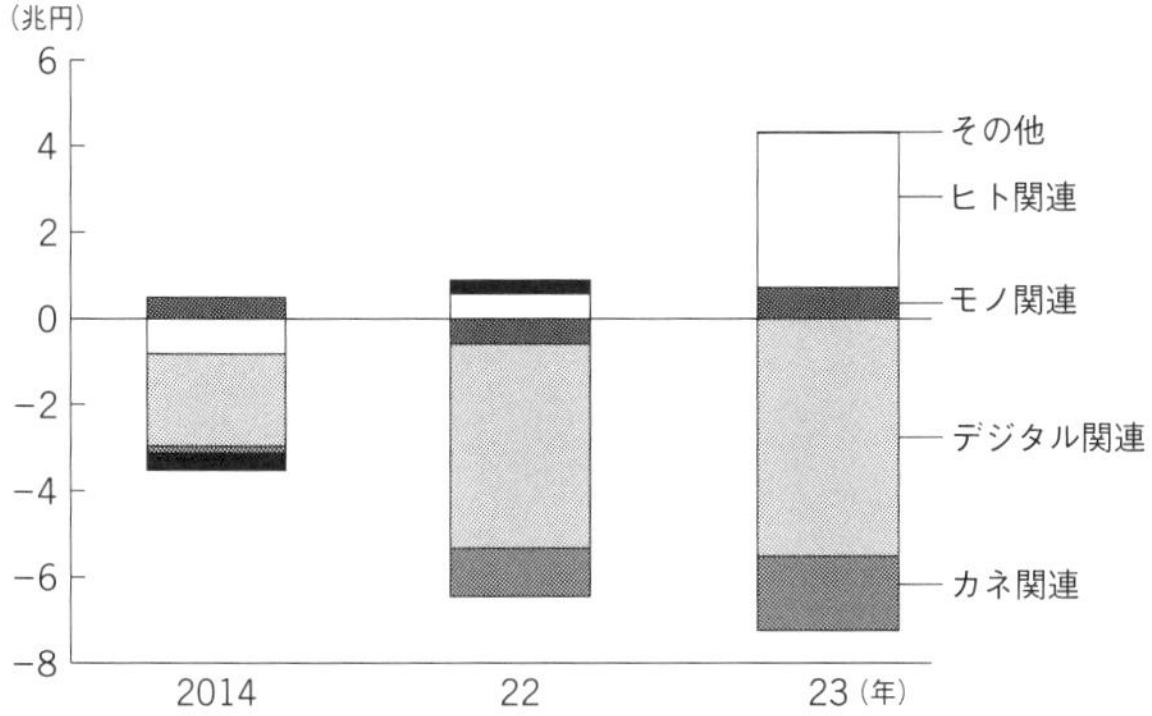

（出所）日本銀行

とデジタル関連収支と見なしている。しかし、同項目にはインターネット広告取引などに絡むデジタルサービスも確かに含まれるが、外資系コンサルティング企業への支払や国際的なスポーツ大会（サッカーのワールドカップなど）へのスポンサー料の支払なども含まれる。デジタル関連収支と言いつつ、そこに混入している非デジタルサービスも小さくない可能性がある。

諸外国の事例については「【ＢＯＸ③】：デジタル赤字は日本だけなのか」で詳述するが、例えば英国や米国などはコンサルティング関連の黒字が極めて大きいことで知られている。言うまでもなく、これは他国がそれだけ支払っていることも意味する。日本は支払っている側のはずであるから、コンサルティングサービスに伴う外貨支払は決して小さなノイズではないと推測される。ちなみに経済協力開発機構（ＯＥＣＤ）の統計を用いて国際比較すると英米はコンサルティング部分の細目が分かるが、日本は未公表で欧州でも未公表の国が多い。

なお、日銀分類に従うと、デジタル関連収支の赤字は遡及可能な２０１４年において▲２兆１４８３億円であった。２０２３年の赤字（▲５兆５１９４億円）はそこから２・５倍以上に膨らんだことになる。同じ期間に旅行収支を主軸とするヒト関連収支が▲８１６６億円から＋３兆５７７０億円へ黒字転化し、恐らく今後は＋３～４兆円の黒字で安定しそうなことを差し引いても、デジタル関連収支赤字を相殺することはできない。後述するように、その上で海外への再保険料支払などを中心としてカネ関連収支も▲２兆円弱（２０２３年実績は▲１兆７１４０億円）の赤字を記録している。これではいくらインバウンド需要を背景にヒト関連収支で黒字を積み上げてもサービス収支赤字は拡がる一方である。

日本からどこの国・地域に支払われているのか

参考までに、デジタル関連収支の支払先について、完全ではないがイメージを摑むこともできる。ここでは米国の巨大ＩＴ企業のプラットフォームサービスへの支払などが含まれる

図表1-14 通信・コンピューター・情報サービスの支払

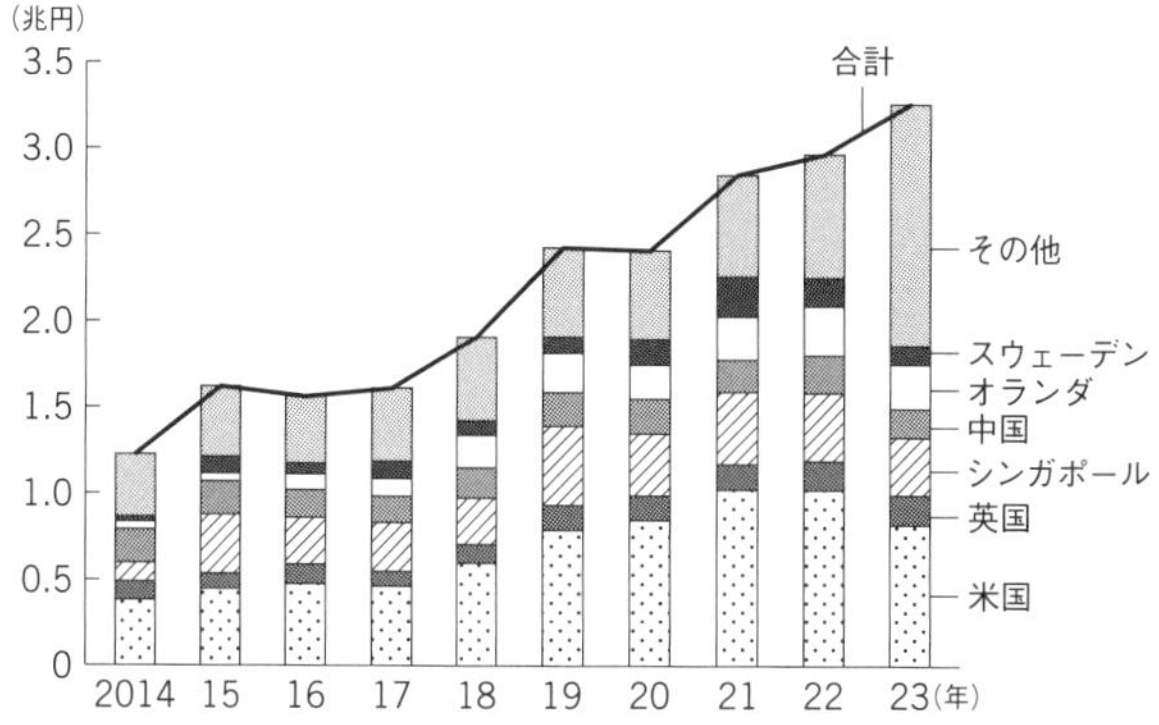

(出所) 日本銀行

「通信・コンピューター・情報サービス」に限定して、国・地域別に支払先を確認してみたい(※これまでは収支を議論してきたが、これは支払であることに注意されたい)。

これを見ると、例えば2023年の支払総額3兆2572億円のうち米国向けが8195億円と約4分の1を占め、これにシンガポール(3336億円)、オランダ(2571億円)、中国(1663億円)、スウェーデン(1068億円)と続く(図表1―14)。想像通り、米国向けへの支払が大きいが、オランダやスウェーデンといったEU加盟国向けにも相応の金額を支払っていることが分かる。ちなみに図を見れば分かる通り、最大項目はその他であり、これが1兆4008億円もある。詳しくは「【BOX

③】：デジタル赤字は日本だけなのか」で議論しているが、恐らく、ここに含まれる多くの国もEU加盟国ではないかと推測される。例えば、実はデジタル貿易を統計で捉えようとした場合、世界的な大国は米国や英国ではなく実はアイルランドである。オランダやアイルランドには世界的な大企業のグローバル本社もしくは欧州本社が置かれており、デジタル関連収支に含まれる取引が統計上、膨張するケースが多い。いずれにせよ年々、日本が世界に向けて支払っている額が増え続けていることは間違いない。

「国内の肉体労働」vs「海外の頭脳労働」

クラウドサービスやインターネット広告などに代表されるデジタルサービスの提供は、多くの日本人が漠然と「海外（とりわけ米国）に後れを取っている」と感じていた分野ではないかと察する。その漠然としたイメージを数字で可視化したのがその他サービス収支赤字であり、本書の言葉で言えば「新時代の赤字」であり、日銀分類で言えばデジタル関連収支ということになる。こうして見ると、その他サービス収支赤字は為替需給という論点を超えて、日本経済が現在直面し、これからも付き合っていかねばならない課題について警鐘を鳴らす論点と考えられる。その意味で、「新時代の赤字」という表現は決して大袈裟なものではないと思っている。

本書執筆時点の現状を踏まえれば、日本が人手不足や物価上昇に堪えながら必死にインバウンド相手に稼いだ外貨（旅行収支黒字）が、日常生活に浸透した外資系企業の提供するデジタルサービスの支払（≒その他サービス収支赤字≒新時代の赤字≒デジタル関連収支赤字）に消えるような状況にある。こうした状況を達観すると、観光という「労働集約的な産業」で稼いだ外貨がソフト面での競争力が重視される「資本集約的な産業」への支払いに充てられている状況にも読み替えられる。より平たく言えば、「国内の肉体労働」で稼いだ外貨が「海外の頭脳労働」に支払われている構図とも言い換えられるかもしれない。

断っておくが、「肉体労働で外貨を稼ぐ」という行為が問題だと言っているわけではない。問題は今の日本には肉体労働で正面突破するほど潤沢な労働力がもはや残っていないということである。「【ＢＯＸ②】：旅行収支にどこまで頼れるのか？」で後述するように、いくらインバウンド需要があってもインバウンド供給に限界があるのだとすれば、旅行収支黒字はいずれ天井に達する。片や、次項で論じるように、デジタルサービスに象徴される「新時代の赤字」は単価の引き上げが続くことが予想される。

「国内の肉体労働」から受取る外貨は頭打ちで、「海外の頭脳労働」に支払う外貨は増加傾向なのだとすれば、その帳尻は為替（端的には円安）で合わせることにならないだろうか。

「新時代の赤字」は言い値の世界

先に述べた通り、「新時代の赤字」を象徴する海外由来のデジタルサービスは経済活動に埋め込まれたインフラのような存在になっており、性質としては天然資源の輸入に近い。それゆえ、今後、段階的に値上げされたとしても、基本的には外資系企業の「言い値」を飲まざるを得ない未来が予想される。類例は沢山あるが、例えば2023年8月10日、アマゾンジャパン（以下アマゾン）が発表した有料会員「プライム」の会費引き上げは大きく報じられた。同社のサービスが多岐にわたるためその売り上げが国際収支統計上、いずれの部分に該当するかは定かではないが、例えば有料会員に提供される動画・音楽配信サービスの類はその他サービス収支上の「知的財産権等使用料」、より厳密にはその構成項目である著作権等使用料として定義づけられるものだ。[8] 前掲図表1－8に示すように、その赤字が拡大傾向にあることが「知的財産権等使用料」の黒字拡大を抑制しているというのが近年の日本である。

しかし、アマゾンの「プライム」会員の年会費が4900円から5900円、月会費が500円から600円に引き上げられたからといって、それを理由にプライム会員を解約し

図表1-15　主要国のアマゾンプライムの年会費

米国	139ドル（約2万円）
英国	95ポンド（約1万7000円）
ドイツ	89.90ユーロ（約1万4000円）
日本	5900円

（出所）日本経済新聞「Amazonプライム値上げ、楽天を意識　なお米欧の6割安」2023年8月10日

たという人は恐らく多くないのではないか（筆者もその１人だ）。プライムサービスを使う消費者はそれが生活に根付いている可能性が高く、代替サービスが存在しない以上、多くは「仕方ない」と感じつつ、値上げを受け入れているのではないか。世界的に賃金が上昇傾向にあるとすれば、今後、こうしたプラットフォームサービスにまつわる値上げは日常茶飯事となり得る。これは日本政府や日本企業が契約するアマゾンやグーグル、マイクロソフトなどが提供するクラウドサービスの価格も同様と想像する。

そもそも日本におけるアマゾンの「プライム」会員の年会費は値上げ後（５９００円）でも米国本国（約２万円）の３分の１以下とされ、欧州諸国と日本を比較しても大きな乖離がある（図表１－15）[9]。定価設定の出発点となり得る賃金上昇率について内外格差が大きいため、こうした極端な状況が生まれるわけだが、大きくなり過ぎた格差はいずれ是正に向かう。名目賃金

の上昇率に関し、日本が欧米を恒常的に上回る構図が難しいのだとすれば、プライムサービスに限らず、あらゆるデジタルサービスの値上げは今後も想定すべきだろう。それはその他サービス収支、ひいてはサービス収支、最終的には経常収支全体の仕上がりに影響する。ということは、需給環境の歪みを通じて円の価値にも影響する話になる。だからこそ、筆者はその他サービス収支赤字を「新時代の赤字」と呼び、様々なメディアを通じて警鐘を鳴らしてきた。

繰り返しになるが、資源価格や為替動向など貿易財の「単価」に左右されやすい貿易収支とは異なり、「新時代の赤字」を計上するサービスの「単価」は頻繁に上下動するものではなく、基本的に提供する側の賃金動向などに依存する部分が大きいと考えられる。基本的には相手（売り手）の「言い値」が無慈悲に通りそうな世界ゆえ、「単価」は上下動せず、上方向にしか動かないと構えておいた方が良いだろう。近年の傾向を踏まえれば、その他サービス収支赤字が主導する格好でサービス収支赤字ひいては貿易サービス収支赤字が拡大し、第一次所得収支黒字を減殺するような状況になりつつある。この展開が極まってくれば、その他サービス収支赤字主導で日本が経常収支赤字に追い込まれる未来も絶対に無いとは言えまい。

もちろん、そのような未来が近いとまでは言わないが、円相場の中長期見通しを検討する立場からすれば、看過できない論点に違いない。

小作人は地主に勝てず

筆者はデジタル関連収支の赤字が全て悪いとは思っていない。ＧＡＦＡＭが提供するサービスを通じて生産性向上を図り、それ自体が経済成長に資するのだとしたら「新時代の赤字」にも意味はある。２０２４年3月7日、ＢＳフジ「プライムニュース」において筆者は平将明衆議院議員（自由民主党デジタル社会推進本部長代理元ＩＴ政策担当内閣府副大臣）とデジタル赤字をテーマに議論させて頂いた。[10] この際、平議員もＧＡＦＡＭの提供するサービスを通じて付加価値の高い経済活動が展開される重要性に言及されていた。首肯できる事実である。しかし、そのサービスを利用するほど外貨が流出し、それにより通貨安が慢性化し、国内では実質賃金の低迷が続き、働けど働けど成長率が高まらないという未来も無いわけではない。日本経済新聞はこうした日本の状況を憂いて「デジタル小作人」と報じたが、[11] 言い得て妙だろう。小作人とは「地主から農地を借りて農作物をつくる農民」を指す。米国企業から提供されるプラットフォームサービス上で経済活動を営み、場所代を徴収される状況は確かに小作人を彷彿させる。その場所代が、筆者が懸念する「新時代の赤字」に相当する。もちろん、より厳密な議論をするならば、デジタルサービスの効果（ベネフィット）について分析した上で、「新時代の赤字」がもたらす副作用（コスト）と比較する必要がある。この点は他の諸賢の分析に委ねたい。

　但し、こと為替需給という点に関して言えば、小作人である限り、地主（象徴的にはＧＡＦＡＭ）に外貨を支払い続ける状況は変わりようがなく、それ自体が円安を支持する構図であることもまた、間違いない事実である。

再保険で増えるカネ関連収支の赤字

　ところで、日銀レビューの提示する5分類を紹介した際、「カネ関連として切り出すと保険・年金サービスも『新時代の赤字』の一端をなしている」と述べた。このカネ関連収支とはどのようなサービス取引を反映した結果なのか。カネ関連収支の赤字は２０１４年の▲１５９９億円が、２０２２年は▲１兆１１１２億円と10倍弱に膨らみ、２０２３年は▲１兆７１４０億円と過去最大を更新している。２０２３年のヒト関連（≒旅行収支）で稼いだ黒字（＋３兆５７７０億円）の約半分がカネ関連収支の赤字に消えている構図であり、捨て置

図表1-16　カネ関連のサービス収支

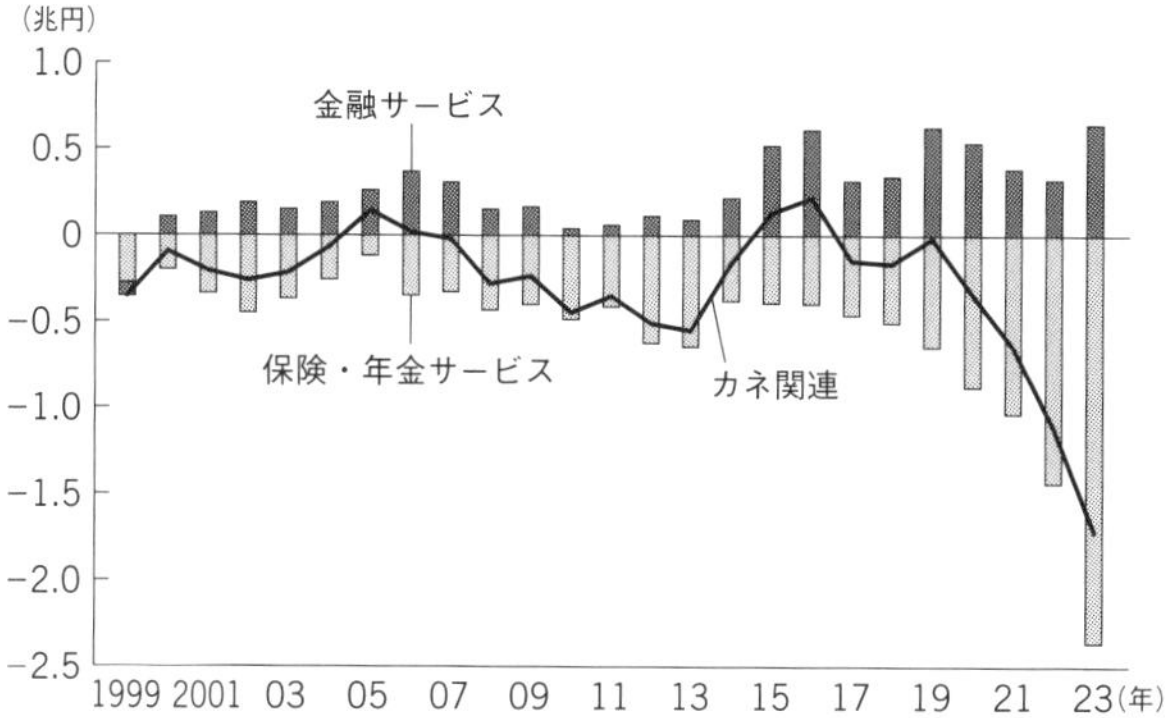

(出所) 日本銀行

けない項目と言って良い。本項ではカネ関連収支の実情を簡単に確認しておきたい。

カネ関連収支は「保険・年金サービス」と「金融サービス」の合計として組替えたものだが、図表1－16を見ても分かるように、基本的にその動きは前者の赤字に規定されている。「保険・年金サービス」とは再保険・貨物保険の損害保険料などを計上する項目として知られており、日本が直面している赤字拡大は特に再保険料の支払増加の結果とされている。再保険とは「保険会社が、自身で引き受けた保険のうち、主として高額契約などについて保険契約のリスク分散を図るべく国内外の再保険引受会社と結ぶ保険契約」と定義される。

この点、日銀レビューでは「保険・年金サー

図表1-17　保険・年金サービスの支払

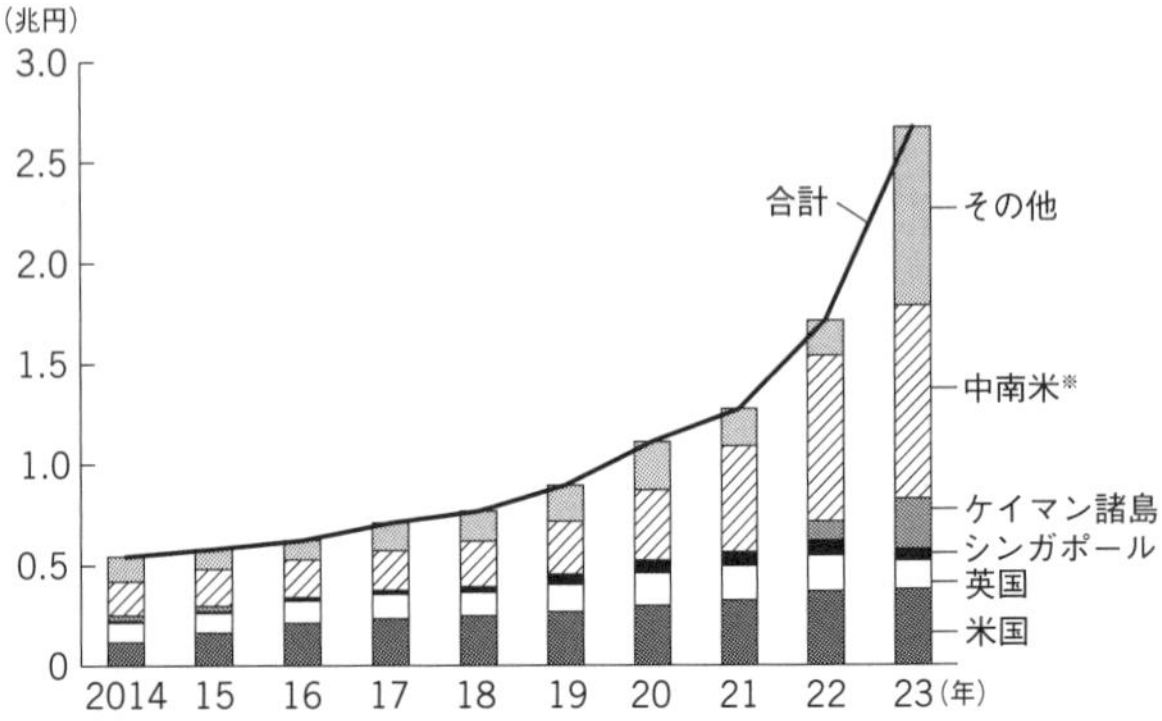

※ケイマン諸島・ブラジル・メキシコを除くベース
(出所) 日本銀行

ビス」の支払が増える背景として「国内で投資性の強い保険商品の契約が増えている中、本邦の保険会社が市場リスクを抑制するために海外の再保険引受会社と結ぶ再保険契約も増加している」という事実を指摘している。明記こそされていないが「投資性の強い保険商品」とは保険料の払い込みや保険金・解約返戻金などの受取を外貨で行う外貨建て保険や支払った保険料の一部を株式や投資信託などで運用する変額保険・変額個人年金保険などを指していると思われる。おりしも、2023年には金融庁が外貨建て保険商品の販売体制を問題視し、その監視を強化するという方針が報じられている。[12] 行政が看過できないレベルまで流行している保険商品がサービス収支の構造にも影響を与え始めているという視点で見ると興味深い。なお、２０２２年以降、岸田政権は資産運用立国を旗印として「貯蓄から投資」の促進に躍起だが、既に日本では保険商品を通じた運用が相応に流行しており、その結果としてサービス収支の構造にも影響が出始めているという解釈も可能かもしれない（資産運用立国については第３章で議論する）。「保険・年金サービス」の支払先に関して国・地域別に見ると、想像通り、米国や英国の割合は大きいものの、２０２０年以降は税制上のメリットから再保険市場が発達している中南米への支払が顕著に増えていることも特徴的である（図表１－17）。

もっとも、こうした「保険・年金サービス」の支払を一面的に理解するのも正確ではない。というのも、日本の保険会社が海外の保険会社を買収するというケースも増えているためだ。そのため、日本から海外への「保険・年金サービス」の支払が増えている部分があるとしても、その支払先が日本企業の海外現地法人である可能性も検討する必要があり、その場合は第一次所得収支の黒字として日本に還流する部分も考慮しなければならない。この点、日銀レビューも「（日本の保険会社が）サービス収支ではなく第一次所得収支の黒字幅拡大に寄与している点も指摘できる」と述べている。もっとも、第一次所得収支の黒字として計上されても、それが円買いとなって為替市場に表れるかどうかは別の話であり、この点が円安相場を考える上で重要な論点になる。この点は第2章で詳述する。

円売りを後押しするサービス取引の国際化

ここまでの議論を総括すると、日本のサービス収支はインバウンド需要を背景にヒト関連収支の黒字が拡大しているものの、その傍らでデジタル関連収支とカネ関連収支の赤字も拡大しており、結果としてサービス収支全体で赤字が残る構図にある。当然、その分だけ経常収支黒字が削られているとも言える。日銀分類に従って、具体的な数字を確認すると2023年のサービス収支においてデジタル関連収支とカネ関連収支の赤字合計は約▲7・2兆円に達しており、日本経済にとって「虎の子」とも言えるヒト関連収支の黒字（約+3・6兆円）をもってしてもその半分しか相殺できていないことになる。

ここまでの議論から判断する限り、サービス取引国際化の潮流は明らかに日本から海外への外貨流出を後押しする方向に作用している。それはこれまでは存在しなかった円安要因と言える。輸出製造業が成長をけん引してきた歴史もあって、日本経済を分析する際はどうしても「貿易収支が主役、サービス収支は脇役」という印象が抱かれやすいが、その性質を考慮すると、どう考えてもサービス収支赤字には拡大余地があるように思える。一方、既に国内の製造拠点が乏しくなった日本において輸出が持続的な拡大を実現する可能性は高くない。貿易収支とサービス収支、いずれも重要な経済活動に違いないが、未来にわたって新しい変化を経験しそうなのは後者かもしれない。さらに、その変化は慢性的な円安圧力に繋がるのではないかというのが筆者の抱く懸念でもある。

既に国内企業の海外生産移管という貿易収支の構造変化についてはかなり認識が進んだ印象がある。だが、現代ではそうした財取引に限らず、サービス取引も国際化が進展している。為替分析の世界でもそうした新しい視点を取り入れる必要があるというのが筆者の立場だ。日銀レビューが指摘するのは紛れもなくサービス取引の国際化を通じた構造変化であり、為替市場においてその意味するところは円売りと考えられる。

日本に残らなかった研究開発

ここまではその他サービス収支赤字を「新時代の赤字」と称し、日銀の示した新分類なども用いながらデジタルサービスや「保険・年金サービス」への外貨支払が増えていることを確認した。また、項目として単体では切り出せないものの、恐らくは外資系コンサルティング企業への支払が膨らんでいそうであることも指摘した。最後にもう1つ、「新時代の赤字」

を構成する項目で議論しておきたい論点がある。それは「研究開発サービス」の赤字だ。この項目については日銀分類でモノ関連収支に含まれてしまい、その動きが見えづらくなっているので、敢えて別建てで議論することにした。既に論じたように、「研究開発サービス」は「通信・コンピューター・情報サービス」や「専門・経営コンサルティングサービス」といった項目に匹敵するほどの赤字を記録している（前掲図表1―6）。日銀レビューでもあまり話題となっていなかったので、ここで別途議論を加えておきたい。

諸外国対比で研究者数が伸びていない事実は前掲図表1―7でも示した通りだ。直感的にデジタル関連収支の赤字拡大は研究開発分野で他国に劣後した結果という可能性は推察されるだろう。統計上、研究開発サービスは「研究開発（基礎研究、応用研究、新製品開発等）に係るサービス取引のほか、研究開発の成果である産業財産権（特許権、実用新案権、意匠権）の売買を計上」と定義される。その中身を分解することはできないが、恐らく大きな部分は産業財産権を売買した結果と考えられる。ちなみに「知的財産権等使用料」の項目でも産業財産権というフレーズが出てきたが、同項目では権利の「売買」ではなく「使用許諾」にかかる取引を計上している。両者は取引に伴う権利の扱い方に違いがある。

図表1―18に示すように、2014年以降、受取がそれまでの4000億円程度から

図表1-18 研究開発サービス収支

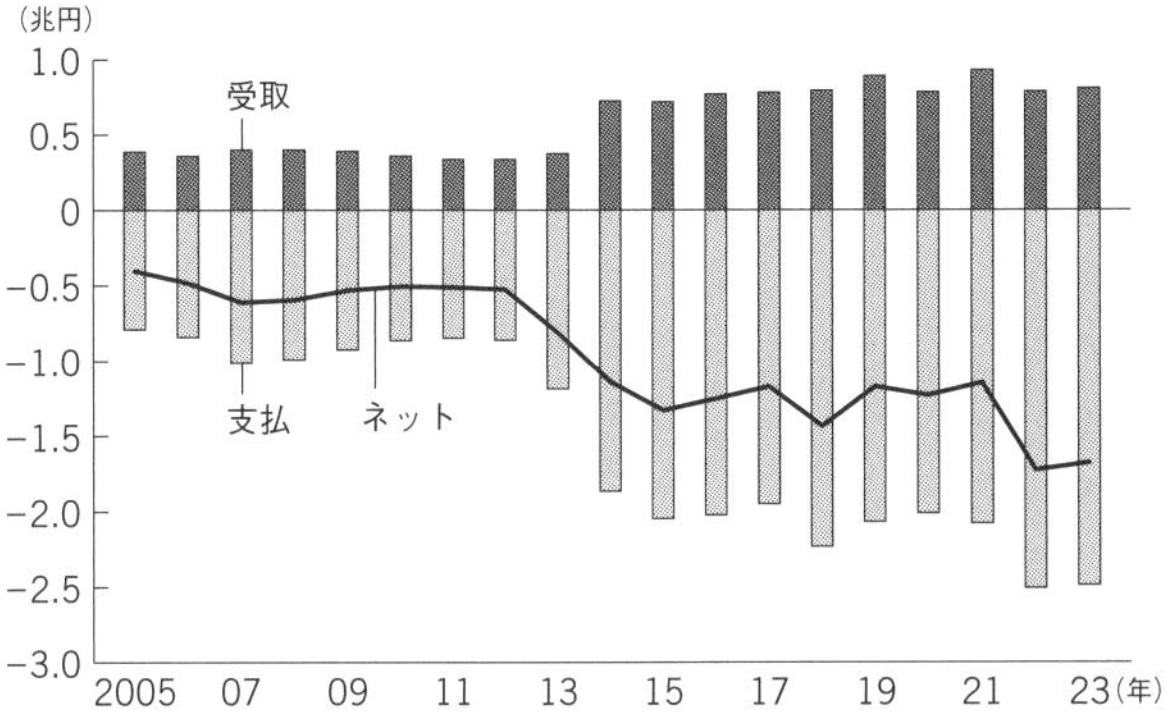

（出所）日本銀行

8000億円程度に増える一方、支払もそれまでの9000億円程度から2兆円前後へ増えており、研究開発サービス収支の赤字は著しく拡がっている。この理由は1つではないだろうが、日本企業が国内から海外へ研究開発拠点をシフトする動きや、日本企業が海外の企業や大学などへ研究開発を外注する動きの影響が推測される。経済産業省の「海外事業活動基本調査」を見ても海外での研究開発活動にコストをかけようとする潮流は確認できる（図表1−19）。

既に論じた通り、「モノを作って売るといった経済活動は海外に移るが、研究開発のような付加価値の高い経済活動は日本に残る（だから心配ない）」というかつて日本で展開されてい

図表1-19　海外研究開発費と国内研究開発費の比率
（「海外÷国内」で算出）

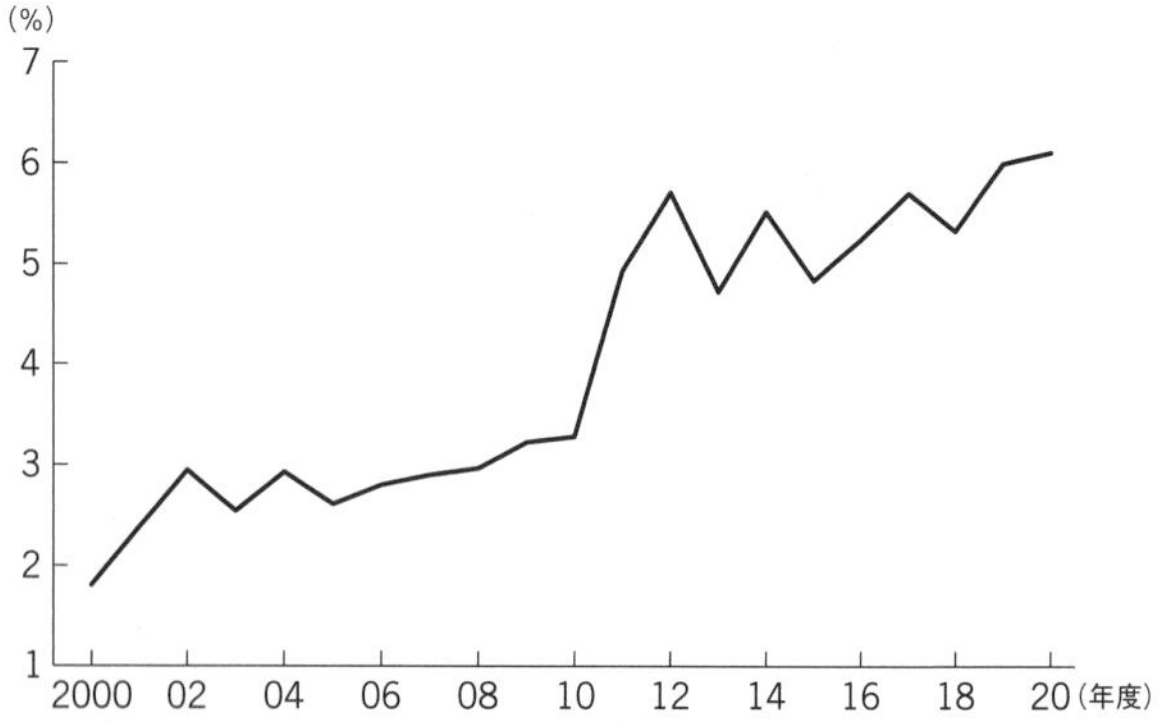

（出所）文部科学省科学技術・学術政策研究所「科学技術指標2022」、経済産業省「海外事業活動基本調査」を基に唐鎌大輔が加工・作成。

た論調は残念ながら実現しなかったと言わざるを得ない。

「思考停止（brain freeze）」と形容された日本

研究開発サービス分野において外貨流出が続く事実については、２０２３年５月、英国の経済専門誌 The Economist が報じた "It's not just a fiscal fiasco: greying economies also innovate less" との記事[13]が注目されるものであった。記事では高齢化した経済では財政的な負担が増すばかりか、革新的な技術が生まれにくくなるという事実が様々な角度から議論されている。その議論の対象は日本に限らず人口減少傾向にある世界全体であり、今後は革新的技術が生まれないことで世界経済の生産性が低下し、成長率も押し下げられるという主張が記事を通じて展開されていた。

しかし、10ページに及ぶ特集記事の中で日本だけに言及した箇所もあった。記事の最初の方では日本がイタリアと共に人口維持が難しくなる出生率２・１以下の国として登場し、岸田首相が２０２３年１月23日の衆議院本会議における施政方針演説において述べた「社会機能を維持できるかどうかの瀬戸際」とのフレーズも引用されている。この記事の核心は「出生率が低下すること（＝人口動態が高齢化すること）でイノベーションが起こらなくなる」と指摘している部分であり、今後の世界経済がこの現象に直面する可能性があること、既に世界の一部ではそれが始まっていることが先行研究などと共に紹介されている。

日本にとってショッキングだったのは、その「世界の一部」の典型例として日本が紹介されていたことだ。記事中では心理学の概念として、若い世代は「fluid intelligence（流動性知能）」を持ち問題解決や新たなアイデアの創造に能力を活かす一方、年老いた世代は「crystallised intelligence（結晶性知能）」を持ち、時間と共に蓄積された物事の仕組みに関する知識を活かすという論点が紹介されている。いずれの知性も経済活動上、重要ではあるが、イノベーションを期待するにあたっては流動性知能が重要であり、高齢化した経済ほ

図表1-20　日本における思考停止（brain freeze）

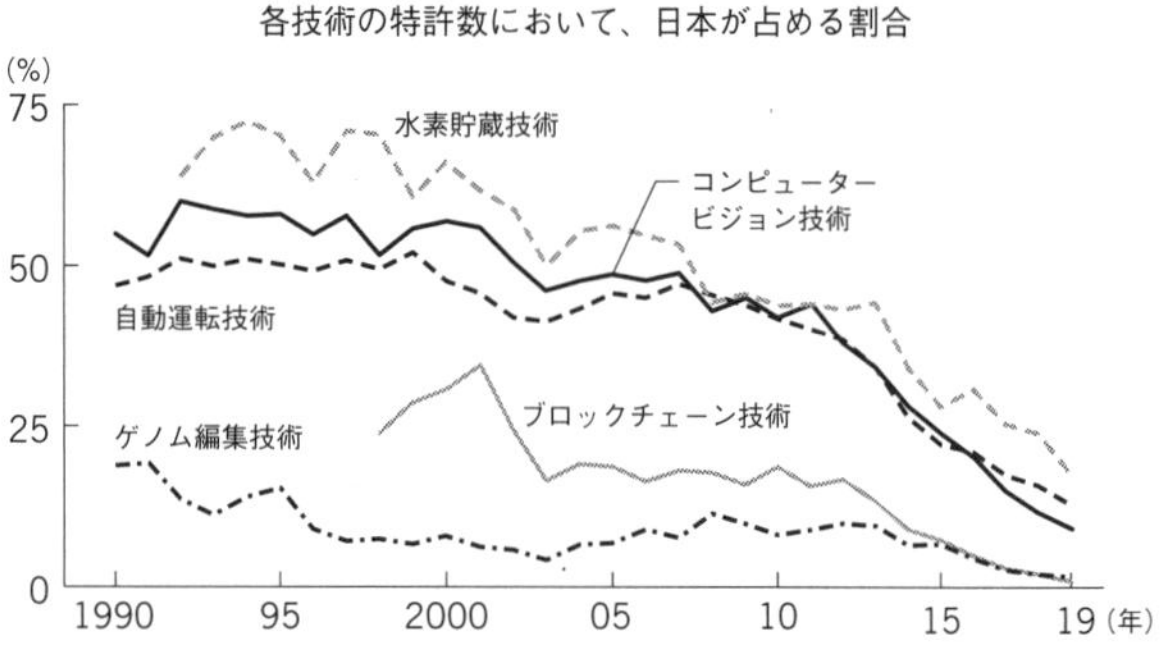

（出所）In Chinese, European, Japanese and US patent offices Source : "The rise of China's technological power: the perspective from frontier technologies", by A. Bergeaud and C. Verluise, CEP discussion paper, 2022
（図版作成）The Economist

ど、この点が弱くなると指摘されている。実際、記事ではイノベーションと年齢の関係についての研究結果も紹介され、研究者の特許出願率は30代後半から40代前半でピークに達し、40代から50代にかけて緩やかに低下する傾向にあるという。

経済学における生産関数の考え方に則して言えば、イノベーションを通じて全要素生産性（以下単に生産性）が改善するからこそ、労働力や資本の投入が一定でも高い成長率を実現できる。ということは、少子高齢化が課題となる社会こそイノベーションによる生産性向上が必要になる。しかし、そうであるにもかかわらず、少子高齢化自体がイノベーション停滞の元凶だというのであれば、日本にとってあまりにも救いの無い議論ではないか。

図表１—20は日本がかつて主導的役割を果たしていた分野でことごとく失墜している様子を示している。図表タイトルである「brain freeze」は「思考停止」と訳されることも多い。日本の政治・経済・社会の停滞が議論される際、頻繁に使われるフレーズである。記事ではロンドン・スクール・オブ・エコノミクス（ＬＳＥ）の経済動向センター（ＣＥＰ）の分析としてゲノム編集技術やブロックチェーン技術に対する日本からの貢献がほぼゼロになったことや、水素貯蔵や自動運転、コンピュータヴィジョン（画像解析のためにコンピューターに学習させる人工知能のこと）など、過去に日本が主導的な役割を果たしていた分野でも現在は米国や中国の後塵を拝する状況にあることが指摘されている。さらに恐ろしい事実として、記事では少子高齢化社会に生きる若者はそうではない社会に生きる若者と比べて起業する割合が低くなるという事実まで紹介されている。

こうした状況を踏まえる限り、岸田政権が折に触れてスタートアップ分野のテコ入れを図ろうとしている姿勢は適切な方向に見えて、そもそも日本の人口動態では難しい道を歩もうとしているという見方もできてしまう。もちろん、岸田政権では「異次元の少子化対策」と銘打った政策パッケージも併走しているが、記事では子供１人に高額な助成金（１人目

8300ドル、2人目1万3000ドル）を支給するシンガポールの出生率が1・0にとどまっている事実を例に「出生率低下を逆転させるために政府は殆ど無力」と断じている。諸研究の結果は幅をもって受けとめるべきだが、これらの主張は日本にとって絶望的な話に聞こえる。

「思考停止(brain freeze)」がもたらしたサービス収支赤字拡大

こうした「思考停止（brain freeze）」と揶揄される状況は「研究開発サービス」の赤字が拡大している事実と整合的であり、ひいてはサービス収支赤字が拡大している事実とも整合的に感じられる。真っ当に考えれば、「研究開発サービス」で劣後する国がデジタル関連収支で黒字を積み上げるのは難しい。だとすれば、The Economist の記事を踏まえると、2023年時点で▲5兆円を優に突破するデジタル関連収支赤字の背景も結局は少子高齢化という人口動態問題に帰着するという読み方もできる。執拗な円安地合いの背景も、様々な経済・社会課題と同様、結局、人口動態要因に行き着いてしまうのか。

いずれにせよ、デジタル関連分野やコンサルティング分野、そして研究開発分野のように、これまで為替市場との関連がさほど注目されていなかった分野から外貨が流出する構造が根付き始めているのが近年の日本の対外経済部門の実情である。円相場の現状や展望を検討する上では、こうした構造変化を踏まえる必要性が年々増していると筆者は考えている。

イノベーションボックス税制が狙う無形資産投資の促進

こうした「Brain freeze（思考停止）」と揶揄される状況に対し、日本政府も無策というわけではない。２０２３年12月14日、自民・公明両党が決定した令和６年度（２０２４年度）の税制改正大綱では企業の日本国内における研究・開発を促し、国際競争力を高めることを目指した新たな税制措置としてイノベーションボックス税制の創設が謳われた。同税制の下では、国内での研究・開発によって２０２４年４月以降に取得した特許や著作権で得られた所得の30％を課税対象所得から控除することが可能になる。減税の対象となるのは、その企業の知的財産を第三者が使用した場合のライセンス収入や知的財産を売却した際の所得とされている。同税制は２０２５年４月に制度開始、その後７年間、適用予定とされている。

岸田政権発足当初より標榜されている「新しい資本主義」では国内投資活性化の重要性が強調され、２０２３年６月21日、岸田首相は通常国会閉会に伴う記者会見で「世界に伍して競争できる投資支援パッケージ」をまとめ上げる意思を表明している。この「世界に伍して競争できる投資支援パッケージ」というフレーズはその後、岸田首相が公の場で繰り返し口にしているものだ。「投資支援パッケージ」という字面だけを見ると、外資系企業による日本国内への工場誘致（いわゆる対内直接投資におけるグリーンフィールド投資）や日本企業の設備投資を促すイメージが先行しやすい。だが、「投資」には有形資産投資と無形資産投資がある。前者の有形資産投資であれば対内直接投資の促進が象徴的で、実際に半導体工場誘致にまつわる外資系企業への補助金拠出は頻繁に報じられている。これに対し、後者の無形資産投資を促進する仕組みの1つとして知的財産分野の強化を企図するイノベーションボックス税制が用意されたと理解できる。

もっとも、両者は相互連関的に影響し合うものであり、区別することに大きな意味はないかもしれない。イノベーションボックス税制の導入は直接的には無形資産投資を促すものだとしても、対内直接投資残高の押し上げとも無関係とは言えない。同税制に伴い日本に研究開発拠点を設ける動きが進めば、それ自体も対内直接投資残高の増加に寄与する。片や、対内直接投資を通じて工場・生産設備が集積する過程で研究開発拠点の設置が検討される余地も出てくるだろう。2023年12月5日、米半導体大手エヌビディアのジェンスン・フアン最高経営責任者（CEO）が経済産業省で西村経済産業大臣（当時）と面会し、日本国内に研究開発拠点を設ける考えを明らかにしたことが大きく報じられている。[14] 結局、有形資産投資および無形資産投資の促進は表裏一体で進む部分もあるように思う。

なお、対内直接投資の経済効果は直感的にイメージしやすい。大きな製造業の工場ができれば、これに付随する雇用が生まれ、所得も増加し、当該地域の消費・投資は盛んになる。近年の日本では熊本県菊陽町における台湾積体電路製造（ＴＳＭＣ）工場の誘致がそれを実証している。２０２３年７月３日に公表された２０２３年１月１日時点の路線価ではＴＳＭＣが工場建設を進める熊本県菊陽町の一部が前年比＋19・０％、九州７県全体では同＋２・２％上昇したことが話題を集めた。地価上昇は経済活動の活況を最も端的に表す指標の１つだ。日本企業の国内回帰に期待できない以上、外資系企業の対日投資が景気を押し上げる経路は必然的に期待される。対内直接投資に関しては第５章で別途詳しく議論する。

世界的に進んでいるイノベーション税制

イノベーションボックス税制導入の叩き台となる資料として経済産業省「我が国の民間企業によるイノベーション投資促進に関する研究会」を見ると、「対象となる知的財産の範囲」として「特許権」、「著作権で保護されたソフトウェア」などとされ、「対象となる所得」は

「対象知的財産のライセンス所得」、「対象知的財産の譲渡所得」、「対象知的財産を組み込んだ製品の売却益」と明記されている。制度の対象となる知的財産を生み出すための研究開発は「国内で」「自ら」行われていることが条件とされており、ここに対内投資促進策としての意思が見出せる。条件を満たす知的財産から得られた企業所得は税優遇を受けられるというのがイノベーションボックス税制であり[15]、研究開発税制・イノベーションボックス税制という括りで海外を見渡した場合、欧州では2000年代前半から導入が進み、アジアでも実施・検討が珍しいものではなくなっている[16]。

なお、米国もイノベーションボックス税制という名称ではないが類似の枠組みを有する。外国稼得無形資産所得控除（FDII：Foreign-Derived Intangible Income deduction）という名称で「米国法人が米国外で稼得したとみなされる一定の所得について37・5％の所得控除を認める（2026年1月1日以降は所得控除額が21・875％へ縮小）」という税優遇を認めている。ここで「米国外で稼得したとみなされる所得」は無形資産（知的財産）の利用料収入のほか、米国内で製造し、輸出された高付加価値商品の売上高も対象とされる。また、FDIIと共に米国外軽課税無形資産所得（GILTI：Global Intangible Low-Taxed Income）なる枠組みも用意されており、これは課税負担の軽い国に置かれた米国企業の無形資産からの所得に課税する懲罰的な制度である（ＦＤＩＩはアメ、ＧＩＬＴＩはムチのような関係と言える）。ＦＤＩＩとＧＩＬＴＩを合わせることで「米国企業が付加価値の高い雇用や資本を国外へ流出させることを防止する効果」が期待されるため、イノベーションボックス税制の政策意図と似る（※筆者は税の専門家ではないので、より正確な税制の仕組み・解釈については専門家の議論を参照して頂きたい）。

いずれにせよイノベーションボックス税制は世界でも類似の動きが確認できるものだ。この点、「研究開発サービス」の赤字がこれほど拡がってから検討が始まったという意味で「遅きに失した」という評価もあり得るが、日本も正しい方向に向けて動き出したという意味では肯定的に評価される面はある。

為替需給にもたらす影響

有形資産にしろ、無形資産にしろ、国内への投資促進は円相場を展望する立場から重要な動きだ。というのも、イノベーションボックス税制は日本企業ひいては日本経済の競争力向上が企図されているが、それは究極的には貿易収支への影響を通じて為替需給を変化させる話にもなるからだ。言い換えれば、第５章で議論するような対内直接投資促進策であれ、イノベーションボックス税制であれ、日本が海外に財・サービスを販売（輸出）して外貨を獲得する能力を向上させる効果を期待することになる。その意味で国内投資促進は長い目で見れば貿易収支の赤字縮小（もしくは黒字復元）を念頭に置いた円安抑止策にも読み替えられる。

本章で繰り返し論じてきた通り、「新時代の赤字」を中心としてサービス収支赤字は今後も拡大傾向を辿る可能性が高い。今さらそのことについて悔恨の情を抱いても仕方はない。しかし、研究開発分野において日本が時間的・金銭的コストを相対的に惜しんできたことがデジタル関連収支の赤字拡大に繋がっている可能性は素人目に見ても高そうではある。その他サービス収支の項目名に照らして説明すれば、「研究開発サービス」における劣後が、その果実である「通信・コンピューター・情報サービス」や「専門・経営コンサルティングサービス」における大きな赤字の遠因だったと考えることに大きな無理はあるまい。研究開発費について言えば、その絶対金額で見ても、売上対比の比率で見ても、ＧＡＦＡＭが日本企業を遥かに上回っているという事実は広く知られている。[17]

こうして考えると日本の抱える「新時代の赤字」は必然の帰結だったとも感じられる。イノベーションボックス税制は遅まきながら、この流れを食い止めようとする手段の１つとして位置づけられるものだろう。もちろん、その効果が国際収支統計上の数字に表れるとしても、それはまだ大分先の話にはなる。しかし、為替需給を分析する立場からは長い時間軸で評価していく価値のある論点と考えられる。

韓国とスイスから感じ取れるもの

先に紹介した『The Economist』の記事を読む限り、知的財産分野における日本の凋落は少子高齢化という人口動態に照らして不可避の運命のように感じられるものだった。しかし、日本同様の人口動態問題を抱え、また鉱物性燃料輸入も非常に大きい韓国では、2022年こそ強烈な資源高を受けて貿易収支赤字の拡大を強いられたものの、基本的に収支構造は黒字が維持されている（図表1－21）。翌2023年も若干の赤字が続いたが、収支均衡への復帰はほぼ見えている。これに対し、日本の貿易収支に目をやると、2022年は過去最大（約▲20兆円）、2023年は過去4番目に大きい赤字（約▲9・3兆円）を記録しており、この点に関して両国の差は非常に大きいように思える。結局、前掲図表1－7でも確認したように、過去数十年にわたって米国や韓国、その他主要国と比較しても日本の研究開発分野への人的・金銭的負担が明らかに劣後しているのだから、サービスだけではなく、財（日本

図表1-21　韓国の貿易収支

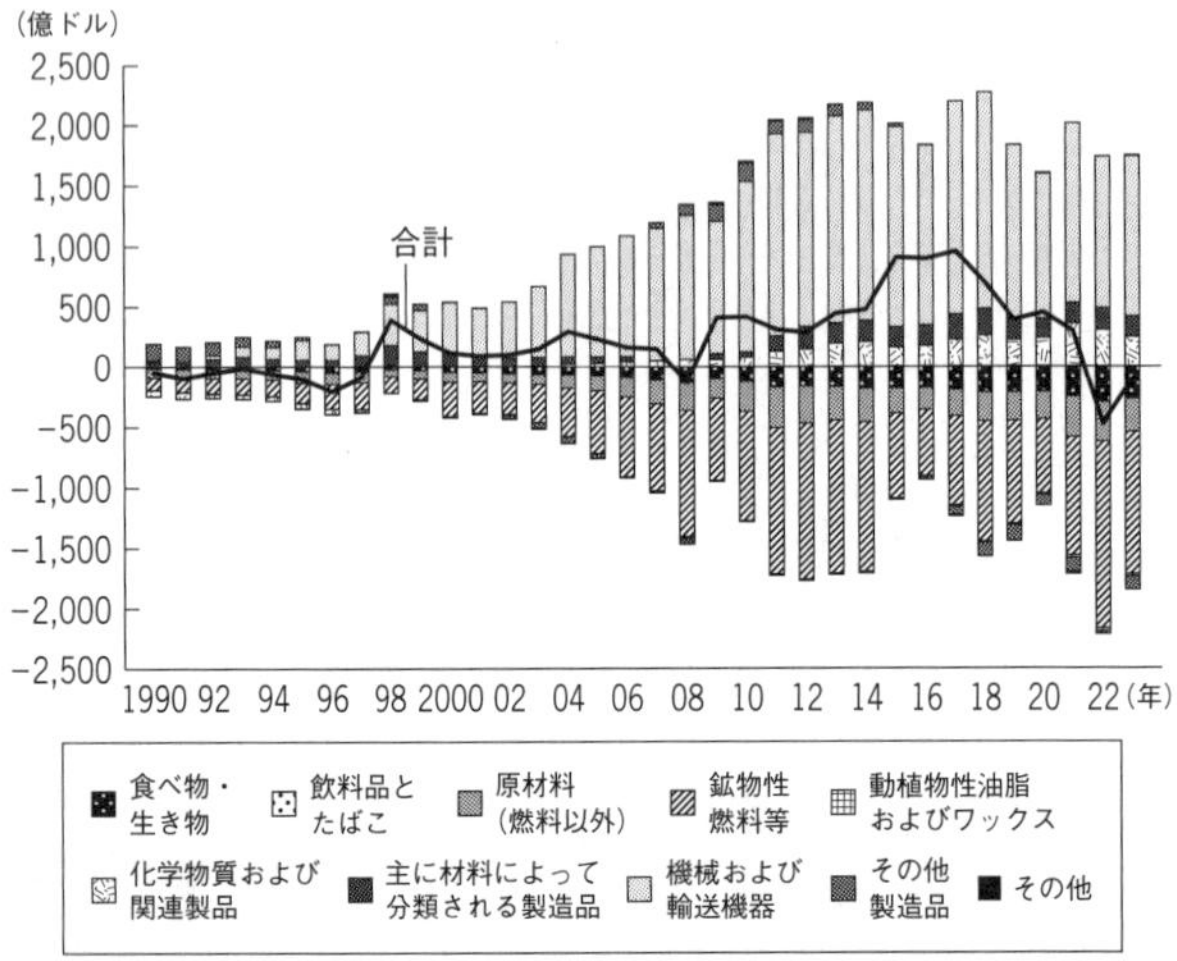

(出所) macrobond

製品)についても、海外へ販売(輸出)する力が衰えていたとしても不思議ではない。もちろん、事実はもっと複雑だろうが、貿易収支に関しても「研究開発を惜しんだツケ」が回ってきており、韓国の後塵を拝する状況に繋がっている可能性は疑われる。

裏を返せば、同じ人口減少経済にあって対外競争力を維持できている例として韓国があるという読み方もできる。今後展開される正しい政策と共に外部環境の条件も整えば、貿易収支黒字の復元とまでは行かずとも、赤字の縮小くらいには日本も漕ぎつけられるかもしれない。ちなみにほかの先進諸

図表1-22 スイスの貿易収支

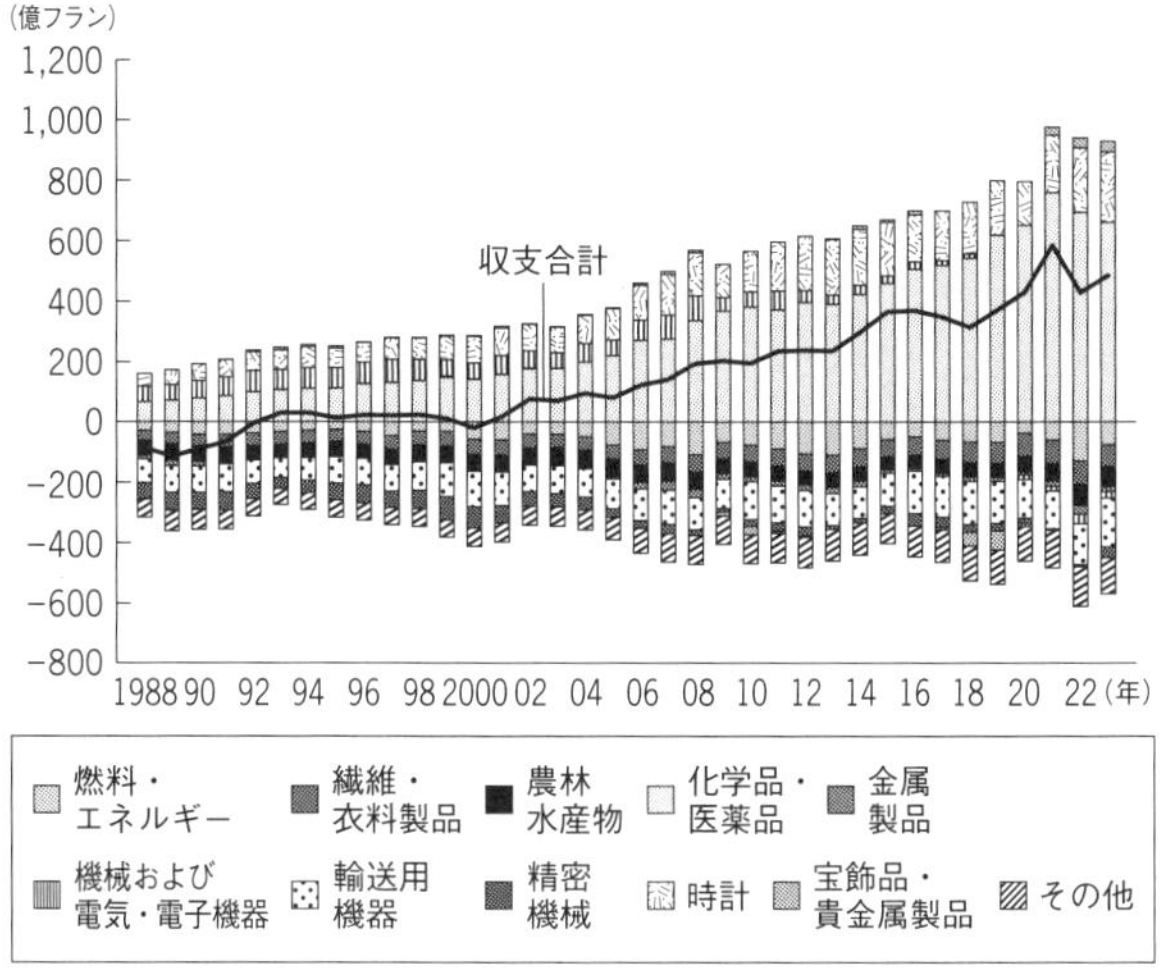

（出所）macrobond

国においてはスイスも人口減少経済だが、貿易収支黒字を維持・拡大できている例として挙げられる。これは時計や薬といった付加価値が高い財に注力した結果であり、その上で鉱物性燃料輸入が日韓に比べて少ないという特徴もある。その結果、資源価格が暴騰した2022年も相応の貿易収支黒字が維持されていた（図表1―22）。本書では日本や韓国・スイスとの経済構造を比較分析するほどの紙幅はないが、今後の研究テーマとして価値があるように思える。

円相場の現状や展望を考える上で「需給構造の変化こそ執拗な円安の一

因」と主張してきた筆者の立場からはイノベーションボックス税制などを通じて国内投資を促進しようという岸田政権の姿勢に期待するところは大きい。より大局的な視点に立てば、イノベーションボックス税制や対内直接投資促進策は「brain freeze（思考停止）」と揶揄される日本経済、いや日本社会全体が再起動するための処方箋として期待されるものだと感じる。その結果はすぐに出るものではなく、果たして間に合うのかという疑問もある。だが、方向性としては正しい政策が政府から打ち出されたこと自体、前向きに考えたい。

BOX ① サービス収支に透ける製造業の行動変化

製造業の海外生産移管で増える外貨収入

周知の通り、日本の製造業が進めてきた海外生産移管は貿易収支悪化の一因として理解されている。しかし同時に、サービス収支改善の一因でもあることは意外に知られていない。それが第1章で議論した「産業財産権等使用料」であり、ここには日本企業が自身の海外子会社や外資系企業から受け取るロイヤリティなどが計上される。前掲図表

1－8で見たように、日本のその他サービス収支において唯一黒字を記録する「知的財産権等使用料」もその実態は「産業財産権等使用料」の黒字に支えられている。近年、外資系企業から供給される定額制の動画や音楽の配信サービス、ソフトウェアなどへの支払い増加を受けて「著作権等使用料」の赤字は増加傾向にあるものの、「産業財産権等使用料」の黒字が多額に上っているため、これら2項目の合計である「知的財産権等使用料」全体では黒字が維持される構図が続いている。この点、製造業の海外生産移管は経常収支上、赤字拡大と黒字拡大の二面性を有している。

サービス収支が浮き彫りにする製造業の構造変化

この論点は第1章で紹介した日銀レビュー「国際収支統計からみたサービス取引のグローバル化」でも注目されている。日本企業が海外生産移管を進めるほど、国内企業が海外から受け取るロイヤリティを含む「産業財産権等使用料」は増えるので、例えば自動車の海外生産台数の動きなどと安定した関係を見出すことができる（図表1－23）。ちなみに貿易収支が慢性的な赤字傾向に陥る直前の2010年、「産業財産権等使用料」からの受取は約2・3兆円だったが、2023年には約7・2兆円と約3倍に膨らんで

図表1-23　産業財産権等使用料（受取）と海外での自動車生産台数

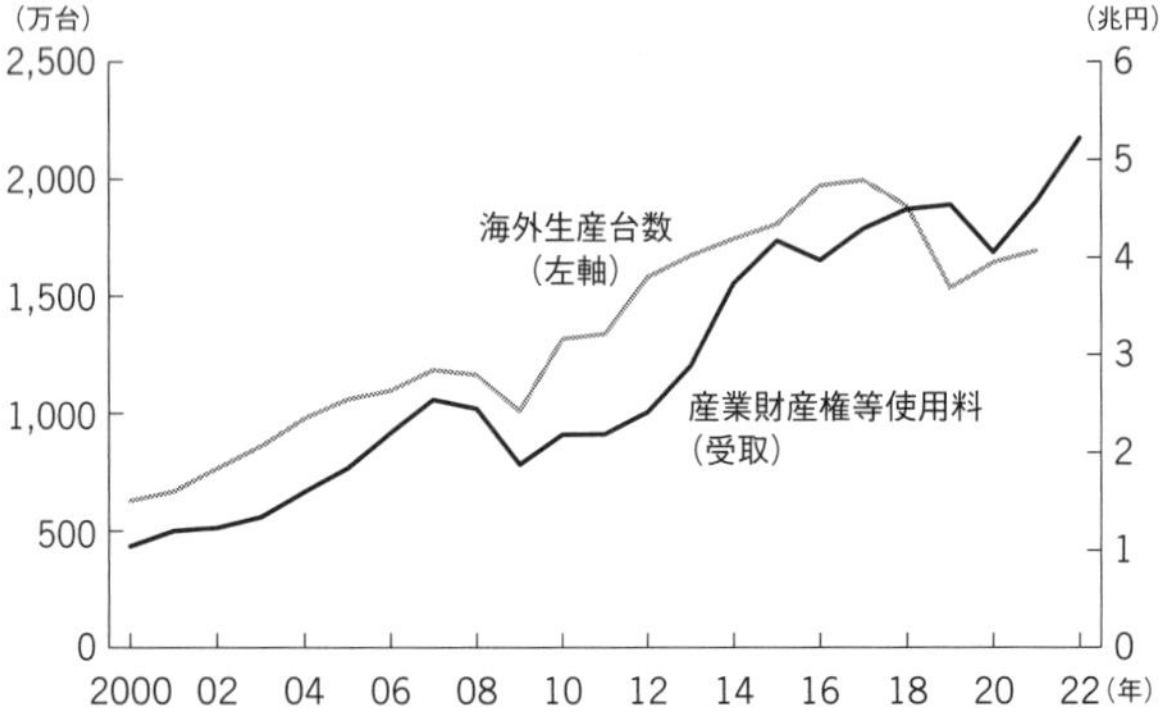

（出所）日本銀行、日本自動車工業会

いる。もちろん、こうしたロイヤリティの受取だけで日本の貿易収支赤字が穴埋めできるはずもない。しかし、海外生産移管により失われた輸出の全てが円売りに直結しているわけでもなく、サービス収支上、「産業財産権等使用料」の受取として日本へ回帰している部分もあるという事実は円の需給を考察する上では知っておきたい事実だ。「単なる親子間取引の結果」と言えばそれまでだが、日本経済の構造変化を端的に表す現象として興味深い。

もっとも、海外での生産が増えれば、当然それを運ぶためのサービス利用が必要になり、ここにも外貨の支払が生じる。これはサービス収支上では輸送収支、その中で

図表1-24　産業財産権等使用料（収支）と海上貨物（収支）

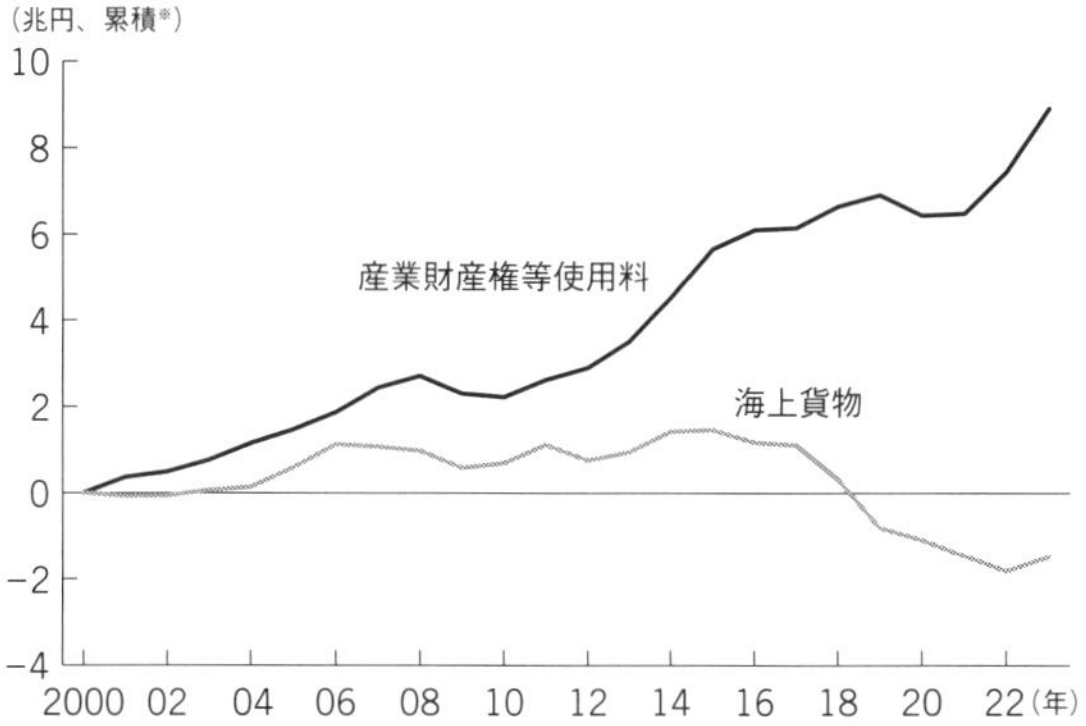

（出所）日本銀行、※2000年以降の累積

も海上貨物を扱う収支などに表れる。図表1－24に示すように、受取と支払をネットアウトした収支で見た場合、２０１０年以降、「産業財産権等使用料」の黒字が拡大する一方、海上貨物は２０１７年以降に黒字が減り始め、２０１９年以降は赤字に転化し、その後拡大傾向にある。だが、海上貨物に関する赤字拡大も二面性を有する話だ。第１章で紹介した日銀レビューでは「本邦製造業における海外生産比率の高まりは、海外海運企業との競争激化と相まって、本邦海運企業が海外子会社を活用して競争力を強化する形などで、グローバル化を促進した可能性も考えられる」と分析している。日本の海運企業が海外子会社を活

用し、そこで収益を積み上げれば、輸送収支（とりわけ海上貨物に関する収支）の赤字は拡大しても、当該海外子会社の収益は第一次所得収支として計上される。それが配当金として日本に帰ってくるのか、再投資収益として海外に残るのかという問題はあるが（近年は後者の割合が増加傾向にある）、海上貨物サービスの赤字全てが純粋な円売りとは限らない。

このように国際収支を構成する項目間でも資金の往来があり、実態としての為替需給は相殺されてイーブンになっている部分もある。最終的にはそれら全てを包含する数字としての経常収支が注目されるわけだが、その経常収支についても為替取引が恐らく発生していないものがある。よって、そのような項目を控除してCFベースで評価すべきというのが為替需給を分析する筆者の基本的立場である、この点は第2章で詳述する。

加工貿易体制を卒業している日本

いずれにせよ、「『産業財産権等使用料』の黒字が増えて、海上貨物サービスの赤字が増えている」といった事実からは、原材料を輸入し、国内で生産し、海外へ輸出するという加工貿易体制から日本が卒業しつつある状況が読み取れる。その代わりに海外で生

図表1-25　日本の海外現地法人売上高

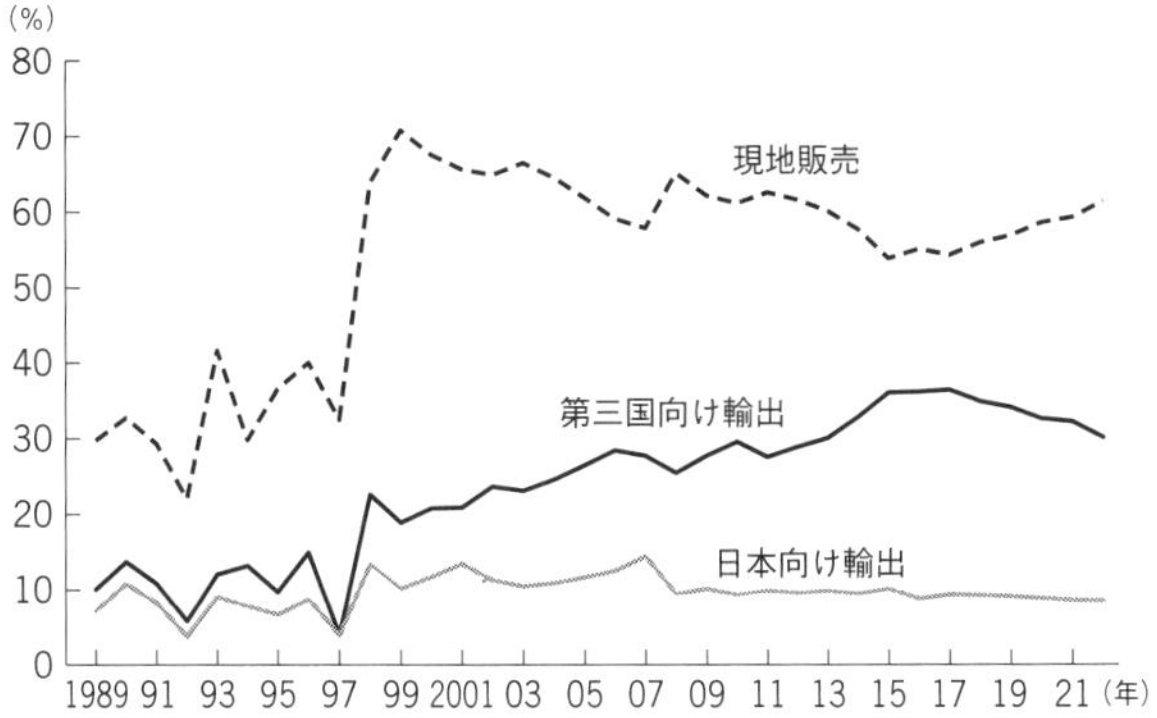

（出所）INDB

産した製品を海外で販売したり、第三国向けに輸出したりする世界全体を巻き込んだサプライチェーン体制を組成している動きが２０００年代に入ってからの主流と見受けられる（図表１－25）。こうした事実を踏まえれば、円安が輸出製造業の価格競争力を改善し、輸出数量を押し上げ、国内経済においては生産・所得・消費の好循環をもたらすという伝統的な波及経路はもはや日本経済の主たる成長経路ではなくなっていることが改めて分かるだろう。

そうした貿易体制の変化に伴ってサービス収支においては産業財産権や海上貨物サービスなどにまつわる外貨の受払も変化しているため、製造業の経済活動に伴う資金フローを貿易収支の動きだけから捕捉するのは難しい時代に入っていると考えられる。為替需給を分析する立場からすると、貿易収支ではなく貿易サービス収支を見ることの重要性が増しているという言い方になるかもしれない。これまで為替需給を分析する際には、まず貿易収支があって、その次に過去に行った投資の成果として第一次所得収支の動向が着目されてきた。後者の莫大な黒字の結果、経常収支は黒字が確保されるため、「日本は経常黒大国ゆえ、いずれ円高に戻る」という論調が幅を利かせてきたし、実際に円高の時代は長く続いた。もちろん、第一次所得収支を見ることは現在も将来も大事だろう。

しかし、日本が加工貿易体制を卒業し、世界的にサービス取引が国際化の度合いを強める中、サービス収支から読み取るべき為替需給の実情も相対的な重要性を明らかに増している。今はまだ規模として貿易収支や第一次所得収支に及ばない存在としても、将来を展望するにあたってサービス収支が潜在的に抱えている変化幅は非常に大きいように思える。その動きを追うことが日本経済の変化を追うことにも繋がる時代に入ってきていると筆者は考えている。

BOX ② 旅行収支にどこまで頼れるのか

「過去最悪の人手不足」というインフレ要因

本書執筆時点の旅行収支黒字は統計開始以来の最高値を更新する状況にある。もはや輸出製造業を中心として貿易収支黒字を積み上げる時代が終わった今、日本が能動的に外貨を獲得できる貴重な手段としてインバウンドを念頭に置いた観光産業は日本経済にとって重要な戦略分野であり続けるはずだ。しかし、世界最速ペースで少子高齢化を経験し、人手不足が社会の制約となっている日本において、旅行収支の黒字拡大余地にどれほど期待すべきなのか。経済・金融分析を生業としない市井の人々においても日本社会のそこかしこで人手不足が問題になっている状況は日々の報道に限らず、実体験からも知るところだろう。

人手不足の把握に関しては色々な切り口が考えられるものの、オーソドックスな把握方法は日銀短観における雇用・人員判断ＤＩ（「過剰」と回答した企業の割合―「不足」と回答した企業の割合）を見ることだ。本書執筆時点で最新となる２０２４年３月調査の数字を見ると、全規模・全産業で見た雇用・人員判断ＤＩは▲36を記録している。こ

図表1-26　業種別の雇用・人員判断DI（13年3月vs.24年3月）

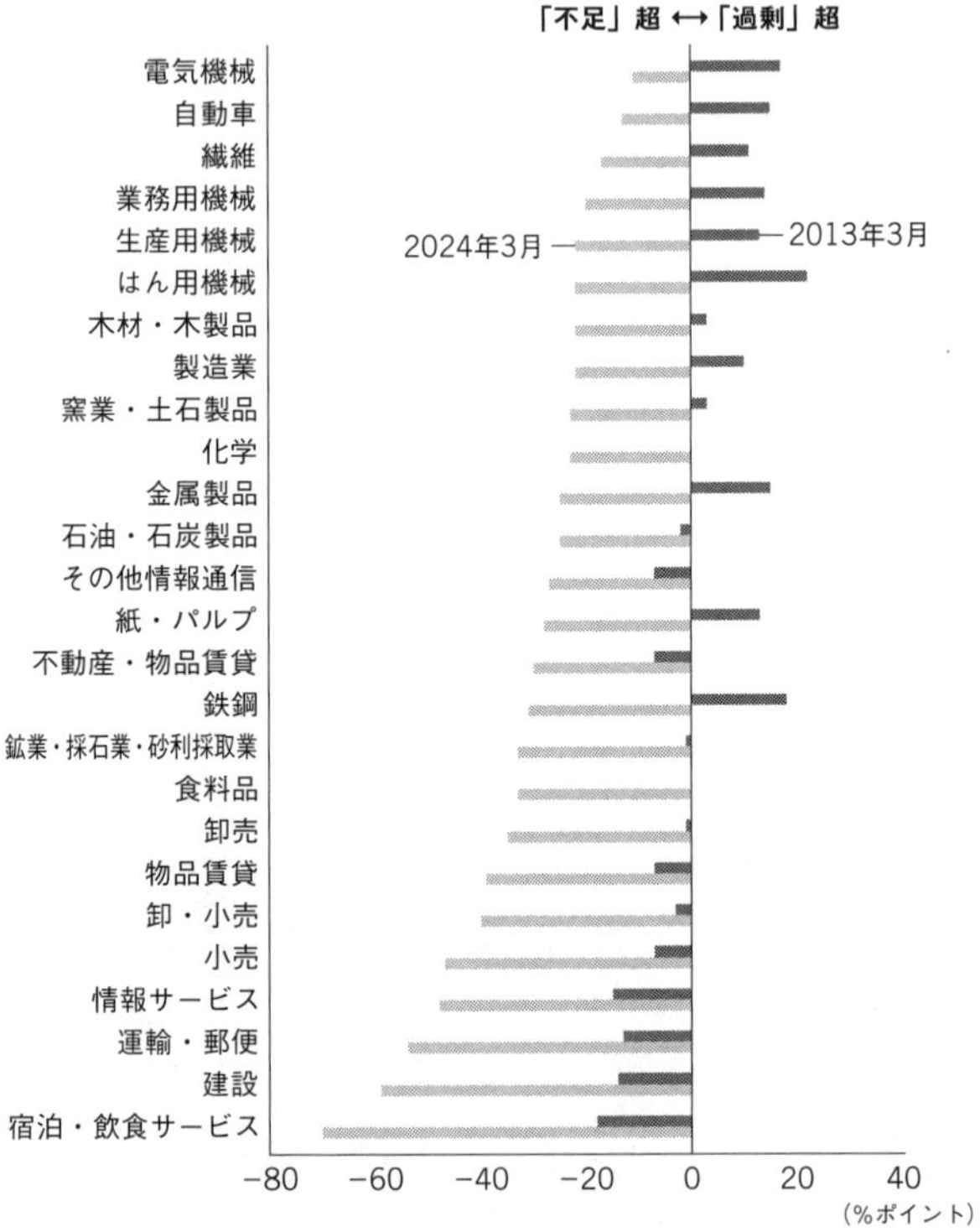

（出所）日本銀行

れは歴史的に見れば、非常に大きな「不足」超ではあるものの、バブル崩壊直後の1990年代前半には▲40を優に超える「不足」超を経験しているため、日本全体として「過去最悪の人手不足」と形容するのはまだ早い印象もある。しかし、業種別に見ると、「過去最悪の人手不足」と言っても過言ではない状況も透ける。アベノミクスが取りざたされ始めた約10年前（2013年3月）と比較すると、当時「過剰」超だった業種も含め全ての業種が「不足」超に転じている（図表1－26)。日本経済を局所的に見た場合、人手不足ゆえの機能不全に陥っている状況があり、しかもその変化は過去10年間でかなりの幅を伴って起きていることが分かる。

およそ人が足りないにもかかわらず名目賃金が上がらないということは考えにくい。本書執筆時点では2024年の春闘が33年ぶりの伸び幅を確保したことを受けて「遂に日本もインフレの時代へ」という機運が高まっており、その持続可能性に注目が集まっているが、こうした動きを駆動する要因として人手不足は確実に効いている。もちろん、「デフレからインフレへのシフト」と考えれば前向きに評価できる動きではある。だが、人手不足を前提としてインフレ体質になった経済が果たして順当な成長軌道を歩むことができるのか。本書の論旨からは逸れる大きな話になるため深入りは避けるが、関心事項ではある。

需給両面から圧迫される人手不足

前掲図表1－26を見ても分かるように、特に人手不足が深刻さを極めているのが宿泊・飲食サービスであり、2023年12月調査では▲75と過去最悪を更新し、2024年3月調査も▲70と深刻な状況が続いている。これに次ぐ建設（▲59、2024年3月調査、以下同じ）や運輸・郵便（▲54）、対個人サービス（▲54）も歴史的なマイナス幅を記録するが、宿泊・飲食サービスの人手不足は群を抜いている。こうした業種別の実情は読者の方々も日常生活から既に感じているところではないかと思う。現在の日本では飲食店が営業日や営業時間を間引いたり、ホテルが満室営業を諦めたりするのはもはや珍しい光景ではなくなっている。少子高齢化がもたらす必然の帰結として、経済活動に対する制約は確実に発生しつつある。建設で言えば、人手不足や資材高騰による建築遅延、運輸・郵便で言えばバスや電車の減便もよく目にするニュースになっていないだろうか。

特に宿泊・飲食サービス業における人手不足は日本に大挙するインバウンドという需

要要因が真っ先に思い浮かぶが、それだけではない。もちろん、インバウンド需要の急増によって人手不足に拍車がかかり、名目賃金が押し上げられている部分もあるだろう。その意味で日本は「インフレの輸入」を経験している状況とも表現できる。

しかし、そうした需要要因に加え、そもそも供給要因も重なって宿泊・飲食サービス業が苦境にあることは知っておきたい。周知の通り、パンデミックの3年間（2020〜2022年）において日本では旅行や外食などの経済活動が「要請」という名の下に半ば強制的な自粛を強いられた。言い換えれば、政策的な負荷がそれらの業種へ局所的に集中したのが日本だった。その結果、社会が本格的に正常化した2023年以降も宿泊・飲食サービス業から退出した就業者が戻ってきていないという状況が本書執筆時点では指摘されている。宿泊・飲食サービス業は観光産業でもあり、インバウンド需要の受け皿となるものだが、これに応じるための労働供給がパンデミック対策を経て切り下げられたという深刻な状況がある。

日銀短観以外の統計からも宿泊・飲食サービス業を中心とする労働市場の厳しい状況は確認できる。総務省「労働力調査」によればパンデミック直前の2019年と2022年について業種別就業者数を比較すると、宿泊・飲食サービス業の減少幅（▲

図表1-27　業種別就業者数（2019年からの変化率※）

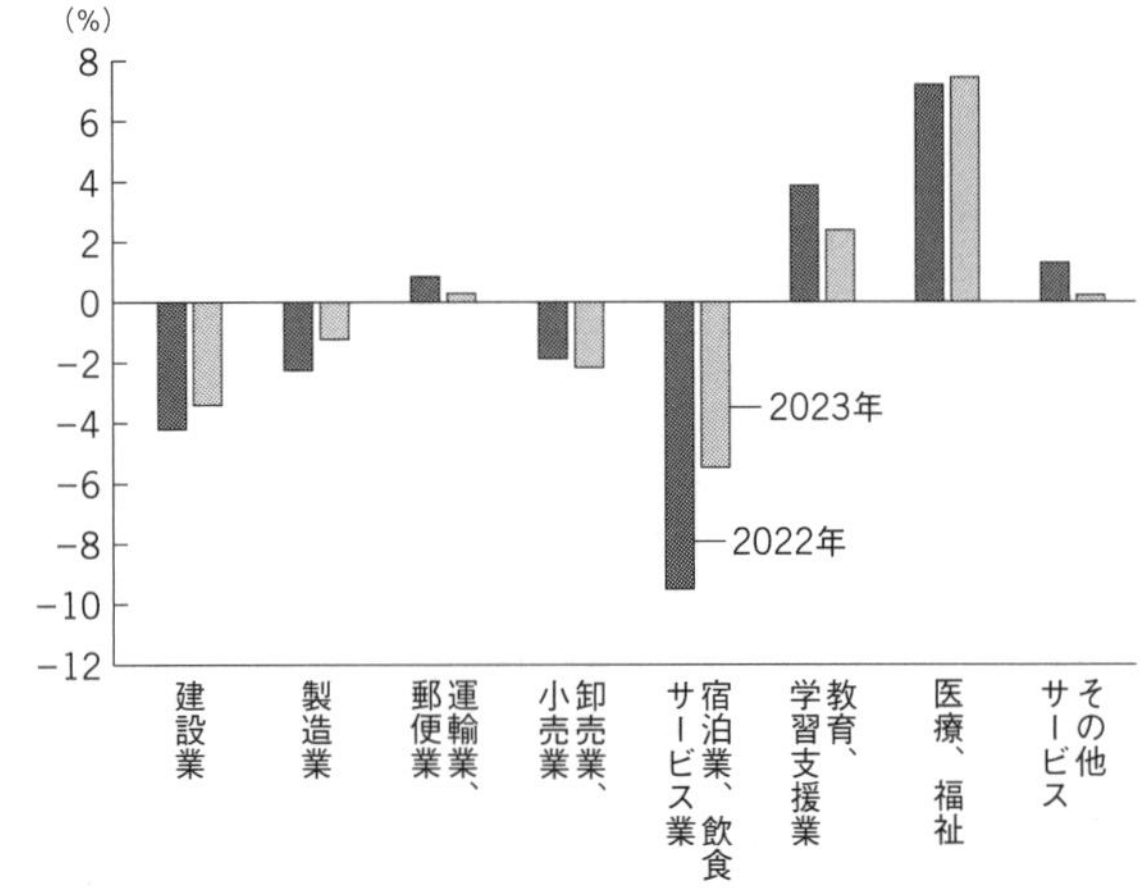

※就業者全体の5%以上を占める業種に限定して比較
（出所）総務省データ労働政策研究・研究機構

9・5%）は群を抜いており、これに建設業の▲4・2%が追随している（図表1－27）。いずれも短観において深刻な人手不足が示唆される業種だ。2023年になると状況はやや改善するが、それでも宿泊・飲食サービス業の減少幅は2019年対比で▲5・5%と頭抜けて大きく、やはり建設（▲4・2%）がこれに続いている。

　また、宿泊・飲食サービス業は外国人労働者に依存する業種としても知られる。そこで外国人就業者の業種別シェアを見ると、宿

図表1-28　外国人就業者の業種別シェア（2019年と2022年の比較※）

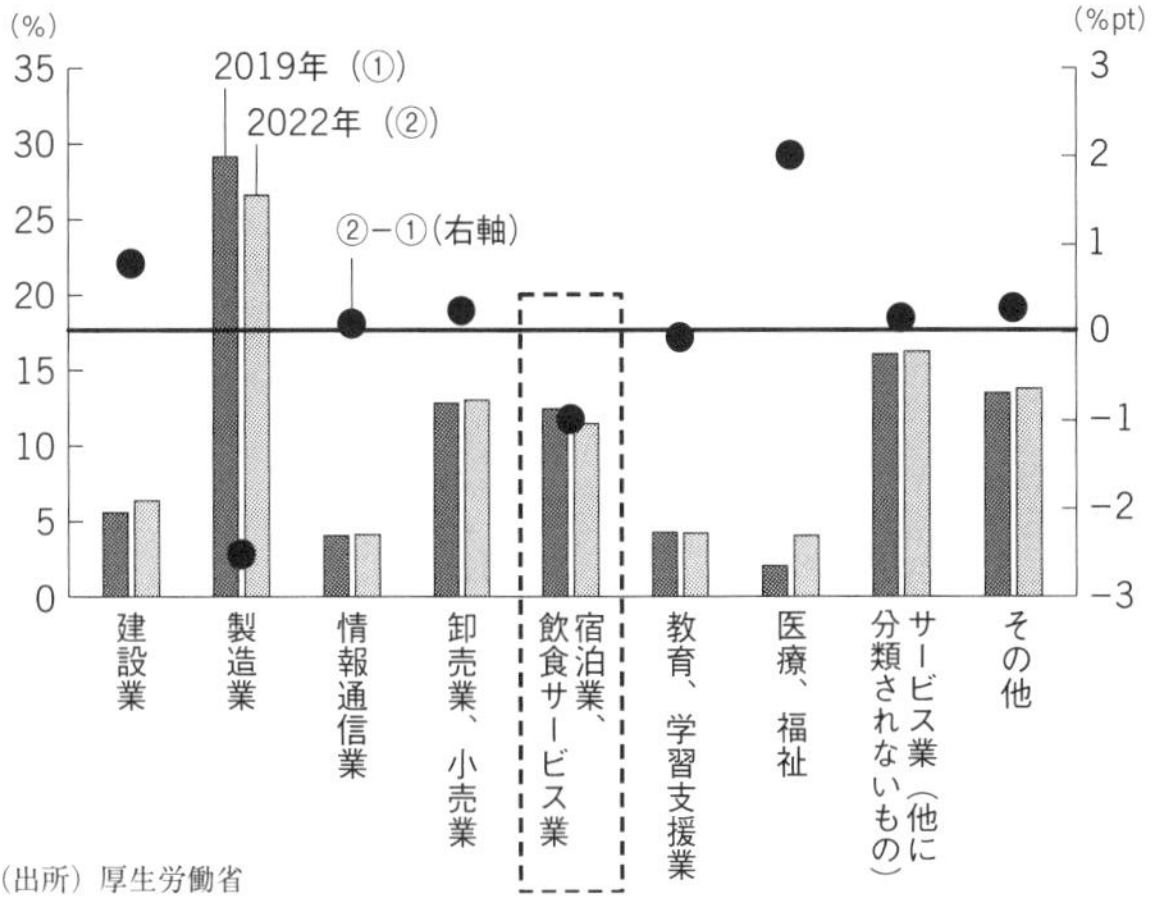

（出所）厚生労働省

泊・飲食サービス業は製造業や卸売業・小売業に次いで外国人に依存していることが分かる。2019年と2022年で比較すると（図表1－28）、製造業と宿泊・飲食サービス業だけが外国人就業者のシェアを大きく落としている。これらの背景を詳細に分析する紙幅は無いが、パンデミックの最中、他国対比でひときわ長引いた水際対策（≒鎖国政策）の結果、日本から締め出されてしまった外国人就業者は少なくないだろうし、大幅な円安により日本で働いて給料を得るインセンティブも大きく削がれてしまった可能性も否めない。

インバウンド需要が当面好調な状況が続くのだとすれば、宿泊・飲食サービスに象徴される関連業種の名目賃金は上がりやすく、そこで提供されるサービスの価格（端的には外食代やホテル代など）も上がりやすくなる。これらは確実に日本の一般物価を押し上げる話になり、デフレ脱却というスローガンに照らせば必要な現象にも思える。しかし、労働力を欠く以上、いくら需要があっても供給を用意できない状況はいずれ訪れる。となれば、旅行収支黒字の増勢もいずれ止まらざるを得ない。為替需給を考える立場にとっても重要な話だ。

「AIが仕事を奪う」を期待する皮肉

世界を見渡せば生成AI（Artificial Intelligence：人工知能）にまつわる急激な技術進歩を背景として「仕事が奪われる労働者が増える」という懸念が頻繁に注目される。しかし、日本の現状を踏まえると、むしろ「仕事を奪って欲しい」という実情も出てきているようにも感じる。もちろん、「AIで仕事を奪われる業界」と「AIに仕事を奪って欲しい業界」が一致するとは限らない。例えばAIで仕事を奪われた銀行員が宿泊・飲食サービスや建設に即応できる人材になるイメージは湧かない。そうしたミスマッチがマクロ経済全体で上手く解消されるようにＡＩの活用が進む保証はなく、だからこそ「ＡＩが仕事を奪う」が争点になりやすい状況がある。しかし、人手不足がインフレの持続的な要因として日本で懸念される状況を踏まえると、「ＡＩによる労働力の穴埋め」は待望論すらあり得る。それだけではなく「ＡＩによる生産性向上を通じた賃上げ」が実現するのであれば労働集約的な業種でも人を集めやすくなる展開も十分期待されるものだろう。世界最速ペースで人口が減っていく日本社会において「ＡＩが仕事を奪う」は脅威論とは限らない。

唯一の外貨獲得経路にも限界

話を宿泊・飲食サービス業の人手不足に戻す。既に見たように、今や旅行収支は日本が能動的かつ安定的に外貨を獲得できる唯一と言っても良い項目だ。しかし、現在から将来にわたって日本が直面していくであろう人手不足はその旅行収支からの黒字が、いずれ供給制約を理由として頭打ちになってしまう未来を暗示している。いくら日本の外国人人気が高いと言っても、処理能力の限界はどこかで来る。

もちろん、旅行収支黒字が増え続けることが難しくても、高止まりする未来ならばそれほど悪いものではないかもしれない。しかし、第1章を通じて議論を重ねてきたように、今の日本には旅行収支黒字は増え続けて貰わなければならない事情がある。日本のサービス収支は猛烈なインバウンド需要にもかかわらず、デジタル関連収支に象徴される「新時代の赤字」によって赤字体質が強まっている。既に論じた通り、2023年時点ではサービス収支全体で▲2兆9158億円の赤字であった。繰り返しになるが、これは旅行収支における過去最大の黒字（＋3兆6313億円）とその他サービス収支における過去最大の赤字（▲5兆9040億円）が打ち消し合った結果だ。既に見てきたように、「新時代の赤字」を主軸とするその他サービス収支赤字は今後も拡大余地があろう。

片や、人手不足が極まる観光産業の実情を踏まえれば、旅行収支黒字の頭打ちはさほど遠い将来の話ではないようにも思える。そのように考えてしまうと、サービス収支赤字は拡大基調を辿る公算がやはり大きい。「観光立国」や「おもてなし」というフレーズは今後の日本経済の進路や強みにとって重要なパーツになるのは間違いない。しかし、全ての経済活動は生産要素（ヒト・モノ・カネ）があって初めて可能になる。「おもてなし」の主柱である宿泊・飲食サービス業が労働供給の制約に直面する以上、旅行収支黒字の拡大を当て込んだ議論は非常に危うい。

2022年3月に始まった円安局面は当初、「FRBが利下げを始めるまで我慢すれば状況は改善する（円高になる）」という見方が支配的であった。これに対し「本当はそうではなく、円安は構造的な話なのではないのか」というのが前著や本書に通底する問題意識である。インバウンド需要に応えられない日本の労働市場の現状も構造的な円安と深く関わる材料の1つであると筆者は考えている。

BOX ③

デジタル赤字は日本だけなのか

デジタル赤字は日本だけの話なのか

「日本のデジタル赤字が拡大している」という議論を展開する際、頻繁に頂戴する照会の1つに「デジタルサービスは米国の独り勝ちなのだから、日本に限った問題ではないのではないか」といったものがある。筆者もそう考えていた。しかし、結論から言え

図表1-29　主要国のデジタル関連収支

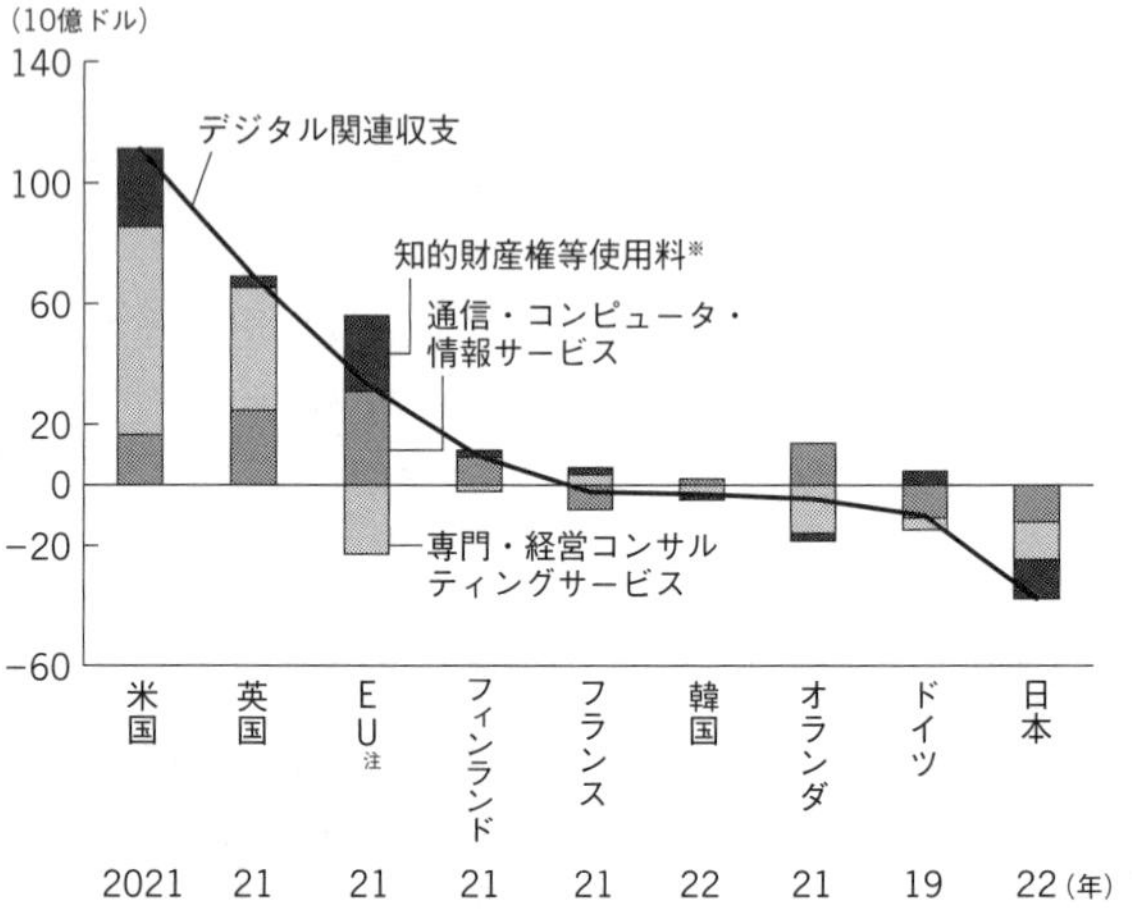

※産業財産権や研究開発に係るライセンス使用料以外の「ソフトウェアや音楽、映像、学術を複製して頒布するための使用許諾料」を対象。
統計制約上、EU、フランス、オランダ、フィンランドは知的財産権等使用料全てを対象。なお、日本もOECD統計では知財の細目が未公表だが、財務省統計と突合せながら筆者が調整している。
(注) EUはアイルランド除くベース。
(出所) OECD

ば、「米国の独り勝ち」は事実だが、日本の赤字幅は世界的に見ても大きいという回答になる。

図表1－29はOECD統計から日米欧を主軸に主要国の比較を試みたものだ。EUについてはドイツ、フランスの2大国以外に、「通信・コンピューター・情報サービス」の黒字が特に大きいオランダやフィンランドも加えた。デジタル関連収支の分類は第1章で見

た日銀レビューの考え方に準拠しており、ここでは「通信・コンピューター・情報サービス」、「専門・経営コンサルティングサービス」、「知的財産権等使用料（除く研究開発ライセンス等使用料・産業財産権等使用料）」の3つを合計している。しかし、国によって（特に欧州では）「知的財産権等使用料」の詳細な内訳が開示されていないことも多く、「研究開発ライセンス等使用料」や「産業財産権等使用料」を除くことができない。そのため完全な横比較が難しい制約もあるが、日本のデジタル関連収支の現在地を知る上で、以下の議論は参考になるだろう。

米国、英国、EUの3強

具体的に数字を見ると、デジタル関連収支は米国が+1114億ドル、英国が+692億ドルとなっており、やはり米国の黒字幅が大きい。しかし、EU（除くアイルランド）も+332億ドルとまとまった幅で黒字を記録している。英国には世界的なコンサルティング企業の本社機能が集中しているため、「専門・経営コンサルティングサービス」の黒字が膨らみやすい。つまり、デジタル関連収支の定義には入るが、実態はコンサルティングという非デジタル要素も大きいと推測される。なお、EUからアイルランドを除くのは、ＥＵ域内に限らず、世界的にもアイルランドが他の追随を許さないキープレーヤーであり、いち加盟国として含めるにはあまりにも影響が大き過ぎるという事情がある。この点は後述する。

そのほか、ＥＵ加盟国について言えば、フィンランドが＋95億ドルと黒字である一方、ドイツ、フランスがそれぞれ▲１０２億ドル、▲24億ドルと赤字で、オランダも▲48億ドルと赤字だ。つまり、これらの加盟国以外で細かく黒字が積み上げられている結果、域内全体としてはデジタル関連収支が維持されている。ＥＵのデジタル関連収支について特徴を一言で言い表すのは難しい。だが、後述するように、「通信・コンピューター・情報サービス」という純粋なデジタル分野での収支において多くの加盟国が黒字を記録している実情を踏まえれば、ＥＵのデジタル関連収支は決して弱いとは言えない。片や、日本は▲３７７億ドルの赤字だ。この金額はＯＥＣＤ加盟国において突出して大きなものである。

ＥＵ、「デジタル関連収支の核」はアイルランド

ちなみにアイルランドは影響が大きいゆえ除外したと述べたが、実際、どれほどの存

図表1-30 主要国の通信・コンピューター・情報サービス（2021年）

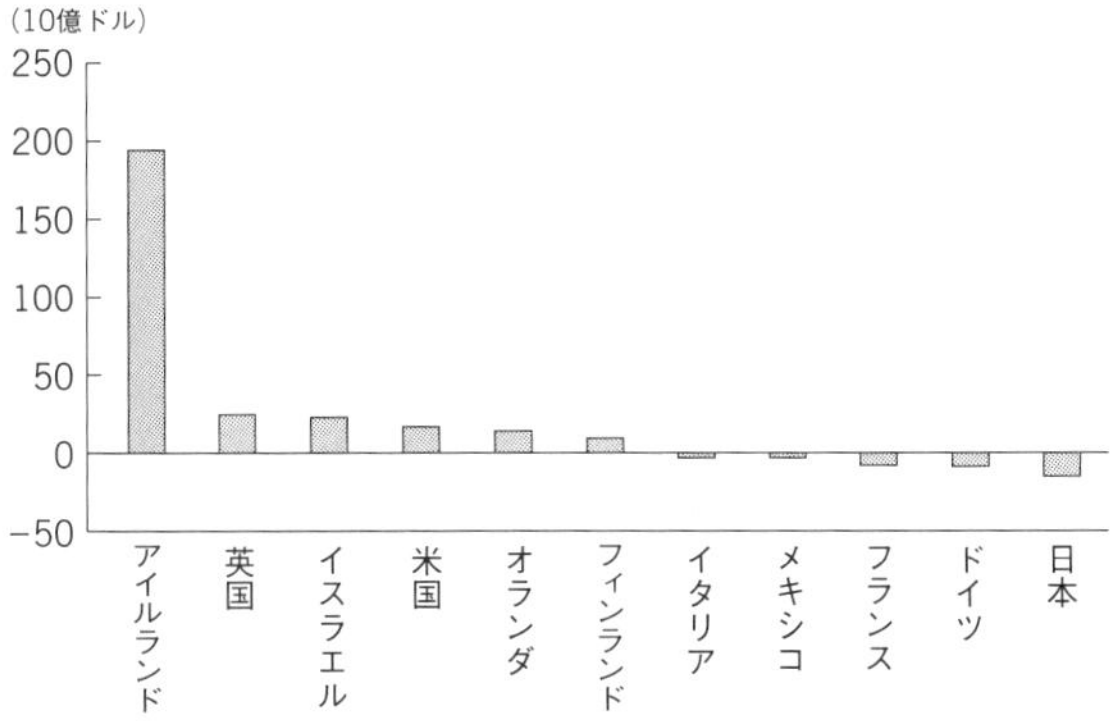

（出所）OECD

在感なのか。アイルランドの影響は図表１−30を見れば、多くの説明を要しまい。デジタル関連収支の構成項目において最もデジタル要素が強い「通信・コンピューター・情報サービス」に着目するとアイルランドは＋１９４０億ドルの黒字で世界最大である。ちなみに、これは米国の12倍、英国の8倍に相当する。ちなみに、仮にアイルランドを含めた場合、ＥＵのデジタル関連収支は＋８１３億ドルまで膨れ上がり、英国の＋６９２億ドルを超える。ＥＵのデジタル関連収支自体、アイルランドにほぼ規定されてしまうため除外した次第である（図表１−31）。

こうした背景には何があるのか。周知の

図表1-31　EUのデジタル関連収支

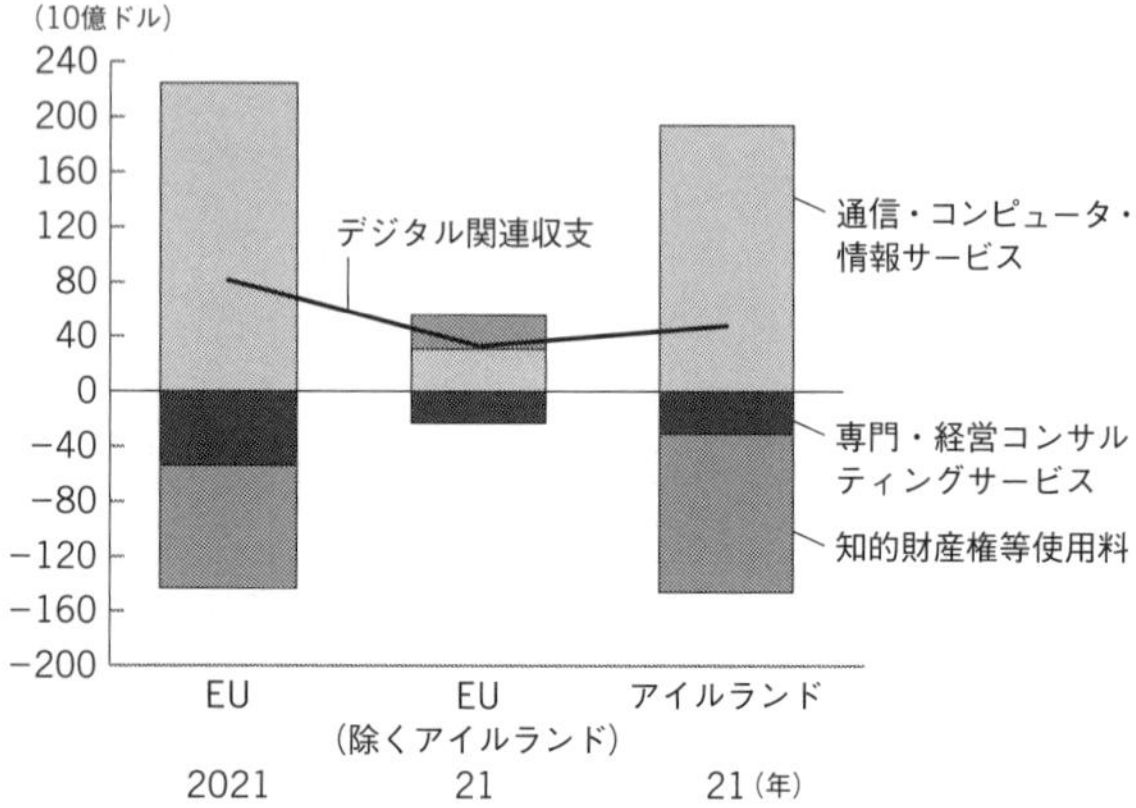

(出所) OECD

通り、アイルランドは法人税率の低さを通じてグローバル企業を集積しており、そのアプローチは国際的に物議を醸してきた。しかし、それだけではなく、欧州では珍しく公用語が英語であること、教育水準が高いこと（例えば大学進学率の高さ）なども世界的な大企業がグローバル本社を構えたり、欧州本部を構えたりする理由として挙げられている。ちなみに英国のEU離脱以降、アイルランドに拠点を移す企業が増えたこともよく追い風として指摘される。

いずれにせよ、そうした国としての特異性がサービス収支に凝縮されていると言える。とりわけ「通信・コンピューター・情報サービス」が大きい背景には世界最大のコンサルティング企業であるアクセンチュアがグローバル本社を構えていることや、GAFAMの一角が欧州本部を構えていることなどが指摘できる。文字通り、アイルランドはEUの「デジタル関連収支の核」であり、世界的に見ても無視できない存在感を放っている。低税率を餌にグローバル企業を誘致するようなアプローチは推奨されるものではないが（この点は強調しておきたい。推奨はしていない）、デジタル関連収支の国際比較を議論する上ではこうした国の存在感も無視できない。

このような事情から、デジタル関連収支の国際比較をする際はアイルランドを入れることで全体の議論が見えにくくなってしまうため、筆者は敢えて除外して議論を進めている。なお、第5章でも言及するが、こうした外資系企業に依存した成長モデルは国民所得への恩恵が限定されるという「負の側面」があることは知っておきたい。

「通信・コンピューター・情報サービス」の国際比較

以下では、デジタル関連収支を構成する3つの項目（「通信・コンピューター・情報サービス」、「専門・経営コンサルティングサービス」、「知的財産権等使用料」）につい

図表1-32　主要国の通信・コンピューター・情報サービス（2021年）

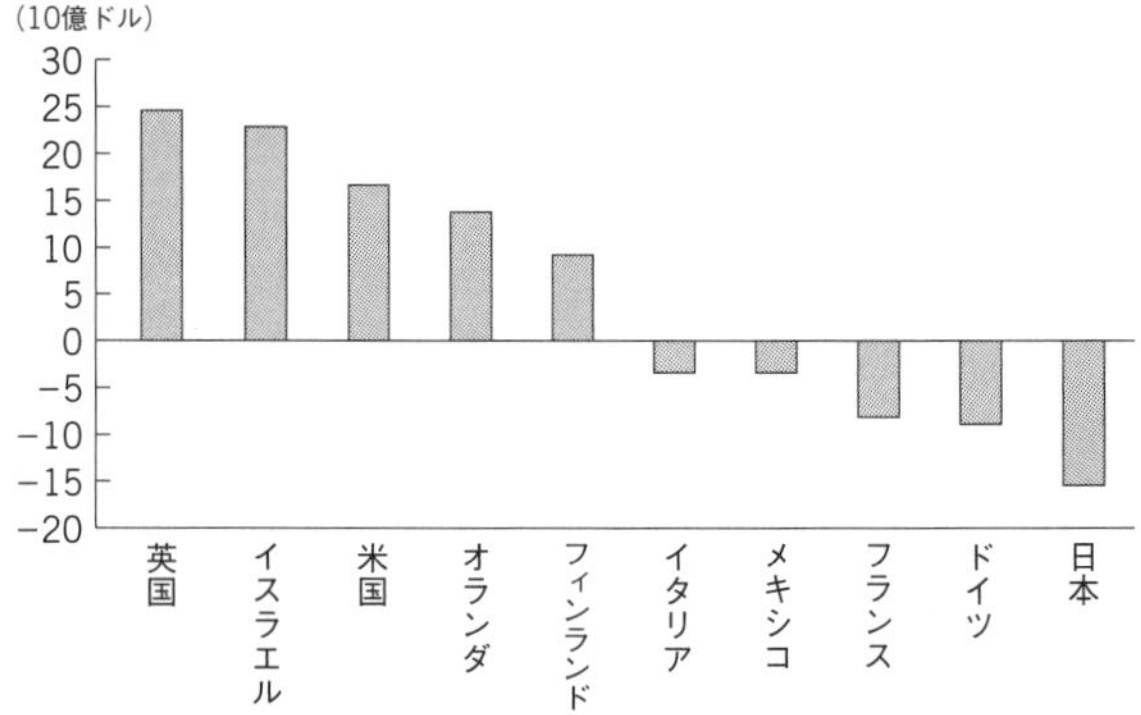

※OECD加盟国に関し、黒字トップ5と赤字トップ5。但し、最大黒字国のアイルランドは除外。
（出所）OECD

て、それぞれ国際比較をしてみよう。

まず、純粋にデジタル分野での国際的な優劣を検討するならば「通信・コンピューター・情報サービス」に限定した方が分かりやすい。既述の事情を踏まえ、アイルランドを除くベースで国際比較を試みると英国、イスラエル、米国がトップ3となる（図表1－32）。周知の通り、イスラエルは「中東のシリコンバレー」の異名を取るほどICT（情報通信技術）市場で存在感を誇っており、イスラエルの大手企業は一部市場において主導権を握るプレーヤーも多いことで知られている。このトップ3に次ぐのがオランダ（＋

138億ドル）やフィンランド（＋92億ドル）などのEU加盟国だ。この2つの加盟国合計で＋230億ドルの黒字を記録しており、EU（除くアイルランド）の「通信・コンピューター・情報サービス」の黒字（＋307億ドル）の8割弱を占める。オランダには大手コンサルティング企業のグローバル本社があり、フィンランドには世界的な通信大手企業がある。このほか、スウェーデン（＋49億ドル）、ポーランド（＋46億ドル）、スペイン（＋39億ドル）、ベルギー（＋33億ドル）なども黒字だ。これらの数字を見る限り、デジタル貿易についてEUは世界的な強者である。

これに対し日本の「通信・コンピューター・情報サービス」は▲154億ドルとOECD加盟国で最大の赤字だ。これに次ぐドイツの赤字はその半分強の▲89億ドルに留まっている。デジタル赤字は確かに日本だけの問題ではないが、純粋なデジタル関連収支である「通信・コンピューター・情報サービス」に限定すれば日本の弱さはかなり目立つ。

米国の稼ぎ頭はコンサルティングサービス

次に「専門・経営コンサルティングサービス」や「知的財産権等使用料」の国際比較

図表1-33　主要国の専門・経営コンサルティングサービス（2021年）

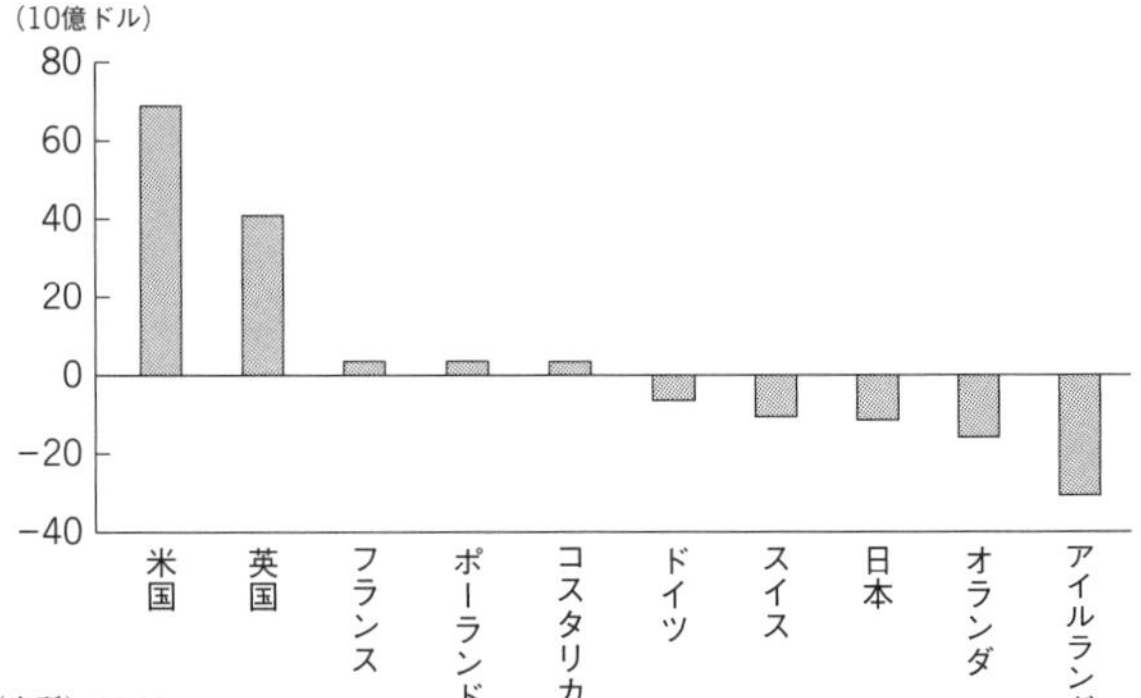

（出所）OECD

を見てみよう。デジタル関連収支に関し、多くの人々が抱く「米国独り勝ち」のイメージは恐らくＧＡＦＡＭの存在感に由来するものだろう。だが、米国のデジタル関連収支の黒字（＋１１１４億ドル）は「専門・経営コンサルティングサービス」の＋６８９億ドル、「知的財産権等使用料」の＋２５８億ドル、「通信・コンピューター・情報サービス」の＋１６７億ドルという順番で構成されている。世界のクラウドインフラ市場の６割以上をＧＡＦＡＭが握ると言われている割に、「通信・コンピューター・情報サービス」の黒字があまり大きくないのは意外感を覚えるが、統計作成上、何らかの事情があるのだろう。例えば、先述したアイルランドの例が示すように、米国企業であっても米国以外で売上や利益が計上されている可能性はある。より詳細な調査を要する論点である。統計上、デジタルサービスにおける「米国独り勝ち」はむしろ「通信・コンピューター・情報サービス」以外の2項目について当てはまる話であり、両項目ともに米国は世界最大の黒字を記録している。

まず、米国のデジタル関連収支の計算上、最大の稼ぎ頭である「専門・経営コンサルティングサービス」を国際比較すると、2位の英国（＋４０９億ドル）と大きな差をつけて世界最大である（図表1－33)。「専門・経営コンサルティングサービス」をさらに細分化すると「専門経営・公共関連コンサルティングサービス（Business and management consulting and public relations services)」が＋４２５億ドルで、これに次いで「広告、市場調査および世論調査サービス（Advertising, market research, and public opinion polling services)」が＋１８４億ドルとなっている。後者の項目はインターネット広告取引などを含み、いわゆる「ＧＡＦＡＭの強さ」が反映されていそうだ。片や、前者は米国が著名な戦略系コンサルティングファームを多く抱えていることの影響と推測され、だとすればデジタル関連収支の議論とはやや異なる。もっとも、デジタルとコンサルティングを明確に区分するのは分析者の都合であり、実態的には相互依存の部分もありそうだが（ＩＴ系コンサルティング企業という言葉があるくらいなのだから）、一応注意は必要だろう。

これに対し、日本の「専門・経営コンサルティングサービス」は▲１１５億ドルでＯＥＣＤ加盟国では3番目に大きな赤字だ。ちなみに、最大の赤字はアイルランドで▲３０７億ドル、次に大きいのがオランダの▲１５９億ドルとなる。だが、両国の赤字は恐らく日本とは性質が異なる。それらの国々には世界的なコンサルティング企業のグローバル本社が置かれており、そこから「本当の所属国」に対し送金が行われていることの影響と察する。既に見たように、その代わりにアイルランドやオランダは「通信・コンピューター・情報サービス」で巨大な黒字を稼いでいる。その事実を合わせて理解すべきであろう。なお、繰り返しになるが、筆者はアイルランドやオランダのように低税率を通じてグローバル企業を誘致するような姿勢を肯定するつもりは毛頭ない。そのような姿勢はＯＥＣＤを舞台にした交渉を通じ、既に許容されないものになっている。その しかし、そのようにある種、狡賢く立ち回った結果としてデジタルサービス分野で比較優位を持たないはずの国でも巨額の黒字を記録するに至っており、その一方でデジタル貿易における日本の独り負けがクローズアップされやすくなっている現状は知っておい

図表1-34 主要国の知的財産権等使用料（2021年）

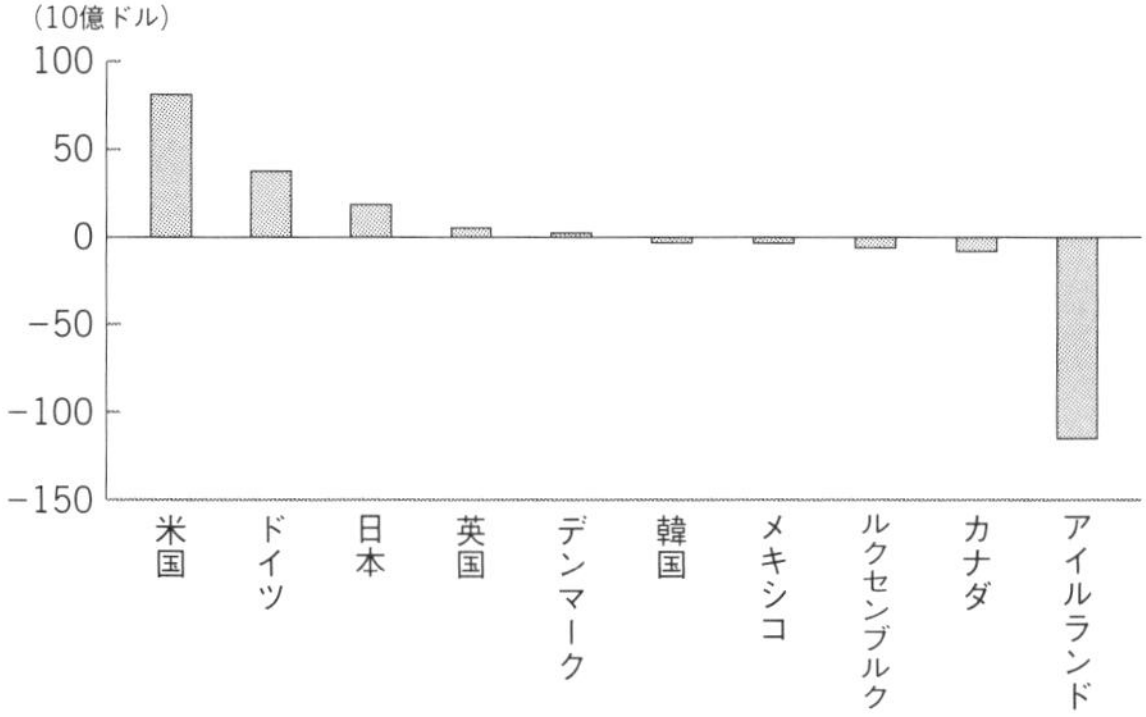

※ここでの知財は項目全体が対象。産業財産権等も含んでいる。
（出所）OECD

ても良いように思う。

知財分野でも他を圧倒する米国

次に米国の「知的財産権等使用料」について確認する。図表１－34に示す通り、ここでも米国の＋８１３億ドルは世界的に見て圧倒的に大きい。しかし、既に述べたように、欧州を中心として「知的財産権等使用料」の中身が詳細に公開されていないケースも多い。しつこくて恐縮だが、デジタル関連収支を議論するにあたっては本来、「知的財産権等使用料」について、国内製造業の海外生産に伴うロイヤリティ受取などを含む「産業財産権等使用料」などやソフトウェア、音楽、映像等を複製・頒布するための使用料を含む「著作権等使用料」などに切り分けることが求められる。後者はデジタル要素が強い一方、前者はデジタル要素が全く関係ないからだ。しかし、「知的財産権等使用料」の中身が未公表の国も多い以上、本項の国際比較では「知的財産権等使用料」だけで比較している（※つまり、図表1－29と図表1－34の「知的財産権等使用料」は定義が異なる）。

とはいえ、こうした広い定義で比較しても米国が最大の黒字国という事実は変わらないので、国際比較の上ではさほど大きな問題ではない。米国の次にドイツや日本が続くのは自動車などの海外生産に伴うロイヤリティの受取が多いからであり、この2か国のデジタル分野の強さを示すものではない（日本とドイツのデジタル関連収支赤字はOECD加盟国の中でそれぞれ1位と2位だ）。

米国の「知的財産権等使用料」の構成項目に目をやると、最も大きいのは「研究開発のライセンス使用料（Licenses for the use of outcomes of research and development）」で＋341億ドルも稼いでいる。[18] これに次いで大きいのが「コンピュータソフトウェアを複製・頒布するための使用料（Licenses to reproduce and/or distribute computer software）」で＋246億ドルだ。ここには恐らくマイクロソフト社のウインドウズやアップル社のｉＯＳなどが入ると思われる。日常生活においては動画・音楽の定額配信サービスに強いＧＡＦＡＭのイメージから「動画・音楽やその関連製品を複製・頒布するための使用料（Licenses to reproduce and/or distribute audiovisual and related products）」が大きそうに思えるものの、これは＋12億ドルと大きくはない（例によって企業の所在地の問題なのかもしれないが）。むしろ、この分野に限った場合、英国が米国の３倍以上（＋37億ドル）を稼いでおり、世界最大の黒字国である。実情は定かではないが、英国の強さは恐らくサッカープレミアリーグの放映権料などが影響している可能性がある。

日本だけの問題ではないが、日本は特に弱い

以上の議論を総合すると、日本は「通信・コンピューター・情報サービス」ではＯＥＣＤ加盟国の中で最大の赤字を抱え、デジタル要素が強い「著作権等使用料」や「専門・経営コンサルティングサービス」でもやはり有数の赤字を抱えている。「デジタル赤字は日本だけの問題なのか」という問いに対しては「日本だけの問題ではないが、世界的に見ても赤字額は大きい」というのが正確な現状認識になる。もちろん、ドイツ

図表1-35　主要国のサービス収支（2021年）

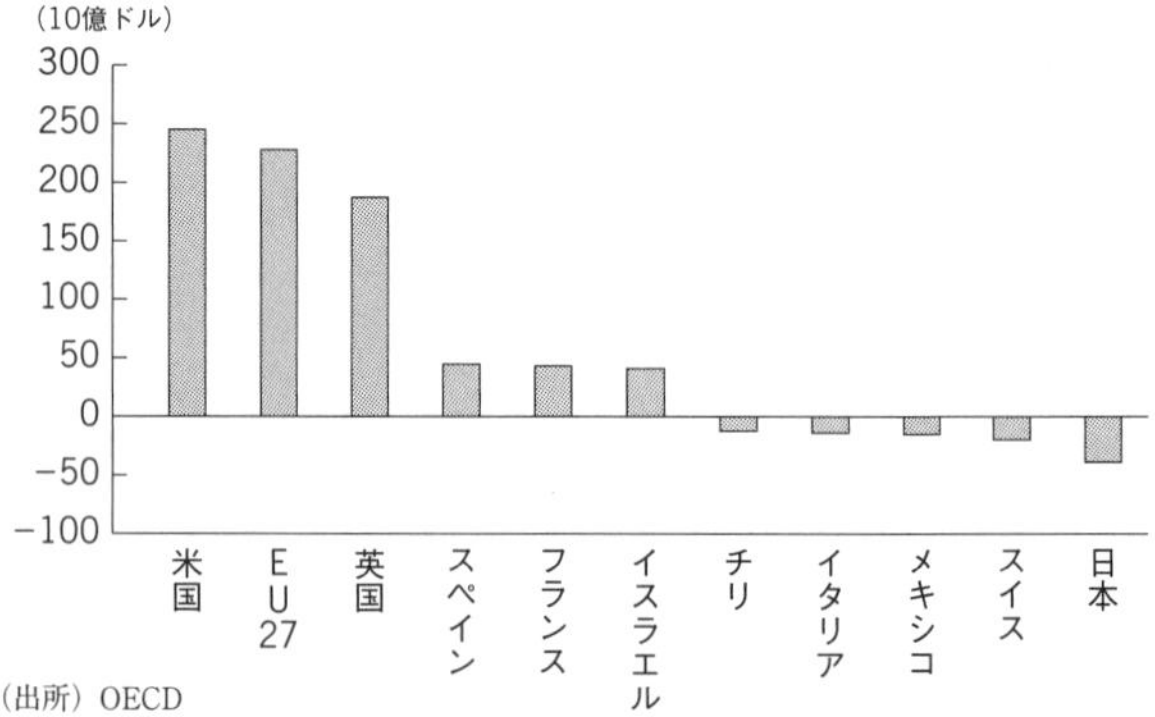

（出所）OECD

も相応にデジタル赤字を抱えてはいる。だが、同国は世界最大の貿易黒字国でもある。よって、デジタル赤字を筆頭としてサービス収支が赤字になっても、それだけがクローズアップされるような話にはなりづらい。言うまでもなく、ユーロが暴落するような動きも見られてはいない。

結局、日本においてデジタル赤字を筆頭とする「新時代の赤字」や「CFベース経常収支」（第2章で詳述）といった考え方に関心が集まった背景には「長引く円安」という社会的関心があったからに他ならないのだろう。仮に、円高相場だったら大して耳を貸して貰えなかったはずだ。円安地合いが続く以上、「他国の事情はどうあれ、日本にとっては小さな問題ではない」という目線でデジタル赤字は注目され、経済的・政治的関心を引く分野であり続けるように思う。

ちなみに日本のサービス収支は分野を問わず、収支全体で見てもOECD加盟国において最大の赤字であり、サービス取引国際化の潮流に乗れていないことは明らかである(図表1―35)。この事実はあまり知られていない。日本国内では旅行収支黒字の大きさが耳目を引きやすいが、これを含めたサービス収支全体では世界的に見ても巨額の赤字に甘んじているという現実がある。それはひとえにデジタルサービスの立ち遅れに起因する部分が大きいと考えて差し支えないだろう。

第　2　章

「仮面の黒字国」の実情

日本は未だ経常黒字大国

第1章では経常収支の構成項目であるサービス収支に焦点を当て、特にその他サービス収支において「新時代の赤字」とも呼べる新たな外貨流出が発生している実情を紹介した。先述の通り、サービス取引の国際化傾向を踏まえれば、今後も赤字幅の拡大は続く可能性が高い。しかし、本書執筆時点では、慢性的な赤字に直面する貿易収支やサービス収支の存在にもかかわらず、日本の経常収支は依然黒字を維持している。例えば歴史的な資源高、円安そして各種部材の供給制約など、多くの緊急事態に見舞われた2022年を例に取っても経常収支は約＋11・4兆円という黒字を記録している。これは世界的に見れば非常に大きい黒字だ。第1章でも言及した通り、2022年の経常収支をドル建てに換算した上で国際比較すると、激しい円安によってドル建てで目減りした同年ですら日本の黒字は世界で9番目に大きなものだった（前掲図表1－2）。ちなみに2023年になるとさらに大きく日本の経常収支黒字は約＋1450億ドルで、世界で3番目である（2024年4月発表のＩＭＦ「春季世界経済見通し（World Economic Outlook：ＷＥＯ）」）。

経常収支が黒字という事実は居住者と非居住者の間で行われた経済取引（金融取引を除

く）において、外貨の受取の方が支払よりも大きい状況を意味している。それは当該国の通貨に対する含意としては通貨安よりも通貨高を意味する状況だ。実際、新聞やテレビなどの報道を見ても「経常収支黒字である」という事実を強い安心感と共に報じる向きは多いし、その一点をもって「いずれ円高になる」という主張は2022年や2023年の為替市場でも多く目にした。自戒を込めて言えば、筆者も過去にそう思っていた時代がある。

経常収支は「符号」ではなく「キャッシュフロー」で

確かに、経常収支は赤字よりも黒字の方が安堵感を抱けるものだ。しかし、2022年や2023年にあれほど激しい円安が発生し、これに伴う実質賃金の下落も経験している中で、経常収支黒字を額面通り評価することは正しいのだろうか。「巨額の経常収支黒字にもかかわらずなぜ円安が進むのか」。筆者は2022年途中からこの点について強い疑問を覚えるようになった。相場に対する感度が高いお客様からも類似の照会を受けたことがあった。

そこで第2章では、世界的に見れば経常収支黒字大国である日本の円がなぜ2022年や2023年に大きく下落したのかについて筆者なりの仮説を提示したいと思う。以下で説明するキャッシュフロー（以下CF）ベース経常収支という考え方は筆者が2023年7月に顧客向けレポートで示して以降、新聞、テレビ、雑誌、YouTube、オンラインコラムなど様々な媒体で解説依頼を頂戴している。また、国際収支統計を公表する財務省の研究会でも本件は報告させて頂いたし[19]、2024年3月に財務省に発足した国際収支分析の有識者会議でも、この考え方を提示させて頂いた[20]。もちろん、仮説ゆえ幅を持って理解して頂ければとは思うが、それだけ各方面において強い関心を集めるテーマであり、また、多くの経済主体にとって腹落ちする考え方なのではないかと感じている。

終わらなかった円安

既に確認したように、2022年や2023年の日本を振り返ると、歴史的円安に直面する傍らで、世界有数の経常収支黒字を記録するという「ねじれ」が発生していた。こうした状況を前に「この黒字に何の意味があるのか」という疑義を抱くのは自然である。仮に経常収支黒字が示す通りの円買い圧力が為替市場に存在するならば、ここまで円が下落することは不可思議である。少なくとも需給面に着目した場合、そのような疑問は持って然るべきだ。さらに言えば、金利面に着目した場合、2020年3月に始まったFRBの猛烈な利上げ路線は2022年12月以降、顕著に減速した。

図表2-1　FF金利とドル／円相場の推移（2020年1月～2024年4月）

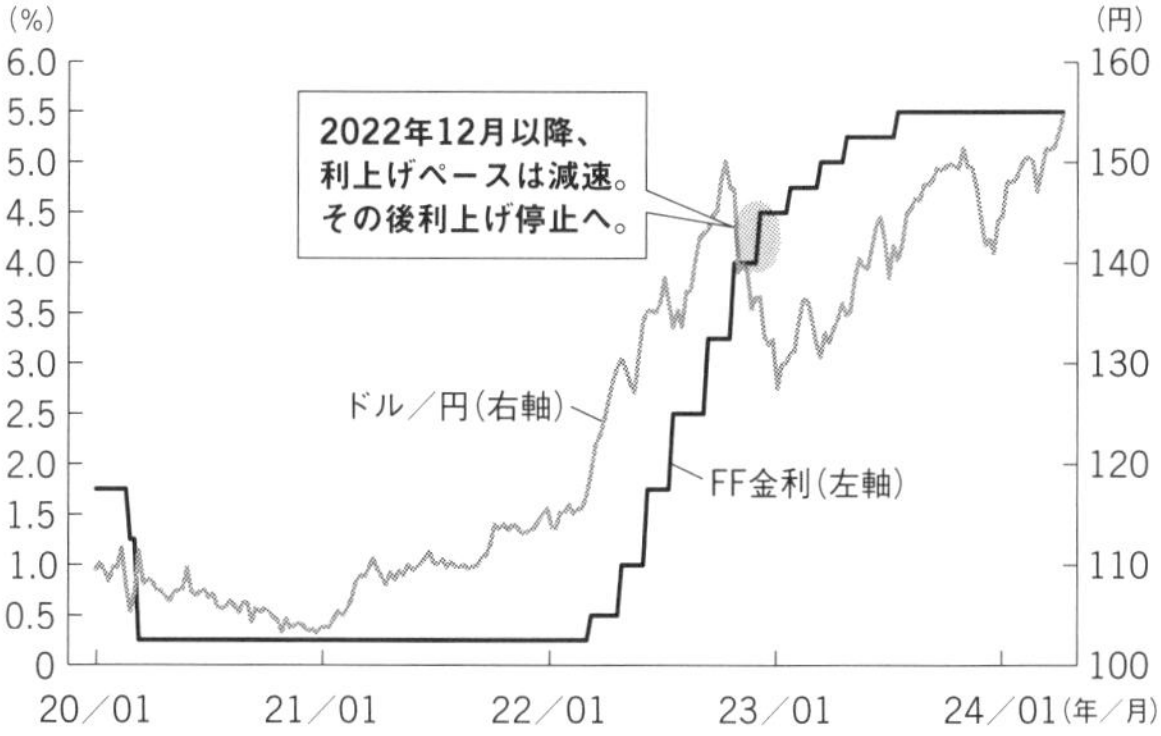

（出所）macrobond

具体的には1回で0・75％ポイントだった利上げ幅が0・50％ポイント、0・25％ポイントと順次縮小され、2023年には利上げ停止、ひいては翌年（2024年）以降の利下げまで織り込まれる局面に入っていた（図表2－1）。こうしてFRBの金融政策がタカ派からハト派に切り替わるタイミングで円安から円高に切り替わりやすいというのが円の歴史でもあった。だが、2022年から2023年にかけてはそうならなかったし、2023年から2024年にかけてもそうならなかった。FRBがハト派方向へ旋回しようという時期に円安が加速するという現象は歴史的にも意外感を覚える展開である。

こうして見ると、需給・金利両面に照らし

て、円高方向へ振れても不思議ではなかったのが2023年だった。事実、「はじめに」でも言及したように、2022年末時点で「2023年は円高の年」と考えるのが定石だったことからもその事実は窺い知れる。また、2023年の新聞報道などに目をやっても、経常収支黒字の拡大を取り上げる向きが目立ち、例えば2023年11月9日付の日本経済新聞は「経常黒字3倍の12・7兆円　4～9月、年度半期ベースで最大」と題し、黒字幅の拡大を前向きに報じていた。これに乗じて「経常収支に対する1年前の悲観論はどこへ行ったのか」といったような、前年の悲観論を揶揄するようなコメントも多数目にした。しかし、2022年同様、2023年も円安は全く止まっていなかったのだから、まずは経常収支黒字の意味に関心を寄せるのが「普通の感覚」ではないだろうか。先述の通り、筆者は業務上、感度の高いお客様からはそうした照会をいくつも頂いた。そのような経験が本章で紹介するCFベース経常収支を検討する契機にもなっている。統計上の黒字だけを見て、軽々に安堵感を覚えるのは危険であり、恐らくその直感はある程度正しいと筆者は思っている。

繰り返すが、経常収支の為替市場への影響を分析しようとした場合、「統計上の数字」ではなく「CFベースの数字」に目を配る必要があると筆者は思っている。もし、経常収支黒字が円ひいては日本経済にとっての安心材料であると主張したいのであれば、それが「CF

ベースの数字」で見て、どれほどの円買いとなって為替市場に現れているのかも合わせて示す必要があるように思う。FRBがハト派方向に舵を切っても、(統計上の)経常収支黒字が積み上がっても、なぜ円安が続いたのか。その疑問に対する一つの回答として筆者が用意したいのがCFベース経常収支という考え方だ。

この考え方に基づいた結論を先に述べてしまうと、2022年の日本は歴史的な外貨流出に直面していたし、2023年も統計上の経常収支黒字拡大がヘッドラインで騒がれながらも、その内実はやはり外貨流出だった。だから円安は収束しなかったのではないか。CFベース経常収支を見ることで気づくことができる日本の対外経済部門の脆弱性もあるのではないか。もちろん、全ては筆者の試算に過ぎないので幅を持って受け止めて頂きたいとは思うが、円相場の構造変化を読み解く1つのヒントにはなってくれると思う。

「経常収支黒字≒投資収益」である

具体的に経常収支をどのように読み解けば良いのか。ポイントは第一次所得収支の中身を精査することだ。日本の経常収支黒字の主柱(というよりほぼ全て)は第一次所得収支黒字であり、この中身を探ることが経常収支黒字にまつわるCFを解き明かすことに繋がる。何

図表1-1　日本の経常収支

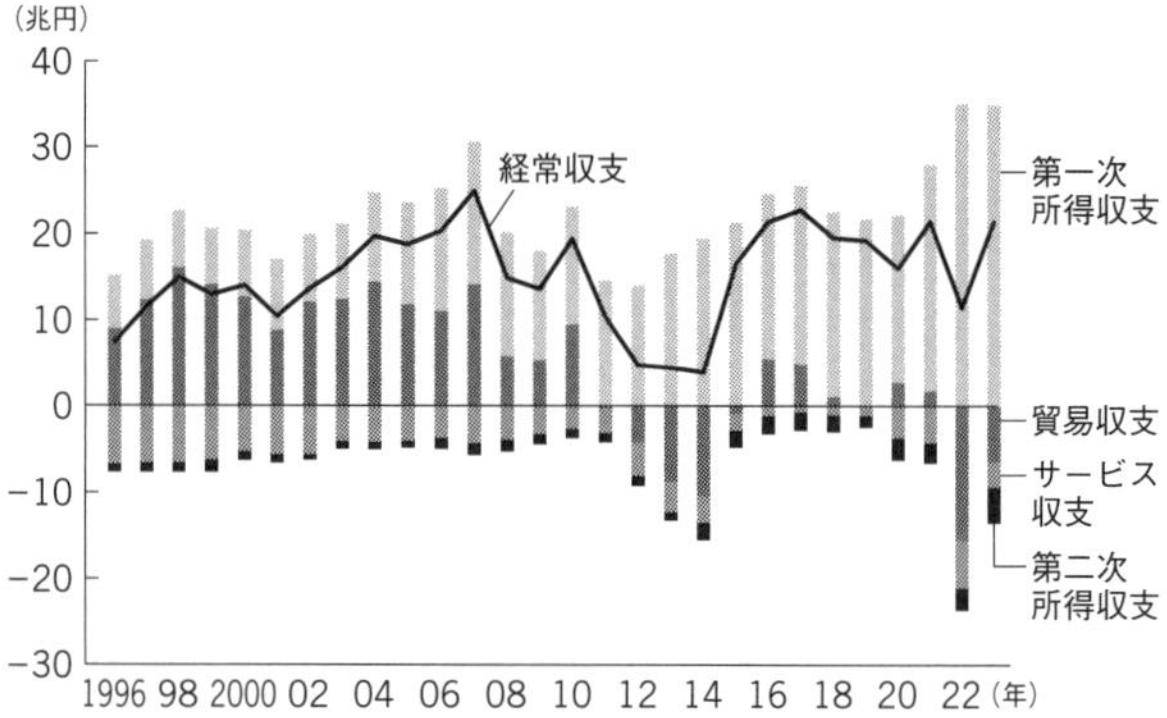

(出所) 財務省

度も同じ数字を引用して恐縮だが、本書執筆時点で最新となる2023年を例に取った場合、経常収支黒字(＋21兆3810億円)の中身は貿易収支が約▲6兆5009億円の赤字、サービス収支が▲2兆9158億円の赤字であるのに対し、第一次所得収支が約＋34兆9240億円の黒字、第二次所得収支が▲4兆1263億円の赤字である。詰まるところ、日本の経常収支黒字を考えることは第一次所得収支黒字を考えることに等しい。

その第一次所得収支は投資収益と雇用者報酬から構成されるが、後者は殆ど無視できるほど小さい。2023年を例に取ると投資収益が＋34兆9561億円の黒字であるの対し、雇用者報酬は▲289億円の赤字だ。それゆえ、より大胆に言い換えれば、日本の「経常収支の黒字」を考えることは第一次所得収支黒字を構成する「投資収益の黒字」を考えることに等しいと言える。こうした傾向は近年に限ったことではない。前掲図表１－１を再掲しておくが、日本の経常収支は２０１１年以降、基本的に第一次所得収支によって黒字が維持されている。これも第１章で論じた点だが、もはや日本は財を売って外貨を稼ぐという「貿易」ではなく、過去の投資の「あがり」によって外貨を稼ぐという段階に移っている。「国際収支の発展段階説」で言えば「未成熟な債権国」から「成熟した債権国」へと段階の移行が完了している。本書執筆時点では、日本が２０１１年頃を境として「成熟した債権国」へ移行してからもう優に10年が経過している。

戻らぬ投資収益の実情

日本の経常収支黒字の正体が投資収益であることは確認した。ＣＦベース経常収支を考える上では、この投資収益が本当に日本に戻ってくるのかという点だ。言い換えれば投資収益はどの程度、円買い需要として期待できるのかという話である。結論から言えば、残念ながら、さほど期待できないというのが筆者の仮説になる。これは投資収益の構成項目を詳しく見て行くことで分かる。第一次所得収支の構成項目については図表２－２で示しておくので

図表2-2　第一次所得収支の構成

- 第一次所得収支
  - 雇用者報酬
    （企業と雇用関係にある人が得た報酬）
  - 投資収益
    （各種投資にかかる配当金や利子等）
    - 直接投資収益
      （議決権の割合が10％以上の法人等に対するクロスボーダー投資）
      - 配当金・配分済支店収益
        （配当金や本社に送金された収益）
      - 再投資収益
        （内部留保として積み立てられた収益）
      - 利子所得等
        （貸付・借入利子や債券利子）
    - 証券投資収益
      （直接投資に該当しない配当金や債券利子）
      - 配当金
        （直接投資に該当しない配当金）
      - 債券利子
        （直接投資に該当しない債券利子）
    - その他投資収益
      （直接投資・証券投資に該当しない投資収益）
  - その他第一次所得
    （天然資源の採掘等に係る賃貸料や生産物等に課される税等）

（出所）日本銀行などから筆者作成

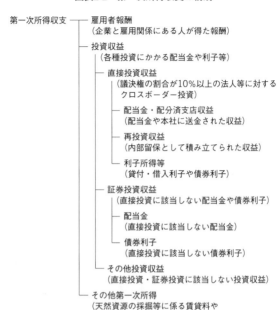

こちらを参考にしながら理解を進めて頂ければと思う。なお、本書執筆時点では２０２３年が最新データとなるが、以下では極めて大きな円安が始まった２０２２年を例に解説してみたい（その方が経常収支黒字と円安のコントラストが良く分かるだろう）。これも先に結論を言ってしまうと、２０２２年のＣＦベース経常収支は過去最高水準の赤字を記録しており、だからこそあれほどの円安が起きたのではないかと筆者は推測している。これまで国際収支関連の数字は実数で示してきたが、以下では考え方を理解して貰いやすいよう基本的に概数（約○○兆円）で表記したい。

ＣＦベース経常収支：２０２２年の試算値

では、簡単に試算を展開してみよう。数字が沢山出てくるが、極力分かりやすく書き下すので付いてきて頂きたい。まず、２０２２年の第一次所得収支を受取ベースで見ると約50・0兆円であった。このほぼ全てが投資収益の受取（49兆９６７４億円）であり、残った僅かな部分が雇用者報酬の受取（２７２億円）である。投資収益の受取に関し、構成項目別に積み上げ棒グラフで示したものが図表２－３だ。具体的に証券投資収益は約18・６兆円、直接投資収益は約27・５兆円、その他投資収益は約３・９兆円である。証券投資収益の殆どは債

図表2-3　日本の投資収益内訳と推移（受取ベース）

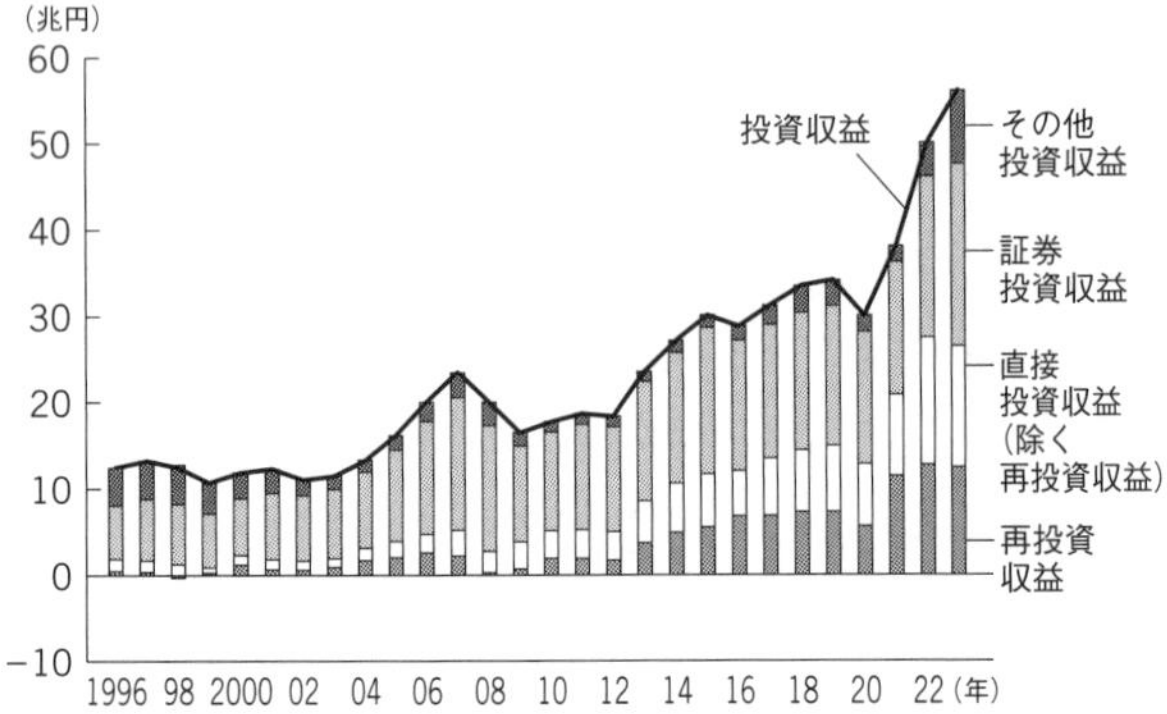

（資料）日本銀行

券利子（約11・6兆円）と配当金（約7・0兆円）だが、恐らくこれらの大部分は複利の効果を企図して円に戻すことはなく外貨のまま再投資に回されている可能性が高い。これは機関投資家であろうと、個人投資家であろうと大差は無いと思われる。例えば読者におかれても外貨建ての金融資産（株や投資信託など）を保有しており、配当金や分配金がそのまま再投資に回されているケースを経験しているのではないか。統計上は居住者（ここでは日本人）が保有する外国金融機関の口座に利子や配当金といった形態で収益を受け取った時点で「第一次所得収支の受取」として計上される。その際、「外貨が円に替えられる」という為替取引があったかどうかまで統計が捕捉するわけではない。もちろん、証券投資収益の「全て」が再投資されているわけではないだろうが、「殆ど全て」に近いのではないかと筆者は推測している。この点は今後、色々な調査・分析を通じて設定を詰めたいところだが、真相を突き止める妙案は現状ではない（少なくとも筆者が知る限りでは）。今後、様々な意見を参考にしながら修正する余地はあると思っている。

次に直接投資収益を見てみよう。同じく大幅な円安が始まった2022年を例に取ると、直接投資収益は約27・5兆円という受取のおよそ半分（約12・7兆円）が再投資収益で、残りが配当金・配分済支店収益（約14・5兆円）、利子所得等（約3300億円）で構成されている。再投資収益は文字通り、「内部留保として積み立てられた収益」という定義であり、外貨のまま現地に残るため円買いには繫がっていない。これと対照的に、配当金・配分済支店収益は「本社に送金された収益」という定義であるため、円買いには繫がっている。

以上の考え方に照らすと、2022年の第一次所得収支を受取ベースで見た場合、約50・0兆円の6割強に相当する約31・3兆円（証券投資収益の約18・6兆円＋再投資収益の約12・7兆円）が円買いに繫がっていない恐れがある。裏を返せば、円買いは4割弱の約18・8兆円しか存在していない可能性が推測される（小数点第2位を四捨五入しているので合計は若干合わない）。参考までにそれぞれの投資収益について比率での推移を示したものが図表

図表2-4　第一次所得収支に占める
直接投資収益・証券投資収益のシェア（受取ベース）

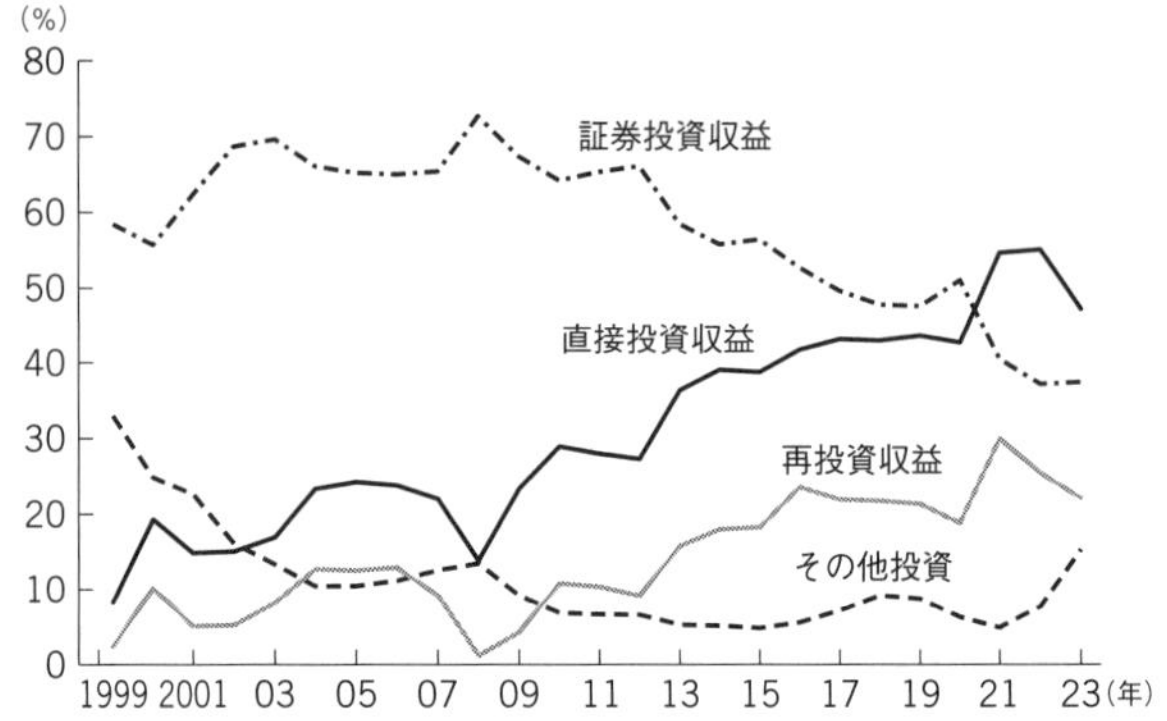

（出所）日本銀行

2－4だが、傾向として証券投資収益の比率が低下する一方、直接投資収益（やその内数である再投資収益）の比率が上昇している事実が読み取れる。

なお、これらは受取ベースの議論なので、支払ベースでも同じ調整を施し、収支を求める必要がある。2022年の第一次所得収支を支払ベースで見ると、約15・0兆円あり、このうち証券投資収益は約8・2兆円、直接投資収益は約4・7兆円、その他投資収益は約2・0兆円であった。日本の例に準拠し、証券投資収益（約8・2兆円）全てと直接投資収益の中の再投資収益（約1・9兆円）は外貨に替えられない（円のまま残る）とすると、支払ベースで見た場合、約15・0兆円の

7割弱に相当する約10・1兆円（証券投資収益の約8・2兆円＋再投資収益の約1・9兆円）が円売りに繋がっていないと読める。ということは、3割強に相当する約4・9兆円は円売りに繋がっていることになる。

以上をまとめると、2022年の第一次所得収支黒字における本当の円買い部分は約＋13・9兆円（18・8兆円−4・9兆円）というイメージになり、これがCFベースで見た第一次所得収支黒字ということになる。統計上の約＋35・0兆円（約50・0兆円−約15・0兆円）という巨大な黒字と比べると、「4割程度（≒13・9÷35・0）しか円買いに繋がっていない」という事実が見えてくる。こうした考え方は「巨額の経常収支黒字にもかかわらずなぜ円安が進むのか」という疑問に対する1つの手がかりになる。

CFベース経常収支のイメージ

以上のように求めたCFベースの第一次所得収支に貿易サービス収支そして第二次所得収支を合計したものをCFベース経常収支と筆者は見なしている。2022年に関して言えば、貿易サービス収支赤字が約▲21・1兆円と過去最大の赤字を記録している。この殆ど全ては円売りとして為替市場に現れると考えて良い。また、官民の無償資金協力、寄付、贈与

図表2-5　キャッシュフロー（CF※）ベースの経常収支

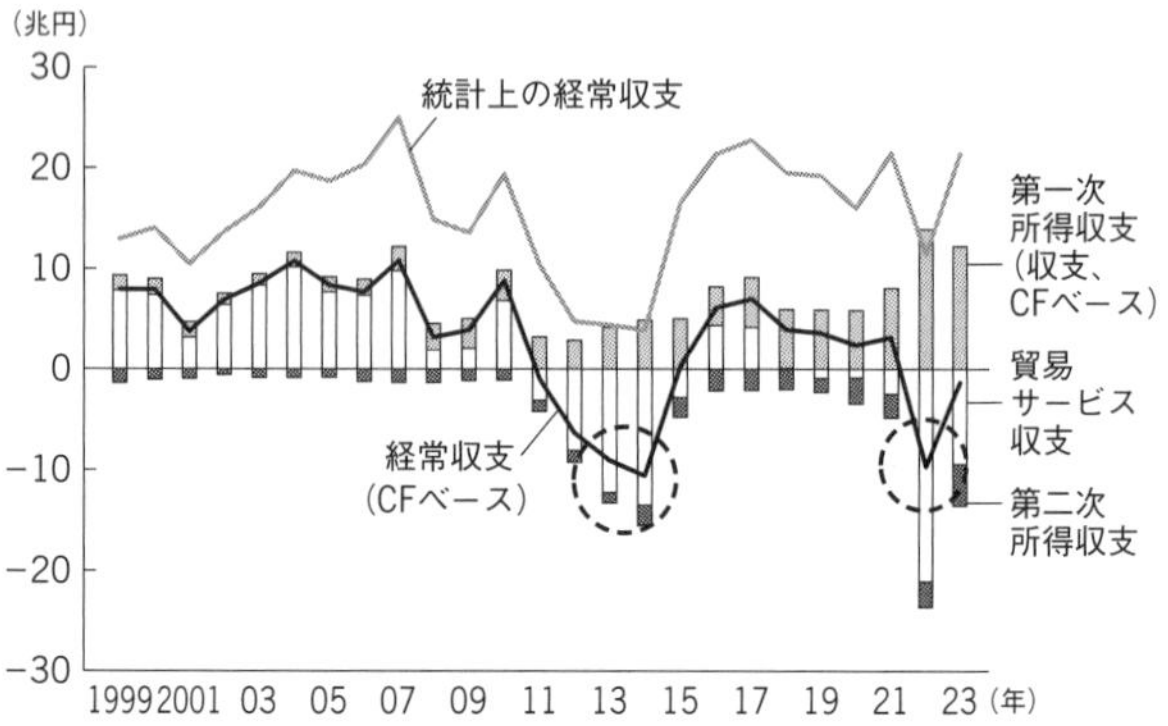

※「再投資収益」と証券投資収益の「配当金」および「債券利子等」は為替取引が発生していないものとして受取・支払の双方から控除している。
（出所）日本銀行

の受払などを反映する第二次所得収支は約▲2・5兆円の赤字だった。

先述の通り、CFベースの第一次所得収支黒字が「統計上の黒字」の4割程度である約+13・9兆円しかないのだとすると、経常収支は統計上でこそ約+11・5兆円と黒字だったものの、CFベースでは約▲9・7兆円（≒13・8－21・1－2・5）と大幅な赤字だった疑いが強い。2022年の円安相場と経常収支の関係を議論する際、ここまで数字を詰める必要があると筆者は考えている。ちなみに2023年の経常収支について同様の計算をすると、統計上は約+21・4兆円の黒字だったが、CFベースでは約▲1・3兆円の赤字であった

（図表２－５）。多くの識者が円高を予想しながら、不思議と収まらなかった２０２３年の円安相場の背景についても、こうした事情を考慮する必要があるように思える。

ちなみに図表２－５の点線丸で囲った部分で示すように、ＣＦベース経常収支が２０２２年と匹敵するほど赤字だった年として２０１３年や２０１４年が挙げられる。いずれも円が対ドルで▲10％以上下落した年だ。当時は異次元緩和に象徴されるアベノミクスが取りざたされていた時代であり、円安は日銀の金融政策に起因するものだという言説が支配的だった。もちろん、それも無関係ではないだろう。しかし、その底流には、ＣＦベース経常収支赤字が示すように、「円を売りたい人の方が多い」というシンプルな需給に関する事実もあったのではないか。少なくともそのような議論が当時の円安地合いと無関係ということもあるまい。しかし、当時は一切注目されていなかった（もちろん、当時の筆者もそうした論点に気づけなかった１人なので自省と共にこうした考え方を提示している次第である）。

２０２２年３月に始まり、２０２４年に入っても持続している円安はどう見ても歴史的な大相場であり、これを「一時的」と表現するのは無理がある。そうした歴史的な動きを前に、構造変化の可能性を探ろうとするのはごく普通の分析姿勢だろう。少なくとも前年比で見た黒字の増減に一喜一憂して意見を変えるのではなく、それが円相場の動向とどのように有機的に結びついているのかを考える姿勢を重視していきたいと思う。

端的には貿易収支赤字が主因

単に符号の問題だけに着目するならば、CFベース経常収支が黒字を確保できるかどうかは貿易サービス収支の仕上がりに概ね依存する。既述の通り、第一次所得収支黒字において円買いに繋がる部分が小さいとはいえ、+10兆円規模の円買いは発生しているのだから、これと相対する貿易サービス収支が▲10兆円未満ならば、CFベース経常収支も黒字を確保できる計算になる（もちろん、第二次所得収支もあるので、これはラフな議論だ）。CFベース経常収支のような込み入った考え方が煩わしいと感じる読者は、単に貿易収支だけに着目しても良いだろう。前掲図表1－10でも示したように、2011～12年頃を境として単に「貿易収支が黒字を稼げなくなったこと」が執拗な円安相場の背景になっている可能性はやはりある。図表2－6は1973年の変動為替相場制移行後に関し、日本の貿易収支赤字を大きい年から順に10個並べたものだ。参考までに当該年の円の対ドル変化率も付けている。「参考までに」というのは、為替予約のリーズ・ラグズ[21]を踏まえれば、当該年の貿易収支赤字と円相場の動きに直接的な関係が生じるとは限らないためだが、こうして並べてみるとやはり

図表2-6 日本の貿易収支赤字ワースト10とドル／円相場

		貿易収支（兆円）	円の対ドル変化率（前年比）
①	2022年	−20.3	−13.9
②	2014年	−12.8	−13.7
③	2013年	−11.5	−21.4
④	2023年	−9.3	−3.3
⑤	2012年	−6.9	−12.8
⑥	2015年	−2.8	−0.4
⑦	1980年	−2.6	15.5
⑧	2011年	−2.6	5.2
⑨	2021年	−1.8	−11.5
⑩	1979年	−1.7	−23.7

（注）円の対ドル変化率は当該年と前年の年末値を比較（Bloombergを使用）
（出所）財務省、bloomberg、※73年以降を対象。

両者には相応に安定した関係があるようにも見受けられる。

例えば日本の貿易収支赤字が暦年で▲10兆円を超えたことは歴史的に3回（2013年、2014年、2022年）しかないが、いずれの年も円は対ドルで▲10％以上下落している。もちろん、2013年は超円高からリフレ政策に転じる初年度であり、その反動も影響しているなど、因果関係を約束するものではない。とはいえ、貿易収支赤字は財の貿易において「円を売りたい人の方が多い」という状況を意味する。各年の円相場もその需給が示す通りに動いただけというようにも見える。一瞥して分かるように、図表2－6に示す10個のうち8個は2011年以降の出来事だ。前著でも強調している点だが、やはり円（というより日本経済）は2011～12年頃に重要な分岐点を通過したと考えるべきではないか。

まだ、本書執筆時点の状況では「為替の需給」と言えば、貿易収支が象徴的に注目されやすい。既に述べてきたように、確かにその影響力は侮れないものがある。現状、「円安の背景は貿易収支赤字」と考えても一般的には大きな誤解は無い。しかし、より丁寧な議論を期するならば、第1章で論じたように、今後は赤字が定着した貿易収支に加え「新時代の赤字」を抱えるサービス収支からも外貨が流出することになる。サービス取引の国際化が止まることはないであろうから、将来的には貿易収支に勝るとも劣らない存在感をサービス収支が放つ可能性も留意しつつ、「為替の需給」を考えていくべきだろう。

アップデートされるべき円相場の分析の視点

前著から述べている点ではあるが、貿易黒字国から貿易赤字国にシフトした以上、円相場を考察する視点自体に根本的なアップデートが必要と考えるのが筆者の立場だ。「はじめに」

でも書いたように、日本経済の歴史は「円高の歴史」であるため、経験豊富な分析者ほど（特に金融市場経験が長いほど）「どうせまた円高に戻る」という思惑を捨てがたいと感じるかもしれない。少なくとも２０２２年から２０２３年の為替市場の論壇を見ていて筆者は強くそう感じた。通貨高を支える理論的背景として経常収支黒字や対外純資産は依然、統計上は潤沢に確認できるため、円高への期待が捨てられない胸中も理解できなくはない。

だが、やはり時代に合わせて何事もアップデートは必要である。ここまで見てきたように、経常収支黒字の実態についてはＣＦベースの論点に議論が及んでいないことに事実誤認を生みやすい状況があるように思う。ちなみに直接投資収益に含まれる再投資収益が拡大傾向にあるという事実は財務省の国際収支分析の有識者会議において、神田財務官が使用した第１回の事務局配布資料でも指摘されている。[22]そうして経常収支の構造が変容しているのだとすれば、その累積である対外純資産も必然的に同様の問題を抱える。この点は前著で詳しく論じているが、重要な論点でもあるため、本章の終盤や「【ＢＯＸ④】：『普通の通貨』になった円～震災と円相場～」で最新の数字を用いて解説している。

端的に言えば、日本が誇る世界最大の対外純資産の小さくない部分について、やはり「外貨になって戻ってこなくなった円」の割合は増えつつある。「はじめに」でも述べたように、日本が誇る経常収支黒字国や対外純資産国というステータスは一見して円の強さを担保する「仮面」のようなものだが、本当の「素顔」を保証するものではない。それを踏まえた上で様々な論点の分析を進めるべきである。

投機・実需のマトリックスイメージ

ところで為替動向に関する解説では「投機筋の売りが……」、「実需の買いが……」といったフレーズをよく目にするだろう。こうした投機取引・実需取引を通じて動く円相場のイメージも、当該国の貿易収支が黒字か赤字かという違いによって適宜変えていく必要がある。極めてラフではあるが、貿易黒字国ないし貿易赤字国、各々の時代における投機・実需の為替取引イメージをマトリックスにしたものが図表2－7だ。もちろん、現実はこれほど単純ではない。例えば単純化して理解頂くために「実需取引≒貿易収支」としているが、サービス収支や第一次所得収支においても為替取引は発生する。しかし、円相場を取り巻く状況を理解するにあたってこうしたシンプルな視座で相場を見ることはイメージ作りに役立つと思っている。以下では、このマトリックスに沿って簡単に解説を進める。

歴史的には円相場の動向を考える上での最優先事項はＦＲＢの「次の一手」を考えること

図表2-7 円相場需給とFRBの政策運営のイメージ

	貿易黒字		貿易赤字	
局面	①	②	③	④
FRBの方向	引き締め	緩和	引き締め	緩和
投機取引	**円売り**	円買い	**円売り**	円買い
実需取引	円買い	円買い	**円売り**	**円売り**
時代例	05～07年頃	07～12年頃	22～23年頃	24年～？

（出所）筆者作成

図表2-8 ドル／円相場とFF金利（1985年1月～2020年6月）

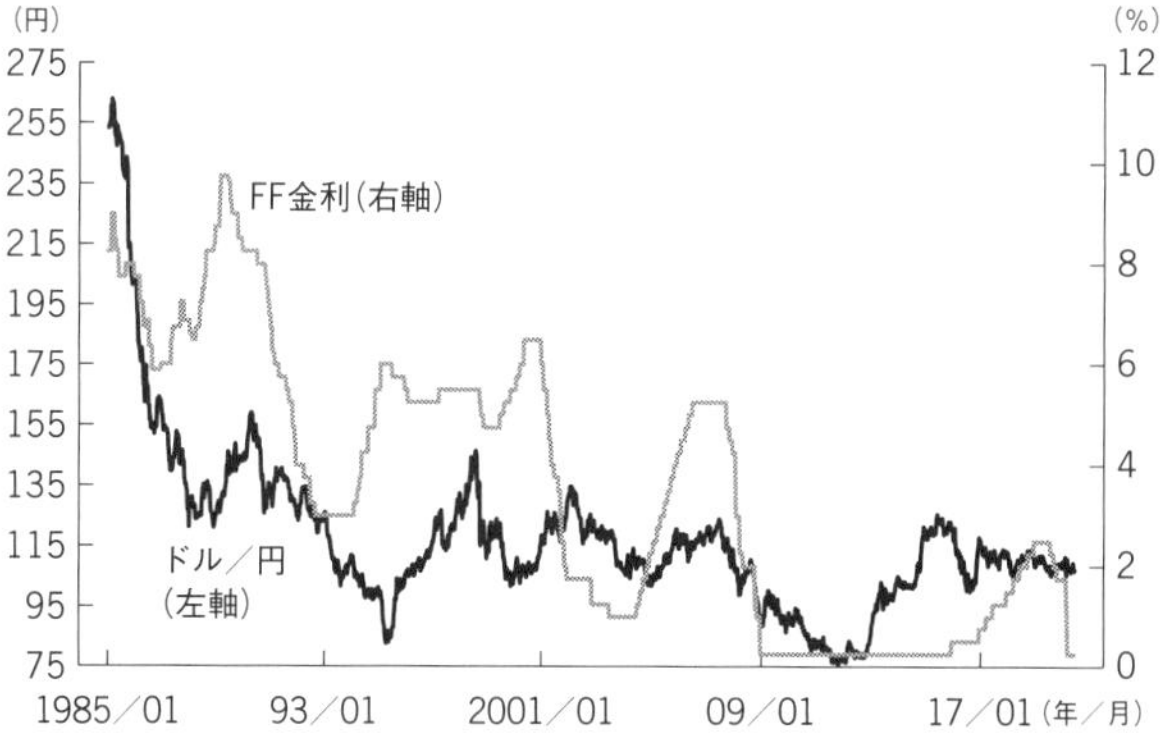

（出所）bloomberg

だった。日米金利差の拡大・縮小を通じて投機取引が動き、それがドル／円相場の方向感をある程度規定してきたのは事実である。実際、日本はＦＲＢの利下げ（米金利低下）と共に円高を経験してきた歴史がある。もちろん、１００％そうだったとは言えないが、傾向的には否めない事実だ（図表２－８）。世界に冠たる日本の自動車会社の歴史も、長らく「円高との戦い」という側面があった。だからこそ日銀は円高・株安が実体経済に与えるダメージを軽減するために慢性的な緩和策を強いられてきたという経緯がある。もっとも変動為替相場制で取引される通貨の方向感は程度の差こそあれ、基軸通貨国である米国の通貨・金融政策に左右される。よって、対米金利差に規定されやすい傾向は円に限った話ではなく、ユーロや英ポンド、スイスフランなどにもそれなりに当てはまる。

しかし、日本の場合、ＦＲＢの利下げに応じて投機取引が円買い・ドル売りに走り、その結果としてヒステリックな円高が起きていた時代には他国と比べても非常に大きな貿易収支の黒字（ひいてはＣＦベース経常収支の黒字）があった。そのような時代では大前提として実需取引が常に円買いに傾いていたのである。周知の通り、１９８５年のプラザ合意以降、日本は長らく世界的な貿易黒字大国として君臨してきた。貿易黒字国という前提に立てば、例えばＦＲＢが引き締め（利上げ）を決断し、日米金利差が拡大した結果、投機取引が円売り・ドル買いに傾いても、貿易収支黒字に裏付けられた実需取引は円買い・ドル売りに傾いたままという状況があった（図表2－7で言うと①の局面である）。これは2012年頃まではそうだったと筆者は理解している。もちろん、それでも投機取引の勢いは強いため、円安・ドル高がある程度進むことは不可避ではあったが、実需取引での円買いもあるため、制御不能な円安に怯える必要はなかった。例えば2022年や2024年に経験したような政府・日銀による円買い・ドル売り為替介入を必要とするような震度で円安が起きることは日本の歴史上、殆ど経験が無かった話である。むしろ、①の局面では円安を日本社会全体で常に歓迎してきた歴史がある。円安が輸出増加を起点として景気改善を促すため、そこには論理的な理由も一応はあった。実際、2005年から2007年頃、日本の景気回復は「円安バブル」と呼ばれていた。円安に対する歓迎ムードをよく表しているだろう。

「円高の正体」は利下げと貿易収支黒字が重なっていたこと

反対に、貿易収支黒字を持ちながらFRBの緩和（利下げ）局面に直面するとどうなるか（図表2－7で言うと②の局面である）。まず、投機取引は日米金利差縮小に応じて円売り・ドル買いから円買い・ドル売りに転じる。投機である以上、何らかの口実を使って反対売買を通じた利益確定が必要になるわけだが、ＦＲＢの利下げによる米金利低下は最高の口実となる。しかし、ＦＲＢが利下げに転じるからと言って日本の貿易収支黒字がなくなるわけではない。よって、実需取引における円買い・ドル売りは残る。

こうした場合、投機・実需の両面から円買い圧力が高まり、大幅な円高が演出されやすくなる。日本が慢性的に悩まされてきた「円高の正体」をラフに描くとすれば、このようなイメージになると思う。実際、貿易収支が黒字だった時代では海外時間に何らかの要因で円高・ドル安が進んだ上で日本時間に戻ってくると、日本の輸出企業が損失覚悟で「ドルの投げ売り（＝円買い）」に踏み切ることも多かった。これが東京外国為替市場の歴史において円安よりも円高の方が高いボラティリティを誇ってきた理由と考えられる。以下では図表２－７に関し、特に大きな値動きを強いられることが多かった②と③の局面に関し、具体的な時代例を紹介してみたい。

二正面からの円買い圧力があった２００７年から２０１２年

まず局面②の具体例として、２００７年から２０１２年の間に経験した超円高局面がある。当時を振り返ると、ＦＲＢが史上初のゼロ金利政策および量的緩和政策まで踏み込む一方、日本では貿易収支黒字が基本的には維持される局面だった（日銀の金利は言うまでもなくゼロだ）。これは日本の貿易収支黒字と米国の金利低下を背景に金利（≒投機）・需給の二正面から円高圧力が強まった時代と読み替えられる。

より具体的に振り返っておくと、サブプライムショックという名で金融危機が勃発する2007年8月まではFRBを筆頭とする世界的な利上げ局面に合わせて「低金利通貨を売って、高金利通貨を買う」という、いわゆるキャリー取引と呼ばれる投機取引が為替市場で隆盛を極めていた。言うまでもなく、ここで売られる低金利通貨の代表格が円であった。端的に言えば、「日米金利差拡大に応じた円安・ドル高」が支持された局面である。既に述べた通り、こうした取引が流行したと考えられる2005年から2007年頃は「円安バブル」と呼ばれ、日本の薄型テレビなどが世界的にも競争力を持っていた時代だ。しかし、サブプライムショックの翌月となる2007年9月にFRBが利下げに転じて以降、2008年9月のリーマンショックを経て、米国の政策金利は同年12月に史上初となるゼロまで引き下げられた。その後、利下げの糊代を使い果たしたFRBは国債購入を基軸とする非伝統的な金融緩和政策（量的緩和政策）にまで足を踏み込み、10年物米国債の利回りは2011年に2％を恒常的に割り込むようになった。当然、日米金利差の拡大を前提としていた円売り・ドル買いという投機取引は巻き戻され、円買い・ドル売りが盛り上がる展開に至った。だが、そのような状況でも日本の貿易収支黒字は健在であるため、実需取引における円買い・ドル売りも残ってはいた。

結果、金利（≒投機）・需給の二正面から円高圧力が強まり、ドル／円相場は２００７年６月の１２４円付近から２０１１年10月には史上最安値（円としては史上最高値）となる75円台まで一方的に急落（円としては急騰）した。

二正面からの円売り圧力があった２０２２年から２０２３年

片や、金利（≒投機）・需給の二正面からの円売り圧力に直面したのが２０２２年から２０２３年にかけての円安局面だ（本書執筆時点の２０２４年でも円安は続いているが、通年の傾向は断言できないので２０２２年から２０２３年と表現する）。これが局面③の具体例に相当する。

パンデミックや戦争の余波を受けて世界的にインフレ高進が問題となり始めた２０２２年３月以降、ＦＲＢは史上最速ペースの利上げに着手し、２０２３年７月までのわずか１年４か月間で５・00％ポイントを超える利上げを行った。この間、日銀はマイナス金利政策を堅持したため、日米金利差は著しく拡大し、投機取引に関しては円売り・ドル買いが盛り上がりやすい環境が仕上がっていた。実需取引に目をやると、既に論じたように、貿易収支赤字は２０２２年に史上最大（約▲20兆円）、２０２３年は史上４番目（約▲９・３兆円）と圧倒的に円売り超過の地合いがあった。２年間で約▲30兆円もの貿易収支赤字は過去に前例が無いものだ。

結果、金利（≒投機）・需給の二正面から円売り圧力が激しく高まり、歴史的とも言える大きな円安・ドル高相場に直面したのが２０２２年から２０２３年にかけての円安局面だったと筆者は整理している。

局面④の円高度合いは国民的関心事

なお、本書執筆時点では２０２４年以降のＦＲＢの政策運営について確たることを言える状況にはない。しかし、ここまでの理解に沿うならば、ＦＲＢが利上げから利下げに転じれば、金利面、つまり投機取引は円高圧力に転じることになる。とはいえ、ＦＲＢが利下げするからといって日本の貿易収支が赤字から黒字になるわけではない。よって、実需取引は円売りに傾斜した状態が続くことになる。これは図表２－７で言うところの局面④だ。ＦＲＢ

の利下げに応じて投機取引が円買い・ドル売りに転じ、ある程度の円高・ドル安が実現するとしても、貿易収支赤字や既に論じたようなサービス収支に含まれる「新時代の赤字」、そしてCFベースで見れば円買い需要に乏しい第一次所得収支黒字という実需取引の状況は大きく変わりようがない。こうした状況下、FRBの利下げだけで過去に経験してきたような深く、持続性のある円高局面が果たして到来するのか。直感的にはそうならないように思える。

今日の日本経済はFRBが利下げ局面に直面しても、かつての貿易黒字国時代がそうだったように、金利（≒投機）・需給の二正面から強烈な円高圧力に怯えるような理由がない。その意味で「FRBが利下げをすれば、どうせまた円高に戻る」という歴史的には定番とも言える見通しは報われにくい時代に入っている可能性がある。煎じ詰めれば、局面④に至った際、どれほどの円高があり得るのか。この点は日本国民にとって重要な関心事になる。「円高にならない」と言っているわけではない。そうなったとしても限定的な動きではないかという点を指摘したいのである。

円はもう分岐点を通過している

前著でも強調した事実だが、筆者は2011～2012年頃に円相場は構造的な分岐点を通過したと考えている。プラザ合意のあった１９８５年以降に限れば、日本が暦年で貿易収支赤字を記録したのは11回だ。そのすべてが２０１１年以降に起きた話である（ちなみに変動為替相場制移行後の１９７３年以降まで拡げるとその回数は15回に増える）。いずれにせよ２０１１年以降に貿易赤字国としての地位が定着したのは間違いない。そうなった背景にリーマンショック後の超円高局面や東日本大震災以降の国内電源構成の変化などが指摘されることは多く、コスト上昇に耐えかねた日本企業がこぞって海外生産移管に踏み切ったという説は根強い。これ以外にもそもそも人口動態に難があるといった指摘など諸説あるが、詳しい議論は割愛する。

前掲図表１－10を一瞥すれば分かるが、日本が貿易収支黒字を失った２０１１～12年頃を境としてドル／円相場は明らかに円高・ドル安方向へ振れなくなっている。この点、２０１２年12月に発足した第二次安倍政権が展開した包括的な経済政策（通称アベノミクス）、とりわけその一環として行われた黒田東彦・日銀総裁（当時）の下での異次元緩和の結果、円安が定着したという見方もある。もちろん、そうしたリフレ思想の隆盛も円安と無関係ではないと思われるが、貿易収支黒字の消失も同じくらいの重要性をもって評価すべき話に思える。

前著を刊行した2022年9月時点では、まだ「円安は日米金利差拡大の結果」という説明が支配的で、需給の観点から円相場の現状や展望を議論するという機運は大きいとは言えなかった。だが、本書執筆時点では「円安は日米金利差拡大だけが原因ではない」、「FRBが利下げしても以前のような円高にはならない」といった論調は明らかに勢いを得ている。

例えば、2024年1月11日付の日本経済新聞は「円安招く『戻らぬマネー』過去5年で3兆円の流出超」と題し、筆者の試算するCFベース経常収支の数字を紹介しつつ、需給構造の変化が円安の底流にある可能性を報じている。もちろん、1つの可能性に過ぎない議論だが、そういった論点に目が向くことに時代の変化を感じる。そのほかにも日米金利差の拡大・縮小を振りかざして、円相場の現状と展望を議論しようとする論陣に対し疑義を呈する記事は枚挙に暇がないくらい増えている。[23] しかしながら、「円高・ドル安方向へ振れなくなった」という現象自体は2011～12年頃から起きているもので、2022年や2023年に始まったものではないことは知っておきたい。

いずれにせよ、「金利だけではなく需給の重要性を見るべき」という論点については第1章で議論した「新時代の赤字」や本章で議論したCFベース経常収支を主軸として、徐々に日本の為替論壇において市民権を得つつあるように感じる。もちろん、これらの議論の妥当性はＦＲＢが本格的な利下げ局面に入った時に試されるが、見るべき論点が昔よりも増えてきているのは間違いないだろう。

不運が重なった2022年や2023年

とはいえ、日本で為替に対する社会規範が変わる契機となったのが2022年や2023年だったのは論を待たない。この2年間を通じて日本国民は円安のコストを体感することになった。約10年前から元々円安になりやすい体質になっていたところ、円安を促しやすい材料が次々と重なったのがこの2年（2022年・2023年）だった。その意味で、日本にとっては不運が重なった局面だったとも言える。以下、金利と需給に分け、その不運を簡単に整理しておく。

2020年に発生したパンデミックの影響がまだ燻っていた2022年2月、ロシア・ウクライナ戦争が勃発したことで世界経済は様々な財・サービスにおいて一段と強い供給制約に直面した。パンデミックに伴う慢性的な人手不足によって賃金が押し上げられていた世界経済にサプライチェーンの寸断や資源価格上昇も加わり、日銀以外の主要中央銀行はインフレ抑制を企図した複数回の利上げに追い込まれた。片や、日銀は定義が曖昧な「デフレ脱却」を旗印に掲げたままマイナス金利政策を堅持する状況が続き、結果として内外金利差（海外－日本）が極端に拡大したのが２０２２年から２０２３年であった。ここで金利（＝投機）面での円安圧力は高まらざるを得なくなった。

また、ロシアという資源大国が西側陣営と対立することによって安定的な資源供給への不安が高まり、原油を筆頭にあらゆる資源の価格が上昇したことは世界の金融政策に大きな影響を与えると同時に、非資源国である日本の貿易収支にも甚大な影響を与えた。鉱物性燃料は日本の輸入全体の25％から30％程度を占めるため、原油価格上昇に合わせて貿易収支赤字は急拡大を強いられる。結果、２０２２年には過去最大、２０２３年には過去4番目に大きい貿易赤字を記録した。資源大国の地政学リスクが非資源国である日本の脆弱性を浮き彫りにした構図である。ここで需給面での円安圧力も高まらざるを得なくなった。

こうして金利・需給両面に関し、日本が元々抱えていた「円安になりやすい構造」が一気に顕現化したのが２０２２年や２０２３年という時期であった。繰り返すように、これは確かに日本にとっては不運であったが、元より万能薬とは言えない円安を金科玉条の如く崇め奉るリフレ思想に対し、相応のショック療法となったのであれば不幸中の幸いとも言える。

「スローバリゼーション」に生きる日本

とはいえ、2022年や2023年に限らず、今後の世界経済は「中国やロシア抜きの世界」を前提にしなければならず、その意味でこれからの日本は今までよりも「時間と金がかかる世界」を生き抜く必要がある。こうした世界を前提とすれば、存在感の大きい鉱物性燃料に限らず、日本が海外から輸入する財価格は全般的に高止まりする可能性がある。一方、輸出に目をやっても、日本の世界向け輸出の2割弱を占めてきた中国向け輸出の減少はデリスキング（リスク回避）の潮流を反映した恒常的な色合いを帯びそうである。輸出入両面に課題を抱える中、貿易収支の顕著な改善を期待するのは将来にわたって難しくなっている。

このように考えると2022年や2023年ほどではないにしても、過去に比べて貿易収支赤字が拡大し、それが円相場を軟化させるという地合いは新常態として割り切る必要があるようにも思える。ちなみに、詳しくは第5章で取り上げるが、そうした地政学リスクの台頭を契機として、時間・コスト両面での最適化に尽くしていたグローバリゼーションの流れが逆流し、世界が分断化の傾向を強めている状況を指して、2023年4月公表のIMF「春季世界経済見通し（WEO）[24]」は「スローバリゼーション（slowbalization）」というフレーズで表現し、分析を与えている。WEOは大企業もしくは高収益の企業ほど自国回帰(reshoring)や友好国回帰(friendshoring)に関心を寄せる傾向があると論じ、それゆえにこうした潮流が世界経済(特に新興国)に大きな影響を与えるとの事実を指摘している。

これまで早く・安く・大量に生産や流通をこなすことができていたサプライチェーンが再構築を強いられ、時間やコストがかかっても安全な生産や流通が確保できるように、世界経済は変わりつつある。卑近な例で言えば、ロシア・ウクライナ戦争以降、日本から渡欧しようとすると、ロシア上空を通過できないことからプラス3時間、余計にかかるようになっている。当然、その分は時間やコスト(燃料費など)がかかるようになってしまう。こうした制約を強いるスローバリゼーションはまず先進国からの直接投資を多く受け入れていた新興国のスローダウンを招き、その後、時間をかけて世界全体が非効率を甘受するといった順序で影響が及ぶだろう。同時に、日本のような非資源国も恐らくスローバリゼーションの余波が大きそうなことは想像できる。貿易収支赤字の慢性的な拡大はその象徴的な現象の1つに思える。

二項対立を超えた視点を

繰り返しにはなるが、筆者は「もう円高にならない」と言っているわけではない。基軸通貨を司るFRBが利下げを行うタイミングに合わせ、今後も金利要因に敏感な投機主導で円高が訪れることは当然ある。変動為替相場制とはそういうものだ。しかし、その際、鬼の首を取ったように「円高になったではないか」と騒ぐのは賢明ではない。恐らく、そこで訪れる円高はかつて日本経済が怯えてきたような、まとまった幅の円高ではない。今後の円相場の歴史を達観するとすれば、FRBの利上げに応じて実現する「大きな円安」が、FRBの利下げによって「穏当な円安」に抑制される程度の心構えで良いように思う。従前の歴史は脇に置き、もはや「通貨高は当たり前ではない」という思いを念頭に、円の未来を考える思考を持ちたいところである。

しかし、メディアの為替報道は残念ながら、そこまで冷静にはなれない。読者も目にしたことがあると思うが、年末年始のタイミングでは様々なメディアを通じ、各金融機関の予測が円安派・円高派といった二項対立で区分けされる。筆者は殆どのメディアについて毎年参加させて頂いている。しかし、こういった暦年に区切った方向感で思想対立を見せる切り口は根本的に無理がある（セルサイドのアナリストである以上、お客様に考えを知って貰うために参加は今後も続ける立場ではあるが）。

例えば、筆者のように「長期的な円安局面への移行」を予想していても、２０２４年という年に限って言えば「ＦＲＢのハト派転換（利下げ）に合わせて円安が一時小休止する」という予想はあり得る。しかし、報道上、それは「円高派」として大別されてしまうだろう。そのような切り口で円に対する強気・弱気を仕分けすることに本質的な意味は全くない。特に、中長期的な構造分析を好む識者ほど、そうした仕分けにはそぐわない。ＦＲＢの政策運営を受けた値動きは変動為替相場制における不可抗力の現象であり、それ自体は円に対する本質的評価に何ら影響を与えるものではないと考えるべきだ。

「はじめに」でも述べたが、相場の「方向感」を決めるのは（主に米国の）金利の議論かもしれないが、「水準感」を考える上では需給の議論も重要になる。２０１１年から２０１２年頃を境として日本が直面しつつある最大の問題は「外貨が取りにくくなっている」という事実であり、その点に限って言えばＦＲＢの金融政策はほぼ関係が無い。本章を通じて何度も言及してきた通り、米国が利下げしたからと言って日本の貿易収支赤字が消えるわけではない。ということは、米金利低下だけをもって円高予想を主張するには危うさが伴うということでもある。

円は既に慢性的な通貨高体質だった長い歴史を脱し、分岐点を通過している可能性をわきまえた上で、様々な可能性を議論すべきである。少なくとも暦年の値動きに絞った上で円高派・円安派といった二項対立で現状把握を試みる姿勢は建設的とは言えない。

「国際収支の発展段階説」にまつわる2つの問題点

そろそろ本章を締めたいと思う。最後は第1章と第2章を総括した上での議論とする。前掲図表1－3でも確認したように、「国際収支の発展段階説」に照らせば、現在の日本は財の貿易で外貨を稼ぐのではなく、過去の投資の成果として外貨を得るという典型的な「成熟した債権国」である。2022年9月に上梓した前著ではこの立場を疑ってかかるべきだという主張を展開し、書籍の帯では「成熟した債権国の夕暮れ」とやや踏み込んだ表現を付けさせて頂いた。こうした悲観的な論調に対し、相変わらず「統計上の黒字」に拘泥して「国際収支にまつわる過度な悲観論は誤りだった」という主張も見かけるが、浅薄な理解から導かれた浅薄な主張と言わざるを得ない。「国際収支の発展段階説」は決して完璧ではない。第1章でも述べたように、目線をアップデートしながら運用すべきである。

1950年代に提唱された同説を現在に持ち込むに際し、少なくとも2つの注意点が必要だと筆者は考えている。1つは第一次所得収支黒字の過半が自国通貨に回帰してこないという状況が十分に想定されていないこと、もう1つはサービス取引の国際化が隆盛を極め、その供給側（特に米国）の価格支配力が極度に強まるという状態が想定されていないこと、である。前者については、統計上の水準や符号を重要な判断材料とする「国際収支の発展段階説」にとって大きな問題点となり得る。理論上、「成熟した債権国」から「債権取り崩し国」へのステップダウンが検討されるにあたっては「貿易収支赤字が非常に大きくなり、第一次所得収支黒字では補いきれなくなるので、経常収支が黒字から赤字に転じる」という状況が想定されている。だが、筆者の仮説が正しければ、日本は「成熟した債権国」でありながら「第一次所得収支黒字の大部分が海外に残るため、CFベースで見れば、そもそも貿易収支赤字を補い切れていない」という状況が出現しやすくなっている可能性がある。言い換えれば「成熟した債権国」という仮面を被った「債権取り崩し国」である可能性が疑われる。

また、後者についても、理論上は想定されていない状況と言える。第1章で見たように、現状、日本の企業部門や家計部門の経済活動ではGAFAMのような米巨大IT企業の提供するプラットフォームサービスに定額課金する状態がビルトインされてしまっている。しかも、それらの企業が行う値上げに抗する力は恐らく殆ど無い。それゆえに「デジタル小作人」や「デジタル農奴」といった言葉で主従関係が皮肉られる現状に陥っている。少なくとも現在から将来にわたってデジタルサービスの利用が減るという展開は考えられないのだから、貿易サービス収支におけるサービス収支の比重は今後ますます高まることが予想される。GAFAMのようなプラットフォーマー（言い換えれば地主）が提供するサービスの利用者（言い換えれば小作人）であることを離脱し、あらゆるデジタルサービスが国内で内製化される状況を想定しない限り、サービス収支赤字はデジタル関連収支主導で拡大していく公算が大きい。

なお、「国際収支の発展段階説」では暗に貿易収支とサービス収支が同じ方向に変化する未来を仮定しているわけだが、米国のように貿易収支は大幅赤字だが、サービス収支は大幅黒字という事例も出ているわけで、やはり理論的に想定していない時代の変化はどうしても起きている。また、6つの発展段階が必ず不可逆的に進展していくとは限らず、高齢化が進んだ成熟国として知られる北欧諸国やスイスなどにおいては経常収支黒字が維持された状態が続いている。結局、「国際収支の発展段階説」の枠に収まらない事態はいつでも、どのような形でも起こり得る。今後、第一次所得収支黒字からの円買い需要が限定され、サービス収支赤字によって貿易サービス収支の赤字の拡大が続くのだとすると、CFベース経常収支というレンズを通してみた日本の実情（本書的には円の需給環境）は「成熟した債権国」というよりも「債権取り崩し国」の方が近いという考え方は十分検討に値するものではないか。

日本は「仮面の黒字国」ないし「仮面の債権国」

よく知られている通り、円は安全通貨や逃避通貨といったレッテルを貼られてきた。こうした安全性を担保してきたのが「世界最大の対外純資産国」というステータスである。「世界最大の対外純資産国」とは、言い換えれば、「世界で一番外貨建て資産を保有している国」であるため、この事実をもって安全な通貨だと発想すること自体、誤りとは言えない。極論すれば、仮に外貨売り・自国通貨買いという通貨防衛戦に至った時に「最も弾薬がある国」という見方もできるのだから、少なくとも積極的に売られる通貨にはなり得ない。

しかし、それはあくまで極論であって、「世界最大の対外純資産国」の解釈には注意を要する。これまで論じてきたように、日本の経常収支構造は明らかに変化している。その経常収支の黒字を累積したものが対外純資産なのだから、当然、対外純資産の構造変化も意識する必要がある。経常収支構造の変化は多岐にわたるが、黒字を支える主柱が貿易収支から第一次所得収支に切り替わったという点は最も大きい。既に見てきたように、第一次所得収支は海外有価証券から発生する利子や配当金などを含む証券投資収益と日本企業の海外子会社から発生する配当金や内部留保などを含む直接投資収益がある。本章を通じて議論してきた通り、日本企業の海外企業買収が盛んになった２０１１年以降、直接投資収益の比重が増しており、特に海外にそのまま残る再投資収益の割合が増えている。この点は前著や「【ＢＯＸ④】：『普通の通貨』になった円——震災と円相場」で議論している。結果、ＣＦベースで見た経常収支が安定的に黒字を稼げなくなっている可能性は既に述べてきた通りだ。

これを対外純資産という視点から見れば、「直接投資残高が増えているから直接投資収益も増えている」という事実が想起される。図表２－９を見ればその通りで、既に２０１９年頃から日本の対外純資産残高の半分近くは直接投資で構成されている。繰り返しになるが、これは２０１１年頃から日本企業が行ってきた旺盛な海外企業買収などの結果だ（前掲図表１－９）。買った会社を簡単に売却することは無いのだから、この部分は「売られたまま戻らぬ円」と考えられる。しかし、２０００年代初頭、外貨準備の存在も踏まえれば、対外純資産の殆どが海外有価証券であった。具体的にこれは米国債や米国株などが想定される。海外有価証券であれば流動性も高いため、確かに市場心理が悪化するタイミングで日本へ還流す

図表2-9　本邦対外純資産に占める直接投資および証券投資の割合

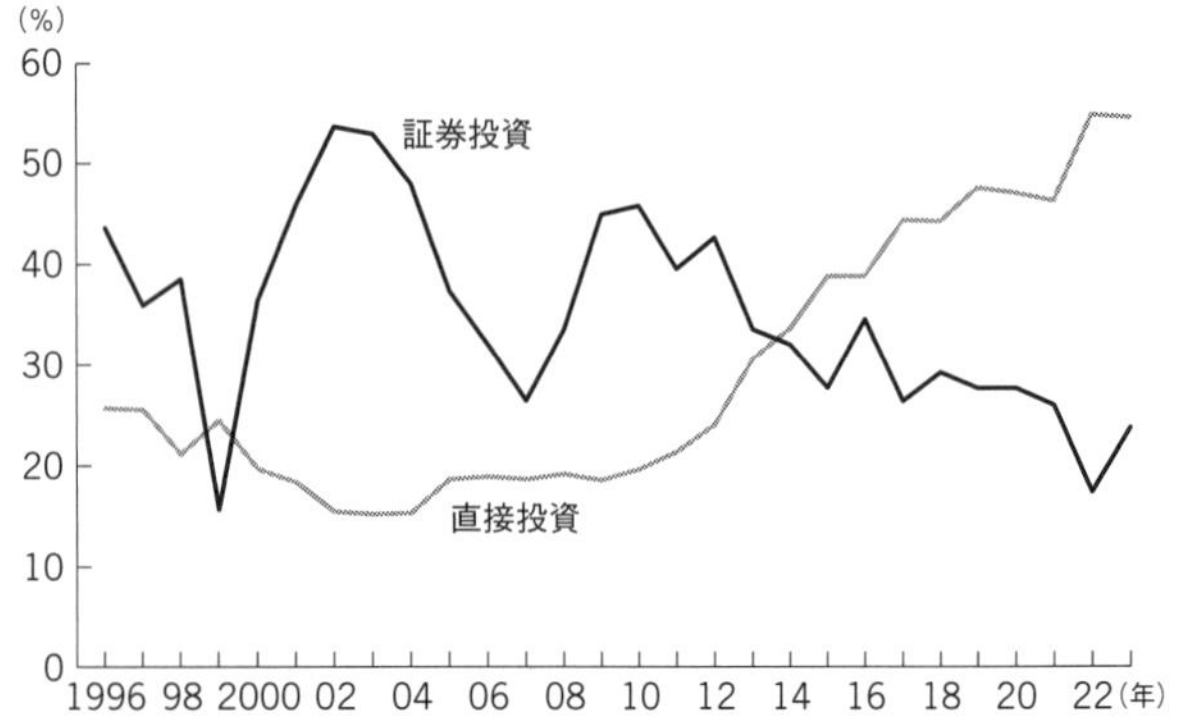

(資料) 財務省

る動きなどが期待できたものの、直接投資であればそうはいかない。

既に日本について「成熟した債権国」という仮面を被った「債権取り崩し国」ではないかと論じたが、保有している外貨建て資産の多くが戻ってこない（戻す当てのない）資産ならば、やはり対外純資産国という表情はあくまで仮面であるように思える。

もちろん、本当に制御不能な円安相場に直面し、国を挙げて通貨を防衛する段階に入れば、日本企業が保有する外貨建て資産を強制的に国内へ還流させるような力業も検討されるかもしれない。例えば、穏当な手段としては2022年の円安時に期待する声も上がった企業部門に対するレパトリ減税[25]などは好例である。しかし、民間部門の資産保有形態にまで干渉して為替需給の改善を図ろうとする行為はあまり筋が良い政策とは言えず、そもそもかなり追い込まれている印象を与えるかもしれない。これを見た投機筋からつけ込まれる恐れもあるだろう。あまり想定したいシナリオではない。

「仮面の黒字国」ないし「仮面の債権国」として経験する円安にどこまで政治・経済・社会が耐えられるのか。毎月発表される経常収支の黒字水準を楽観的に騒ぐのではなく、その背後にある変化を見定めることが、円ひいては日本経済の現状と展望を分析する際に必要な目線と考える。なお、第1章や第2章で示した議論は筆者自身、まだ発展途上だと考えている。今後、研鑽を重ねることで分析の精度を上げていきたいと思う。

BOX ④

「普通の通貨」になった円——震災と円相場

「普通の通貨」になった日本円

2024年1月1日16時10分、石川県能登地方を震源地とするマグニチュード7・6、最大震度7という巨大な地震が発生した。これに伴い住宅倒壊、住宅火災、地盤災害、津波被害をはじめとした甚大な被害が発生し、本書執筆時点でも被災地域に日常は戻っていない。実は筆者は震災の5か月前となる2023年8月、家族で能登半島を訪れ、今回甚大な被害を受けた輪島市や珠洲市を初めて訪れていた。食べ物も美味しく、風光明媚な場所も沢山あって、今一度、季節を変えて訪れたいと思っていただけに大きなショックを受けた。

それが公私の「私」の部分で感じたことだとすれば、「公」の部分では当然、金融市場、とりわけ為替市場への影響は気にせざるを得なかった。というのも、多くの為替市場参加者の脳裏には2011年3月11日に発生した東日本大震災直後の強烈な円高が残っていると思ったからだ。ちなみに、東日本大震災時の円高については「1995年1月17日に発生した阪神淡路大震災時は円高になった」という経験則が円買いを促したという解説もあっただけに、[26]今回も……という思惑はどうしても湧いてくるだろうと思った。

実際、地震発生直後となる2024年1月1日のブルームバーグでは「短期的に円高に振れる可能性」と題した報道が見られた。[27]この時点ではまだ2024年の為替取引は始まっていなかったが、それほどまでに「危ういことがあれば円高」と構える市場参加者がまだ存在するのだという事実を思い知った。確かに、需給構造の変化をさほど気にしない立場で分析するならば、「震災で円高」という記憶をそのまま当てはめようとしてしまうのかもしれない。また、円は自国で地震が発生しても、津波が来ても、原子力発電所が事故を起こしても、また北朝鮮から発射された飛翔体（＝ミサイル）が日本の領海近くに撃ち込まれても「リスクオフの円買い」、「安全資産としての円買い」が発生し、円高が促されてきた歴史がある。「震災で円高」は経験則に沿えば当然の発想でもあった。

しかし、前著からの議論も踏まえた上で、筆者はそうならない（むしろ円安になる）可能性の方が高いと考え、震災直後のメディア取材にもそのように回答した。例えばブルームバーグは先ほどのヘッドラインの直後となる2024年1月2日、筆者の「円は危機に対して普通の反応をする通貨になったという見方が今後なされるだろう」といったコメントを報じている。この時点ではまだ本格的に為替取引は始まっていなかった。その後、能登半島地震の影響を織り込んだ2024年最初の取引において、ドル／円相場は前年末の141円付近から142円付近と1円近く円安・ドル高が進んだ状態でオープンした。約29年前（1995年）や約13年前（2011年）に経験した「震災で円高」のパターンは全く当てはまらなかった。
国難に通貨安で反応すること自体、ごく普通の話ではあるが、これまでの日本（円）では殆ど見られてこなかった光景でもある。その意味で円は逃避通貨と呼ばれる特異な存在から、あくまで「普通の通貨」に成り下がったと考えるべきなのだろう。

貿易収支で見れば、もはや「別の通貨」

ちなみに2011年3月11日の東日本大震災直後は「日本の損害保険会社が支払いに備えて外貨建て資産を取り崩す（≒売却して円に戻す）」という思惑が働き、実際に円相場が急騰するという動きがあった。こうした「損保のレパトリ」説は当時の円高相場をしっかり支えていたと言える。確かに、日本が「世界最大の対外純資産国」である以上、有事に直面した際、手元流動性を改善するために外貨建て資産を売却するという行動は十分想定されるものだ。事実、為替市場ではそうした取引を「リスクオフの円買い」と呼び円高解説の免罪符のように使っていたのだから、疑う余地も小さかった。こうして「損保のレパトリ」は抵抗感なく為替市場で受け入れられ、実際に円は1ドル76円台まで急伸、約10年半ぶりとなる円売り・ドル買い協調為替介入が実施される事態にまで

図表2-10　損害保険会社による対外証券投資（2011年の例）

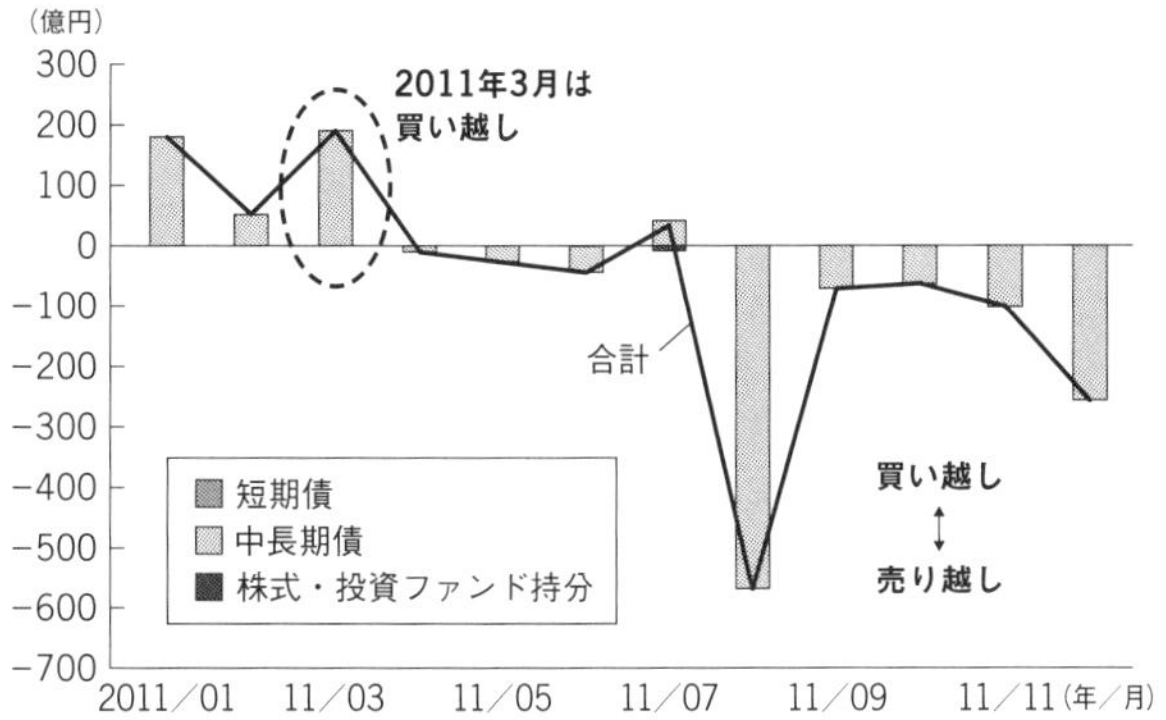

（出所）INDB

至った。

しかし、その後に財務省から発表された投資家部門別の対外証券投資によれば、2011年3月の損害保険会社は買い越し、すなわち外貨建て資産を積み増していた（図表2－10）。金融市場では多くの市場参加者が「信じるに足るかどうか」が大事なのであって、「真実かどうか」が脇に置かれることもある。その典型的な事例だったと言えるだろう。

もっとも、当時の日本がまだ辛うじて貿易黒字国としての余韻を残しており、東京外国為替市場においては輸出企業のオーダー（実需の円買い）が相応にあったのも事実だった。「損保のレパトリ」が無かっ

図表2-11　日本の貿易収支

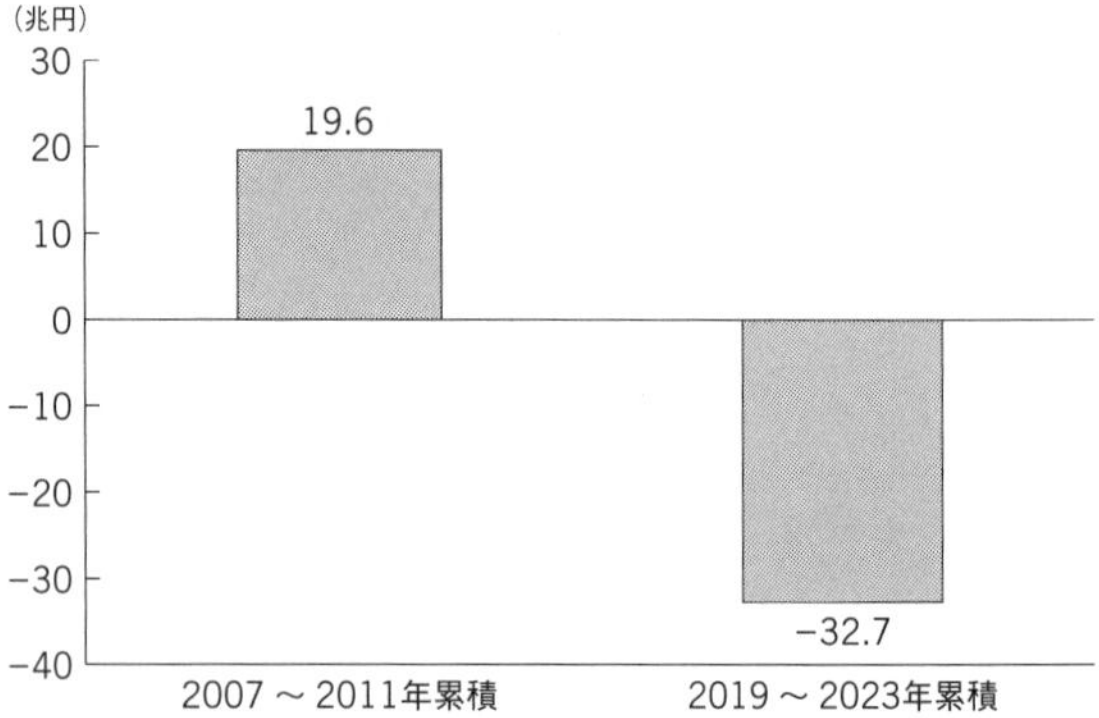

（出所）財務省

たとしても円高になる筋合いはあったと言える。しかし、そこから10余年の月日が経過し、今や日本は立派な貿易赤字国となった。需給環境という点に照らせば、2011年と2024年の円は「別の通貨」であり、「震災で円高」は歴史的事実として一旦忘れるべきである。これは数字を見れば一目瞭然だ。例えば貿易収支の累積額を用いてみよう。為替予約に伴うリーズ・ラグズがあることを踏まえ、貿易収支を2007～2011年までの5年累積と2019～2023年までの5年累積で互いに比較すると、前者が約＋20兆円であるのに対し、後者は約▲33兆円である（図表2－11）。文字通り、「別の通貨」と言って

図表2-12　経常収支の変化

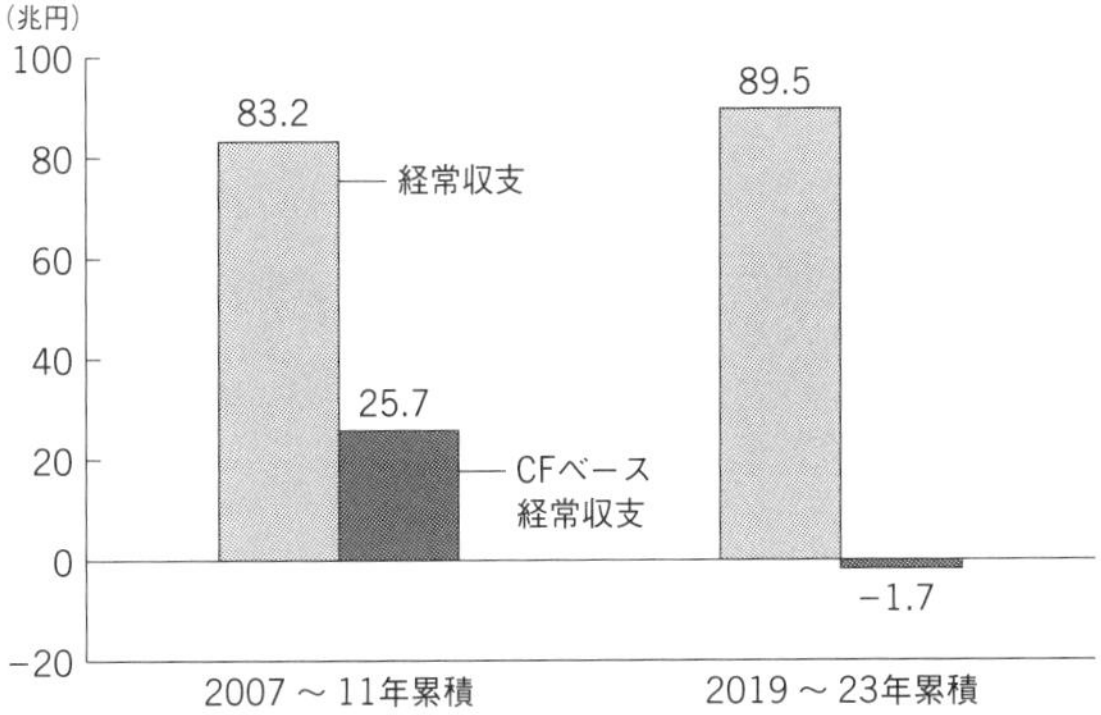

（出所）財務省

差し支えない。

経常収支、CFベースでは赤字転落

「リスクオフの円買い」が消失した背景は経常収支やその累積である対外純資産の観点からも説明可能だ。いずれの論点も既に前著や本書のここまでの議論で言い尽くしてきた感はあるが、改めて角度を変えて考察を追加しておきたい。例えば経常収支について上記同様の期間で累積額を比較すると、実は2011年当時より2023年時点の方が黒字額は大きい（図表2－12）。

ここまで何度も見てきた通り、貿易収支が黒字から赤字に転落しても、過去の投資の「あがり」である第一次所得収支の黒字が多額に上っているため、日本の経常収支について「統計上の黒字」は維持されている。

しかし、第2章を通じて議論してきた通り、「統計上の黒字」が確保されても「CFベースの赤字」を抱えやすくなっているのが近年の日本の経常収支の実情である。累積額を用いて時代を比較してみよう。経常収支黒字に関し、2007〜11年累積では約＋83兆円であったのに対し、2019〜23年累積では約＋90兆円だった。しかし、第一次所得収支黒字のうち、円買いに直結する割合を調整したCFベース経常収支で比較すると、2007〜11年累積では約＋26兆円の黒字であったのに対し、2019〜23年累積では約▲2兆円の赤字だ。貿易収支で見ても、CFベース経常収支で見ても、1997年1月や2011年3月の経験を根拠に「震災を受けて短期的には円高になる」と考えることの無謀さがよく分かるだろう。

効力を失う「世界最大の対外純資産国」の印籠

対外純資産構造の変化ついては既に述べた通りだ。現状、日本の対外純資産は数字上でこそ膨らんでいるものの、その中身を見る限り、円を防衛する力はかなり弱まっていると考えた方が良い。危機時に円買いを促してきた「世界最大の対外純資産国」という印籠はもう昔ほどの効力を持っていない。前掲図表２－９で確認した通り、日本の対外純資産は既に半分が直接投資であり、かつて支配的だった対外証券投資は存在感を低下させている。言い換えると、日本の対外純資産が世界最大であることは30年以上変わらぬ事実だが、その中で「売られたまま戻ってこない円」の割合は確実に上昇しているという事実がある。そうした対外純資産構造の変化は「安全資産としての円買い」や「リスクオフの円買い」がなくなってしまったことの一因と考えて差し支えない。

こうした「対外純資産構造の変化が戻らぬ円を増やしている」という考え方は仮説だが、様々な日本企業の方々とお話させて頂いている経験に照らせば、かなり真実に近いと感じている。例えば海外出張などに際し、現地の日本企業の方々に対して「現地法人で稼いだ利益を外貨のまま現地に再投資する傾向が強まっている」という統計上の事実を紹介すると「確かにうちの会社も同じです」といった話を頻繁に頂く。再投資だけに焦点を当てて統計を深掘りして見ると、さらに実情が見えやすい。第一次所得収支の構成項目である直接投資収益に関し、日本には戻さず外貨のまま海外に留保される再投資収益の割合を計算すると、２０１０年頃から明確に上昇基調に入っており、２０００年代最初の10年間と比べると、本書執筆時点では倍程度（10％弱から20％強）に上昇して

図表2-13　直接投資収益と再投資収益の推移

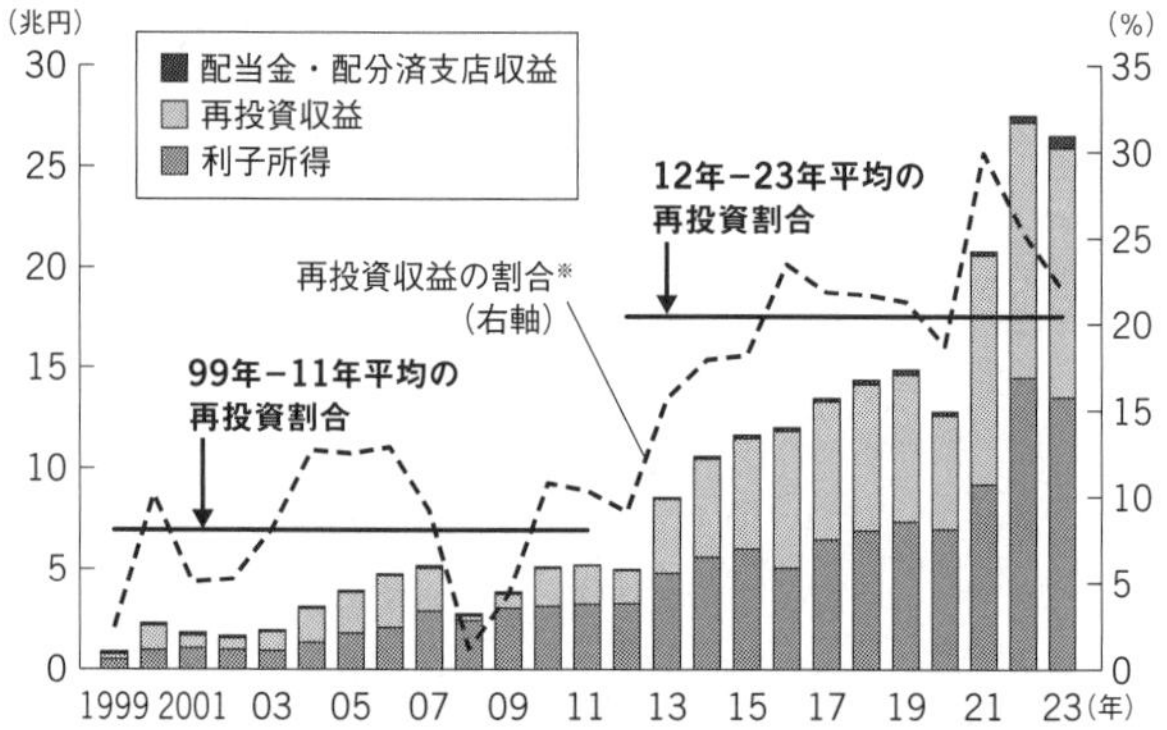

※再投資収益が第一次所得収支（受取）に占める割合
（出所）日本銀行

いる（図表2－13）。日本に戻すよりも海外で期待収益の高そうな投資機会を検討したいという日本企業の胸中が透ける。

そもそも日本企業が対外直接投資を増やしてきた背景も、煎じ詰めれば「国内経済の期待成長率の低さ」があるだろうから、「円には戻さず外貨で持つ」という選択は当然と言えば当然の判断である。かかる状況下、「対外純資産は順当に増えても、円に戻る割合は低下しつつある」というのが「世界最大の対外純資産国」が直面している実情であり、それは「リスクオフの円買い」がかつての迫力を失っている理由の1つに違いないと筆者は考えている。当然、「震災で円高」なども起こりようがない。

昔話となる「リスクオフの円買い」

こうして円は危機時に急騰するという特異性が失せ、「普通の通貨」になっている現状が疑われる。能登半島地震の前からもその兆候は断続的にあった。例えば2022年2月のロシア・ウクライナ戦争勃発時は円高になっていない。むしろ資源価格上昇が貿易収支赤字をもたらすとの懸念や世界的にインフレ圧力が強まる中、「日銀（円）だけ低金利で取り残される」との思惑が強まり円安が進んだ。そこから始まった円安局面が本書執筆時点まで続いている。2020年に入ってパンデミックが始まった時も、2023年にイスラエルとガザが武力衝突した時も、2024年4月にイランがイスラエルを攻撃した時も、北朝鮮が飛翔体を打ち込んできた時も、著しい円高にはなっていない。むしろ円安が加速することすらあった。

何度も述べている通り、日本の貿易収支黒字が消滅し始めた時期（2011～12年頃）を境として円は明らかに騰勢を失っている。1973年の変動為替相場制移行後、半世紀にわたる貿易収支黒字の歴史があるため市場参加者の認識が一足飛びに変わるのは難しいかもしれない。しかし、パンデミック、戦争、震災といった様々な天変地異を経験する中でも結局、円高が起きなかったのが2020年から2024年初頭までの約4年間だ。今後は円が安全通貨や逃避通貨といった特別な地位を失い、「普通の通貨」になったという認識が徐々に、しかし確実に市場参加者だけではなく日本社会全体に浸透していくだろう。「安全資産としての円買い」や「リスクオフの円買い」という相場現象は「そんなこともあったね」という1つの昔話になっていくのではないだろうか。

第 3 章

資産運用立国の不都合な真実

一大テーマとなってしまった「家計の円売り」

前著の第4章では「本当に恐れるべきは『家計の円売り』――『おとなしい日本人』は変わるのか」と題し、家計部門の保有する潤沢な金融資産が外貨建て資産に向かい始めた時、日本は想定外の円安に苦しむ可能性があると警鐘を鳴らした。例えば、前著において筆者は岸田政権の掲げる「資産所得倍増プラン」について以下のような懸念を示している。この原稿自体は2022年春頃に書いたものだ。

●日本の家計部門が「貯蓄から投資へ」と背中を押された場合、果たして日本経済の将来に賭けて円建て資産を選ぶだろうか。為政者は自問自答する必要があるように思う。現預金以外への投資意欲を焚きつけること自体、決して悪いことだとは思わない。しかし、そうして呼び起こされた投資の行き先が円建て資産ではなく外貨建て資産に向かうとすれば、それは円安の起爆剤にもなり得る。円安のデメリットを指摘する声が大きくなる状況下、本当に政府・与党はそれで問題視しないのか。仮にそうした展開をリスクと考える思いがあるならば、「貯蓄から投資へ」を進めるにしても、その行き先として国内が選ばれやすいような制度設計も必要になるように思える。

このほかにも「恐れるべきは『家計部門による円売り』である。家計部門が円建て資産の保有をリスクと考え始め、海外投資に関心を寄せ始めた場合、それは単なる防衛行為であり、日本経済にとっての恩恵は乏しいものになる」といった懸念も示した。ほかにも現在に連なる多くの指摘を行っているので、関心のある読者は前著を手に取って頂ければと思う。結論から言えば、2024年4月の本書執筆時点で「家計部門による円売り」は日本の金融市場を語る上での重要テーマに浮上しており、その帰趨が注目される状況にある。

本章では岸田政権の掲げる資産運用立国の現状とこれに伴う経済・金融情勢への影響について、本書執筆時点で確認できる事実に基づき、筆者なりの見解を示しておきたいと思う。前著と重なる部分も含むが、大事な論点ゆえ、改めて強調しておきたい。

家計金融資産の「開放」に伴う2つの懸念

岸田政権が2023年6月に公表した「経済財政運営と改革の基本方針（骨太の方針）」には「2000兆円の家計金融資産を開放し、持続的成長に貢献する『資産運用立国』を実

図表3-1　本邦家計部門の金融資産構成（2023年12月末）

	金額（兆円）	構成比（%）
総資産	2,141.5	100.0
外貨性	78.7	3.7
外貨預金	6.7	0.3
対外証券投資	26.7	1.2
投資信託	45.3	2.1
円貨性	2,062.8	96.3
現預金（外貨預金を除く）	1,120.8	52.3
国債等	28.3	1.3
株式・出資金	275.8	12.9
投資信託（外貨部分を除く）	66.1	3.1
保険・年金準備金	537.5	25.1
預け金など	34.3	1.6

（出所）日本銀行「資金循環統計」から筆者試算。

現する」と明記された。本当に「２０００兆円の家計金融資産を開放」するつもりがあるならば、これに伴う功罪も慎重に吟味する必要がある。本書執筆時点で確認できる最新の「資金循環統計」に従えば、２０２３年12月末時点で家計金融資産は約２１４２兆円あり、そのうち約52％に相当する約１１２１兆円が円の現預金に滞留している（図表３－１）。こうして貯蓄に偏重している家計金融資産を投資に向かわせようというのが資産運用立国の企図するところである。しかし、家計金融資産の開放にあたっては主に2つの懸念があると筆者は考えている。それは為替と金利にまつわる懸念だ。以下では順を追って、これを説明しておきたい。

為替に関する懸念は現実化しつつある

前者の為替に関する懸念は、もはや理解している読者も多いだろう。端的に言えば、「約95％が円建て資産で構成される2000兆円の数％でも外貨建て資産へシフトすれば大変な円安圧力を生む」という懸念だが、残念ながらこれは本書執筆時点で半ば現実化しつつある。少なくとも2024年1月の新たな少額投資非課税制度（NISA）稼働に合わせてポピュラーなテーマとして認知されているのは間違いない。2022年3月から本格的に始まった円安局面は社会問題化するほどの振幅を伴ったが、「家計部門の円売り」が本格化したわけではなかった。仮に、家計部門がリスク許容度を高め、本格的に海外投資へ目覚めた場合、どれほどの円安相場が実現し、望まぬ物価上昇を促し、日本経済の足枷となっていくのかという論点に関しては議論を尽くす必要がある。

インバウンド需要の拡大を筆頭として「安い日本」を象徴する出来事は枚挙に暇がない。

そのような社会情勢を目の当たりにし、自国通貨の脆弱性を認識した上で外貨建て資産に関心を持つ層は今後増える可能性が高い。その上で政府・与党が「貯蓄から投資へ」を声高に叫び、制度的な支援も行うのだから、余計に外貨建て資産への関心は強まりやすい。実際、筆者の周囲でも高金利を謳う外貨預金に金融資産を動かしたという話は頻繁に耳にするようになった。それだけ各社がキャンペーンを打っている結果なのだろう。少なくとも筆者のキャリアにおいて目にしたことのない家計部門の資産移動は起きつつあるように思う。

断っておくが筆者は新NISAを契機として国際分散投資が進むことに異を挟むつもりは全くないし、資産運用立国という方向性にも賛成である。しかし、政策を進める上では「良いこともあれば、悪いこともある」ということは知って欲しいとも思っている。国民1人1人に関係のある話だからこそ、効果と副作用を開示した上で議論すべきという立場だ。

「半世紀ぶりの安値」は健在

「自国通貨の脆弱性を懸念し、外貨建て資産に関心を持つ」という点をもう少し深掘りしておきたい。前著執筆時点でもそうだったが、本書執筆時点でも、日本が海外に対して持つ購買力の尺度となる実質実効為替相場（REER）は「半世紀ぶりの安値」が続いている（図

図表3-2　円の実質実効為替相場と長期平均の推移

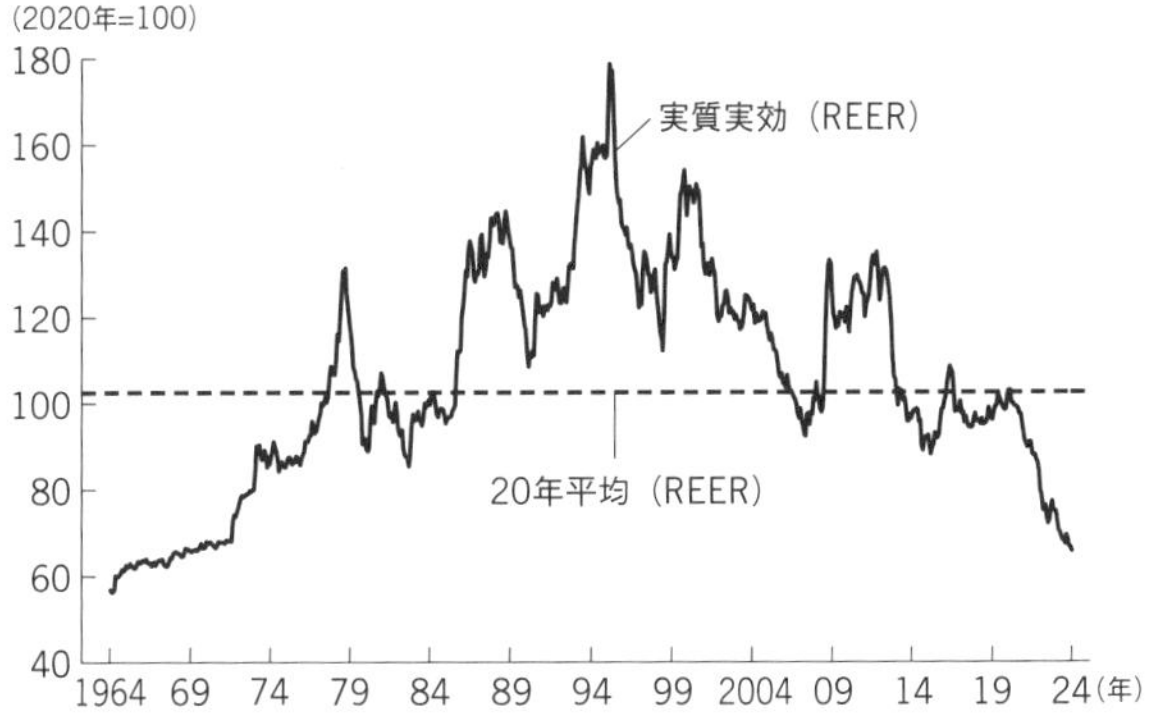

（資料）macrobond

表３－２）。円の購買力が弱いからこそ海外から輸入される財の価格が押し上げられ、毎日のように値上げが報じられる状況に直結する。上がっているのは財の価格だけではなくサービスのそれも同様だ。例えば日本人にとって海外旅行が贅沢な存在になってしまったこともＲＥＥＲの低位安定と関係している。これもなった財と同様、高価になったサービスも、簡単には購入できない存在になる。

数字がこれを示している。日本政府観光局（ＪＮＴＯ）によると、２０２３年の日本から海外への年間出国者数は９６２万人とパンデミック直前の２０１９年（約２０００万人）と比較して半分以下にとどまっている。国際収支統計上、日本人の海外旅行は「海外から輸入するサービス（旅行収支の支払）」である。輸入価格が上昇したのだから、当然、需要は縮小する。ＲＥＥＲ下落に象徴される自国通貨の脆弱性から日常生活を守るために「外貨運用を増やす」という選択は合理的な投資行動になる。後述するように、これは投資というより防衛に近いものであり、防衛であればこそ、多くの人が検討する可能性がある。

片や、海外から日本へやってくるインバウンドは「弱い円」の裏返しである「強い外貨」を武器として旺盛な消費・投資意欲を日本国内で発揮している。同じくＪＮＴＯの統計を見ると、２０２３年の年間訪日外客数は約２５００万人で２０１９年（約３２００万人）の８割程度まで回復している。鎖国政策と揶揄された水際措置撤廃が２０２３年４月であったことを踏まえれば、実質的には完全復活とも言える内容である（実際、同年10月には２０１９年10月の水準を超えている）。ＲＥＥＲが「半世紀ぶりの安値」にあるがゆえに、海外から見た日本の財・サービスがバーゲンセール状態になっていることの結果であろう。

日本人を動かす「弱い円」への諦観

読者の中には「こんな高いホテル誰が泊まるのか」、「こんな高い鮨、誰が食べるのか」、

「どうせインバウンド向けでしょう」といったような会話を交わした経験はないだろうか。これらは「弱い円」と「強い外貨」に対する諦観に基づいた会話であり、「円で買えるものは少なくなっている」という日本人の胸中が透ける。こうした状況に対し、名目賃金が物価以上に上昇してくれれば良いが、大きな望みは持てない。例えば、厚生労働省が発表する「毎月勤労統計調査」（従業員５人以上の事業所）によれば、２０２３年の実質賃金（物価を加味した賃金）の指数水準は比較可能な１９９０年以降で最低だった。日本人の懐事情は確実に貧しくなっている。

このような状況が極まっていった場合、合理的な経済人ならば、資産を「弱い円」ではなく「強い外貨」で持つという意欲は強まって当然である。毎日のように「円は安い（≒外貨は高い）」という情報に晒されれば、自国通貨の脆弱性に愛想を尽かす向きは増える。例えば、円の対ドル相場は２０２０年12月から２０２３年12月までの３年間で▲35％以上も下落している（※２０２０年12月末の１０３円付近から２０２３年12月末のから１４１円への変化と仮定）。２０２４年４月末（１５７円）と比較すれば▲50％以上の下落だ。これまで無意識に一番安全だと考えられていた「自国通貨建ての現預金」に置くだけでこれほど目減りしてしまった以上、何らかの対策を検討するのは普通だろう。もちろん、円安が２０２２年の一過性の動きで終わればそのような心配もなかったかもしれない。だが、円安は２０２３年も続いたし、２０２４年に入ってからも持続している。必然的に「円から外貨へ」という投資意欲を持つ層は増えてきても不思議ではない。

資産運用というより資産防衛

こうした動きは広義には「貯蓄から投資へ」と表現できそうだが、筆者はその本質は若干異なるように思っている。「貯蓄から投資へ」のスローガンが企図するのは資産運用を通じて保有資産を増やしていこうという「攻め」の姿勢転換ではないかと思われる。しかし、自国通貨への諦観に起因する「弱い円」から「強い外貨」へという動きは資産運用というより資産防衛であり、保有資産を減らさないようにしようという「守り」の姿勢転換と言える。高度経済成長以降、日本人は円高に悩んだことはあっても円安に悩んだことはなかった。だからこそ、今後起きることも未知の展開になる可能性があると筆者は危惧している。

繰り返しになるが、２０２２年以降に直面した円安局面は歴史的と言っても差し支えない規模であったが、それでも「家計部門の円売り」を抜きにして起きた現象であった。その意味でまだ限定的な円安相場であったはずであり、「本当の円安リスクはまだ健在化していない」という目線は持っても良い。

報道され始めた「家計部門の円売り」

こうした状況下、政府が資産運用立国を大義として運用意欲を煽れば、当然、家計金融資産も少しずつ動き始める。本書執筆時点で入手可能な情報を踏まえる限り、「家計部門の円売り」に関する報道は明らかに増えており、これが円売りの呼び水となっている印象すら受ける。長引く円安の一因として「家計部門の円売り」に言及する報道は2024年の新NISA稼働を契機に一段と勢いを得ているが、厳密には新NISA稼働前年となる2023年から各メディアは連日、資産運用特集を組み、2024年を待たずに「家計部門の円売り」の芽吹きを指摘するような風潮も多く見られた。

例えば、2023年5月1日付の日本経済新聞は「外貨資産『増やした』4割　若手投資家、日本より米国株」と題し、若年層ほど外貨建て資産の運用比率を増やしている状況を報じている。また、2023年9月26日付の同紙は「『資産運用立国』円安誘うか　新NISAで外貨資産拡大も」と題し、新NISAと円安の因果関係をかなり率直に取り上げている。前者の記事で紹介されていたアンケート結果に目をやると「外国企業の方が日本企業よりも期待リターンが高いから」、「右肩上がりの成長が不可能となり、日本株を長期で保有するにはリスクがある」など、内外の成長格差への意識が透けて見えた。これから投資をする日本の個人投資家にとって「国内よりも海外」は概ね共通する志向なのだと感じさせられる。

さらに新ＮＩＳＡ稼働直前となる２０２３年12月25日付の日本経済新聞は「新ＮＩＳＡ好調、月２３００億円予約ネット証券５社調査　海外株人気、成長に期待」と題し、多くの個人投資家が制度開始と同時に海外株へなだれ込む可能性を具体的な金額と共に報じた。この記事は為替市場で大いに話題となり、筆者もこれを基にしたレポートを複数執筆した。というのも、同記事の情報を基にすれば月２３００億円の殆どが海外株を運用する投資信託を対象としているため、年間にすれば約２・８兆円（２３００億円×12か月）、ネット証券５社[28]の旧ＮＩＳＡ口座に占めるシェアが６割強と言われていたことを考慮すれば、最低でも約４・７兆円（２・８兆円÷０・６）の円売りが発生することを意味していた。しかも、同報道は２０２３年12月20日時点の予約状況を報じているに過ぎないため、今後の増加余地が見込まれたこと、つみたて投資枠以外にその倍の枠が用意されている成長投資枠があることも踏まえると年間で約10兆円前後の「家計部門の円売り」を予感させる報道でもあった。

なお、10兆円と言えば、２０２３年に記録した経常収支黒字（約＋20兆円）の半分、

2022年のそれ（約＋11兆円）とほぼ同額である。しかも、第2章で論じたように、日本の経常収支黒字の大部分が実際の円買いを含んでいないとすれば、10兆円前後の「家計部門の円売り」は相応の円安を引き起こす懸念が抱かれるものだ。

後述するように、本書執筆時点で確認可能な財務省統計などを踏まえる限り、年間で約10兆円前後の「家計部門の円売り」というのは決して非現実的な数字とは言えず、むしろそれ以上のペースで実績が積み上げられている。現に、その数字を横目に2024年4月末に円の対ドル相場は34年ぶりの安値を更新し、一時160円台に乗せる場面も見られている。

外貨預金金利の引き上げ報道が持つ意味

そのほかにも興味深い関連報道はあった。それは日本の大手銀行の一角においてドル定期預金の金利が0・01%から5・3%へ引き上げられるという事実が大々的に報じられたことだ。2023年9月19日付の日本経済新聞は「三井住友銀行、ドル定期預金の金利上げ　年0・01→5・3%に」と報じた。とはいえ、既にその時点ではネット専業銀行がだいぶ前から4～5%台でのドル定期預金を販売しており、条件によっては9%や10%にドル定期預金が販売されるという状況にあった[29]。それゆえ、ある程度金融商品に土地勘のある個人投資家からすれば「今までが異様に低かっただけ」という感想を持ったのではないかと察する。特に、スマートフォンを使い、ネット銀行やネット証券経由で金融商品を売買することに抵抗が無い若年世代からすれば外貨預金（やそれに類する外貨投資）は「もうやっている」という感覚が強く、それほど新味のあるニュースとしては受け止められなかったはずだ。

しかし、日本の人口動態を踏まえれば、約２０００兆円を超える金融資産の趨勢を握るのはそうした金融やネットに対するリテラシーの高い若年世代ではなく、「外貨と言えば窓口で手数料を払って買うもの」という先入観を強く持つ高齢者層だ。ネット銀行とは異なり、そのような高齢者層にリーチするだろう大手銀行でも外貨預金の金利引き上げが決断され、それが大々的に日本経済新聞などの伝統的な大手メディアを通じて報じられたことの意味は侮れないように筆者は感じた。「安全資産と言えば円の現預金」という発想を根強く持っていた世代の行動が変わる方が、図表３－１に示したような家計部門の金融資産構成、ひいては円相場への動きに影響を与えやすいからだ。

特に日本人は国際分散投資という理論的な王道を説くよりも、新聞・雑誌・テレビ等のメディアに扇動される中で「皆がやっている」という雰囲気が決定打になりやすいきらいがある。今後の資金循環統計において高齢者層を中心としてどのような投資行動が支配的になるかは大変興味深い。

インフレ下で意識される「キャッシュ潰し」

このほかにも２０２３年８月19日付の日本経済新聞は「現預金が10年で２割減も?インフレ下のリスク」と題し、日本の家計部門が資産の大宗を寄せる円の現預金で保有することのリスクを特集していた。さらに、その２日後となる同年８月21日付の同紙も「機会損失２０００兆円、運用立国に挑む『ふやす文化』推進」と題し、やはり類似の論点を取り上げている。機関投資家においては「キャッシュ潰し」という言葉があるくらい「現金を無用に持つリスク」が意識されるが、日本の家計部門ではむしろ「沢山持っていれば安心」という認識が根強かった。しかし、安全であったはずの現預金に放置しておくだけで対ドルでの価値が大きく目減りし、実際にそれが値上げラッシュに繋がっていった状況も踏まえれば、リテラシーで劣後する高齢者層においても「持たざるリスク」が意識され始めても不思議ではない。繰り返しになるが日本では「皆がやっている」という雰囲気が状況を一変させる恐れがあるため、非連続的なショックは警戒に値する。

周知の通り、ドル／円相場の歴史は基本的に「円高の歴史」だった。よって、為替変動だけに焦点を当てれば「円の現預金」は賢明な選択だったことになる。「円高の歴史」は「デフレの歴史」でもあったので、理論通りの展開が起きてきたと言える。しかし、今後の日本経済が仮にデフレからインフレへの切り替わりを経験していくのだとすれば、円高を当然視する筋合いもなくなってくる。この点は第4章で詳しく議論する。

新ＮＩＳＡ前からあった家計部門の海外志向

こうした報道合戦を見ている限り、新ＮＩＳＡ稼働を契機として「国内から海外へ」という資産運用の動きが盛り上っているような印象を受けるが、実際はもっと前からその動きはあった。図表３－３は前著でも紹介したものだが、例えば投資信託経由の株式売買動向に目をやると２０１５年以降、じわじわと買いが積み上がる海外株式に対して国内株式への取得意欲は非常に弱く、２０１９年以降は国内から海外への代替が進んでいるかのような構図にも見える。同統計では為替ヘッジの有無までは判別できないものの、こうした海外株式（恐らく多くは米国株式）への投資を通じた円売りが２０２２年以降の円安に寄与している側面はあると筆者は思っている。重要なことは、新ＮＩＳＡの稼働以前から「国内よりも海外」という志向を日本の家計部門は持っていたという事実だ。そのような状況に対して売買益に

図表3-3　投資信託の株式売買
（国内株式と海外株式、12年3月以降の累積）

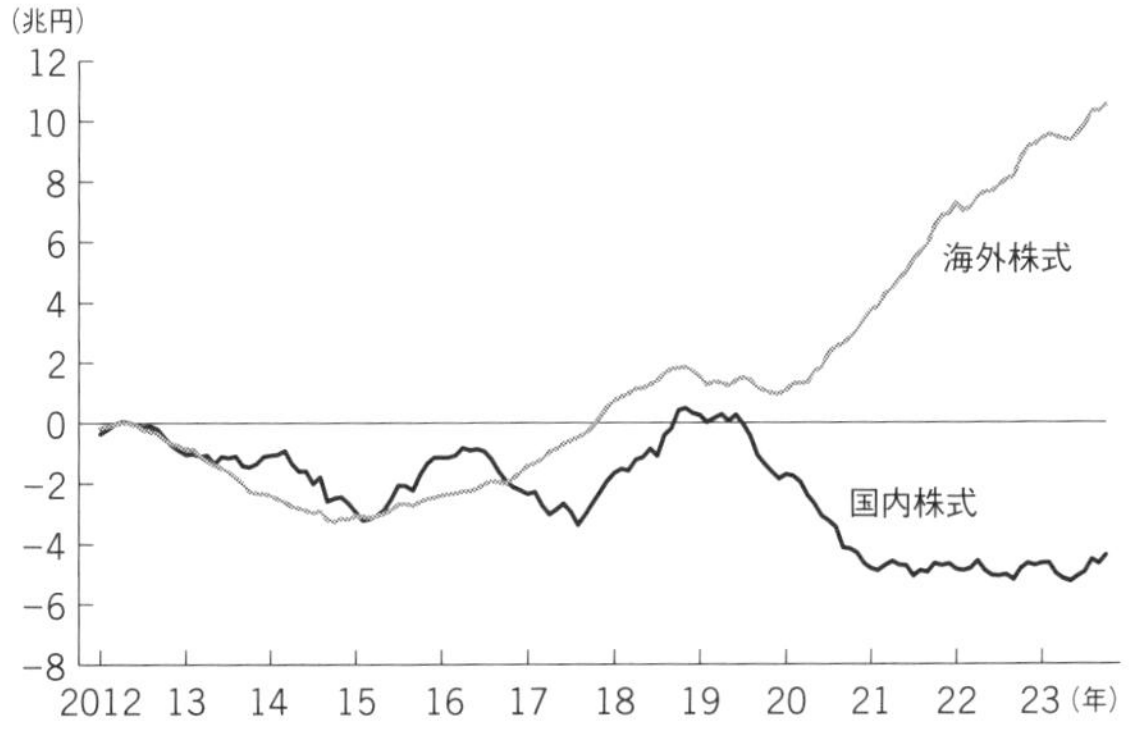

（出所）投資信託協会、※2023年12月までのデータ。

関する非課税枠の拡大を決めたのだから、火に油を注ぐかの如く、多額の円売り・外貨買いが出てきても不思議ではない。

新ＮＩＳＡで猛烈な初速を示した「家計部門の円売り」

以上のように、新ＮＩＳＡ稼働を控えた２０２３年時点で資産運用を取り巻く熱気は非常に大きくなっていた。いよいよ迎えた２０２４年１月、新ＮＩＳＡはやはり大きな盛り上がりと共に取り上げられ、主要投資信託への流入実績が毎日のように報じられた。また、これに伴う円売り規模やその影響度に関し、多くの金融機関による試算が紹介されたりした。例えば、２０２４年１月10日付の日本経済新聞は「三菱ＵＦＪ系の投信『オルカン』、1日で1000億円超流入」と題し、三菱ＵＦＪアセットマネジメントが運用する投資信託「ｅＭＡＸＩＳ（イーマクシス）Ｓｌｉｍ全世界株式（オール・カントリー）」（通称オルカン）への資金流入額が2024年1月9日の1日だけで1000億円を超えたことを報じた。ちなみに、これは2023年12月の月間流入額と概ね同額であったため、大きな驚きをもって受け止められた。世界全体の株式に分散投資が可能で、しかも圧倒的に安いコストで投資できるオルカンは投資初心者・経験者問わず他の追随を許さぬ人気を誇り、もはや日本の資産運用業界における流行語となっている。その帰趨が日々注目されるのは当然であった。

投資信託を経由して行われる対外証券投資は財務省公表の「対外及び対内証券売買契約等の状況」で把握するのが網羅的かつ王道である。この点、新ＮＩＳＡ稼働初月となる2024年1月分の同統計で投資家部門別の動向を見ると、注目された投資信託委託会社等（以下単に投信）を経由した対外証券投資は1兆2937億円と当時としては統計開始以来で最大の買い越しを記録していた。ちなみに旧ＮＩＳＡが始まった2014年1月は1903億円、つみたてＮＩＳＡが始まった2018年1月は9677億円だったことと比べると、1兆2937億円という数字が如何に巨額なのかが分かる（図表3－4）。商品別にその内訳を

図表3-4 投資信託による対外証券投資

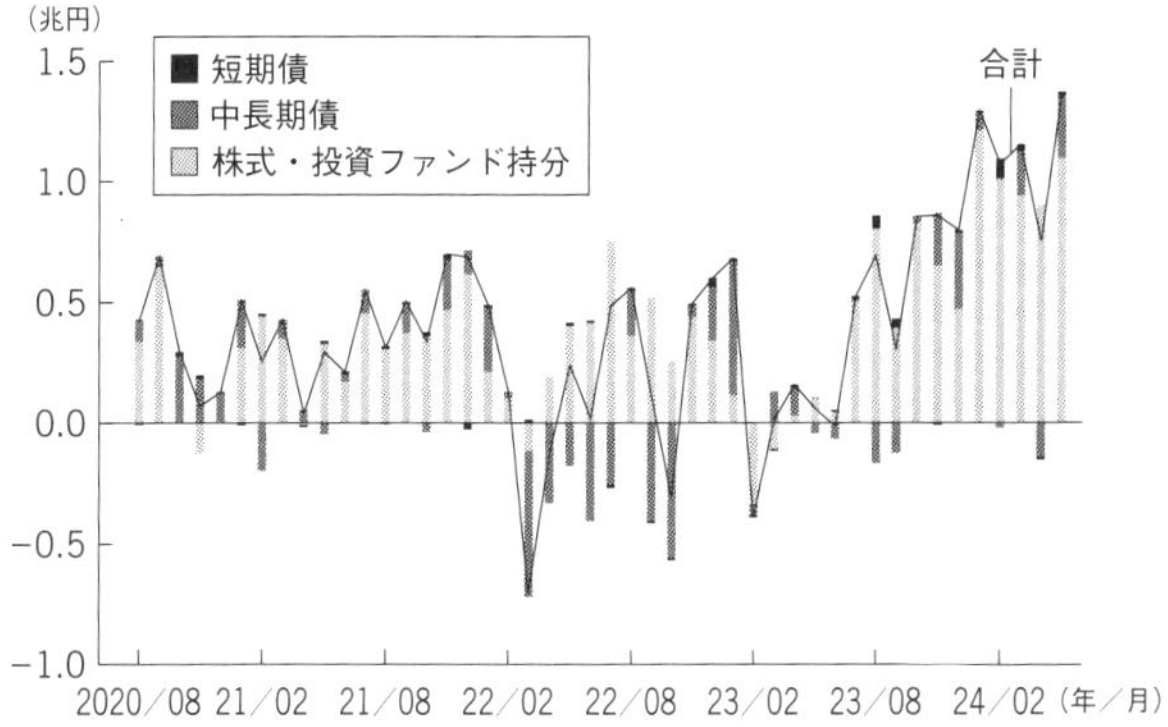

（出所）INDB、※2024年5月までの数字

見ると株式・投資ファンド持分が１兆２１０４億円とほぼ全てを占め、事前報道通り、日本人の海外株式運用への意欲が透ける内容だった。

なお、１月の対外証券投資全体では３兆４２２６億円の買い越しだったので、半分近くが「投信の買い」だったことになる。稼働初月の数字は新ＮＩＳＡの威力をまざまざと見せつける結果だったと言える。

家計部門が機関投資家に並ぶ存在に？

ちなみに本書執筆時点では４月分までの数字が明らかになっており、投信経由の対外証券投資は１～５月期合計で＋５兆６３８９億円に達している。これを商品別に見ると５兆１６３４億円が株式・投資ファンド持分なので、やはり殆ど全てが海外株に流れていることが分かる。ちなみに５月単月の投信経由の対外証券投信は1兆３７１９億円で、本書執筆時点では過去最大だ。通年統計で見た場合、２０１４年から２０２３年の10年平均が＋３兆６１１１億円、パンデミック直前となる２０１５年から２０１９年の５年平均が＋３兆６４５６億円という実績だった。つまり、２０２４年１〜５月期に記録した＋５兆６３８９億円という数字はそれまでの年間買い越し額を凌駕する大きさということである。

仮にこのペースが続くと年間で＋13兆円以上という凄まじい仕上がりになる。もちろん、２０２４年１〜５月期は新制度稼働直後ということもあり、ご祝儀的に成長投資枠の設定なども膨らんだ可能性がある。同じペースが続くと考えるのも、合理的ではないだろう。とはいえ、これほどの動きを前提とすれば、投信経由の対外証券投資の水準が半永久的に切り上がった可能性は十分考えられる。その上で、伝統的に為替市場で注目される機関投資家である年金（≒信託銀行における信託勘定）や証券会社（≒金融商品取引業社）そして生命保険会社などの取引も考慮する必要がある。仮に「投信の買い」が年間10兆円以上のペースを維持し、年金や証券会社の買いも重なった場合、日本から海外への対外証券投資は極めて大きな規模に至る。

もちろん、新ＮＩＳＡ稼働を受けた「投信の買い」については今後のデータを見ながら逐一評価を詰めていく必要があるため、本書で確たることを言うのはまだ早い。しかし、将来的に歴史を振り返った時、国策の追い風を受けて、機関投資家級の存在として個人投資家の存在が注目され始めたのが２０２４年だったという年になるのかもしれない。元来、日本の個人投資家は為替市場で「ミセス・ワタナベ」と呼ばれ海外でもその存在感が認知されていたが、新ＮＩＳＡはそれを強化する装置になる可能性がある。

さらに言えば、新ＮＩＳＡを通じて買い付けされた外貨は長期投資を基本としているため、「戻って来ない円」として塩漬けされることも予見される。だとすれば、２０１１年頃から加速した日本企業の対外直接投資（≒製造拠点の海外移管）が円高抑止効果を持ったように、家計部門の運用行動が円の方向感を中長期的に縛る可能性はある。

貯蓄は低成長の「原因」ではなく「結果」

長くなってしまったが、以上の議論が家計金融資産の開放に成功した場合の為替にまつわる懸念である。では、金利にまつわる懸念をどう考えるべきか。端的に言えば、日本経済が長らく享受してきた日本国債（以下単に国債）の安定消化構造に影響が及ぶ可能性が懸念さ

図表3-5　日本の貯蓄・投資（IS）バランス

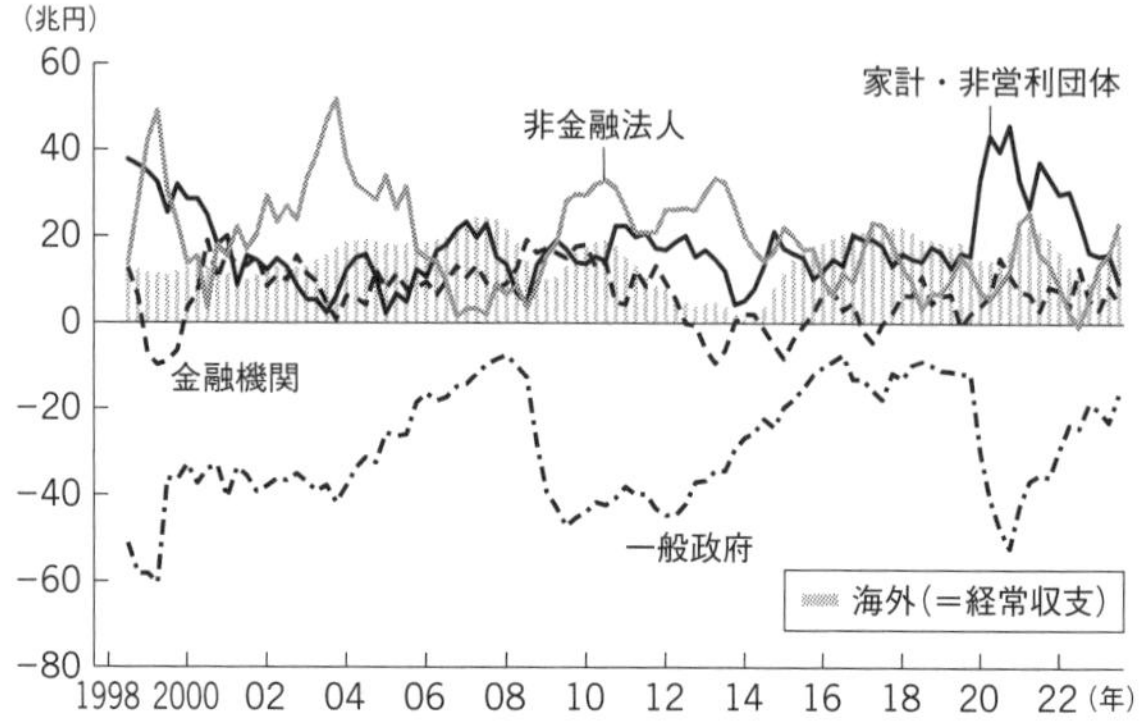

（出所）INDB、4四半期平均を使用

れる。国債の需給が緩めば、当然、円金利は上がる。金利が上がれば企業や家計の消費・投資行動を抑制する。前著でも論じている論点だが、重要ゆえ繰り返しておきたい。

家計金融資産の開放と円金利への影響を理解するためにはまず、日本の抱える資金循環構造を正確に理解する必要がある。家計や企業の現預金は銀行部門に貯蓄される。そのまま銀行部門に滞留して誰も使わなければ文字通り「死に金」だが、そうした民間部門（家計＋企業）の貯蓄は政府部門が借りて消費・投資に充てられてきた。銀行部門を主語として言い換えれば、預かった現預金を国債に投資してきたという話に等しい。そうすることで日本経済の資金循環はバランスしてきたのである。厳密にはそれでも国内全体に貯蓄過剰が生じるため、その分、海外部門が貯蓄不足（≒経常収支黒字）になることで経済全体の貯蓄・投資が均衡するという構図が続いてきた（図表3－5）。こうして完成された「民間部門の貯蓄過剰」（家計で言えば円建て現預金への傾斜）は日本経済低迷の結果ではあるが、原因とは言えない。

２０２３年6月公表の「骨太の方針」を見ると、この点に理解の齟齬があるように思えた。「骨太の方針」では「家計金融資産の開放」が「持続的成長に貢献する」と謳われている。ここには「家計金融資産が開放されなかったため、持続的成長が損なわれてきた」という問題意識が見え隠れする。つまり貯蓄は低成長の「原因」という見方だ。しかし、低成長が予見されているのに家計が株式への投資を積極化させたり、企業が設備投資を積み上げたりする理由は基本的には無い。貯蓄は低成長の「原因」ではなく「結果」という方が実情に近いだろう。

日本において資産運用が活発化しなかった理由として、日本人特有の保守性や金融リテラシーの欠如に原因を求める論調は根強い。もちろん、それが全て誤りだとは思わない。しかし、日本経済が強いられてきた厳しい経済環境も併せ見れば、不可抗力の資産選択だったという考え方もあって良いはずである。既に各種報道を紹介した通り、本書執筆時点では円や日本経済の将来について悲観的になったことで、家計部門における従前の保守性が薄れ、運用姿勢が積極化している可能性が指摘されている。必要性を感じれば日本人も運用を積極化させるということであり、裏を返せば、過去にはそこまでの危機感も無く「円の現預金で十分だった」という理解もできる。既述の通り、円相場の歴史は「円高の歴史」だったのだから、為替リスクだけに着目すれば円の現預金はむしろ聡明だったという側面もある。

銀行部門が国債を抱えていることの意味

資金循環構造の視点に話を戻すと、銀行部門、特に民間銀行が国債を多く保有する実情を捉えて「銀行の役割は貸出なのに国債運用ばかりしている」という批判は歴史的に繰り返されてきた。だが、これも因果を取り違えている。銀行の本質的な役割は貸出ではなく「経済全体の資金過不足を均すこと」だ。噛み砕いて言えば「『資金を持て余している主体』から『資金を必要としている主体』へ融通すること」が銀行部門に期待される本来的な役割である。日本の銀行部門において貸出が盛り上がらず国債投資が増えたのは、低成長の結果として「資金を持て余している主体」となった家計や企業から、成長の下支えを強いられ「資金を必要としている主体」となった政府へ、銀行部門を介して資金が融通されたと読むべきである。低成長に合わせ銀行の本質的役割である「資金過不足の調整」が機能したという表現でも良い（厳密には黒田体制以降、民間銀行から日銀への国債移管が進んだが、銀行部門であることには変わりない）。

まとめると、これまでの日本で「貯蓄から投資」が進まなかったのは「そうせざるを得ない経済状況があったから」という事実が出発点になっている。円建て現預金を中心とする家計金融資産の構成も、それを原資として低位安定する国債利回りも、一国経済の地力を反映した必然の帰結である。資産運用立国は、その必然の帰結を政策の力で変えようというものだ。そこに副作用の心配は無いのか。これが金利に関する懸念の話に関わってくる。

日本人が貯蓄しないなら誰が国債を買うのか

善悪は別にして「民間銀行―政府部門―日銀」が三位一体となっている国債の消化構造は円金利の安定という意味では盤石である。家計金融資産を開放し「貯蓄から投資」を政策的に促すことは、この消化構造を揺さぶる行為でもある。仮に、資産運用立国の目論見通り、家計金融資産が開放され、「貯蓄から投資」が盛り上がった場合、国債は無難に消化されるのか。既に見たように、「死に金」とか「眠っている」とか表現されがちな現預金は銀行部門経由で国債購入に充てられている。それが眠りから目覚め、例えば外貨建て資産へ投資された場合、日本の銀行部門の代わりに国債を買う経済主体を見つけてくる必要がある。海外部門に購入して貰う展開はあり得るが、国内投資家のような低金利での購入は望めない。円金利の上昇は円安同様、国民生活に直結する話であるため、この懸念は小さなものとは言えないだろう。新ＮＩＳＡ稼働に伴う副作用として円安という為替に絡めた議論はよく目にするようになったが、金利に絡めた議論はまださほど目にしない。しかし、留意すべき論点であるのは間違いないだろう。

資産運用立国の「不都合な真実」

断っておくが、為替や金利にまつわる懸念があるから資産運用立国という方向性が間違っているとまで言うつもりはない。現実問題として、日本の家計金融資産構成が諸外国対比で保守的であることは事実であり（図表３－６）、資産運用立国を目指すことにも一定の正当性はあると筆者は考えている。しかし、それに付随して懸念される為替や金利といった国民生活に直結する市況変動については事前にそれほど議論されていた印象がなかったので、前著に続き本書でも紙幅を割いて議論した次第である。意地悪な見方をすれば、そうした影響

図表3-6 日米欧、家計部門の金融資産構成（23年3月末）

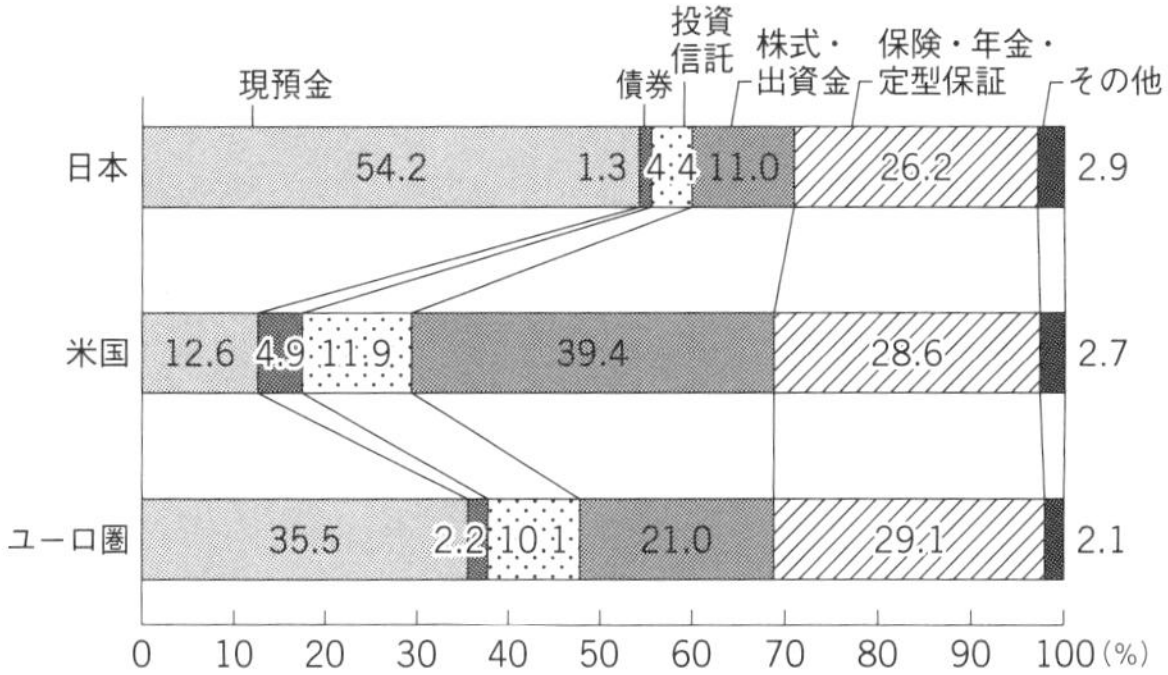

（出所）日銀、FRB、ECB

は政府・与党が資産運用立国を志向するにあたって「不都合な真実」だったゆえに、敢えて情報発信されることはなかったのかもしれないと筆者は考えることにしている。

現行枠組みは永続するか

本書執筆時点では既に資産運用立国を目指すにあたっての新制度が稼働しているが、例えばｉＤｅＣＯ（個人型確定拠出年金）やＮＩＳＡの抜本的な拡充に関し「円建て資産と外貨建て資産では受けられる恩恵に差があっても良かったのでは」という声をよく目にする。確かに、為替や金利に対する副作用を抑制したいのであれば、日本株のような円建て資産を優遇する措置は有効だったかもしれない。

しかし、筆者は政治家の方々や官僚の方々がそうした副作用を全く想定していなかったとは思っていない。というのも、筆者自身、2022年から2023年にかけて政府・与党関係者や霞が関の官僚の方々から円相場に関する勉強会や講演会を依頼され、「家計部門の円売り」がリスクであることは何度もお話させて頂く機会があった。もちろん、筆者の影響力などたかが知れているが、「貯蓄から投資」を進める過程で円安が進んだり、円金利が上昇したりする可能性を全く想定していなかったとはどうしても思えない。そもそも筆者が話さなくても、特に想定が難しい話ではない。

また、想定していたからと言って「不都合な真実」をわざわざ政府・与党から喧伝する必要性も大きくない。国民に「投資を始めて欲しい」という声掛けをする中、政府から「しかし、米国株への投資は制限する」という冷や水を浴びせていたら、どのような反応が返ってきただろうか。恐らく国民は「米国株に投資できない枠組みに魅力は感じない」と不満を漏らしたのではないか。そうなると資産運用立国は出足から躓いてしまう。どのような政策にも功罪はあるため、「不都合な真実」の存在自体は受け入れる必要がある。重要なことは、後述するように、資産運用立国の着地点としてどのような理想像を持つかだ。メリットとデメリットを比較衡量し、前者が勝ると考えたからこそ資産運用立国を志向するのだろう。

なお、制度を利用する日本国民も「不都合な真実」を認識した上で持っておくべき心構えはある。それは家計金融資産の変動が為替や金利に大きな（悪い）影響を与えているという議論が政治的に注目された場合、現行の制度枠組みが永続的ではないかもしれないという視点だ。経済・金融情勢に合わせて、行政が用意する枠組みが最適な形へと適宜修正される可能性は常にある。現時点で可能性が高いとは言えないものの、頭の片隅に置いても良い話だろう。そう考えておくだけでも有事の際に動揺せずに済む。

とはいえ、既に投資が始まっていることを考えると、現行の制度枠組みが引っ繰り返されるような展開はメインシナリオになりづらい。その代わりに「次の一手」として考えられるのは、来たるべき「次の制度拡充」に合わせて円建て資産への投資に限定した新枠を創設する動きである。この点、2024年4月にはＮＩＳＡの原形とされるＩＳＡ（Individual Savings Account）を運営する英国が国内株への投資に限定した新枠を設ける方針を発表したことは目を引く。当然、英国企業への投資を促して金融市場を活性化させる狙いがある。仮に日本でも家計部門が余資を海外ではなく国内に配分するようになれば、日本株は上昇するし、円売りも抑制される。

「皆がやっている」という分散投資の危うさ

もちろん、これは1つの頭の体操に過ぎない。本書執筆時点ではそうした英国の動きも確定事項ではなく、今後の政局次第では立ち消えになる可能性もある。しかし、万が一、英国でこうした話が成立した場合、類似の動きが日本でも参照にされる可能性はある。

言うまでもなく、理論的には国際分散投資は推奨されるべきものである。よって、特定資産を厚遇するような政策的介入を施すのはあまり筋が良い話ではないという批判も理解できる。また、せっかく資産運用立国が走り始めたところで、冷水をかけるような行為も望ましくないという声も考えられる。いずれも真っ当な指摘だ。とはいえ、既に言及したように、日本では合理的な理由が脇に置かれ「皆がやっている」という空気に押されて一方的な流れが急に出てくることがある。日本人の海外投資がそうした行動様式に倣う展開に筆者は不安を覚える。

率直に言って、2024年1月以降、オルカンに殺到した個人投資家の行動は「国際分散投資のメリットを考慮した上での投資行動」と言えるだろうか。各種メディアでオルカンを持て囃す動きの中、それに倣う人々が単に増えただけという側面はないだろうか（オルカン自体が優秀な商品だとしても、である）。また、分散投資を謳いつつも、オルカンの6割超は米国株で構成されていることをどの程度の個人投資家が認識しているのだろうか。仮にこれと言った理由もなく「皆がやっている」という空気に駆動された投資ブームだとすると、家計部門による過剰なリスクテイクの結果として円安や円金利上昇がオーバーシュートするという未来も無いわけではない。制度は現実を横目に少しずつ微調整が図られる可能性が常にあるように思うし、そうあるべきだとも思う。家計は理論が想定するほど賢明とは限らない。

資産運用立国の着地点はどこに

いずれにせよ資産運用立国を目指して日本は走り始めた。しかし、最終的にどのような着地点を目指しているのか。その点はまだ良く分かっていない。新NISAを契機として日本の家計部門が海外株式投資に熱を上げる内実は「非課税枠を設定したことによる海外株式の買い」であり、それは「税金を使って海外株式を買っている」という構図にも読み替えられる。そこまでして政府が成し遂げようとしている資産運用立国だからこそ、その顚末を国民として真摯に考える筋合いがある。

例えば家計金融資産の3割以上を株式が占め、株高が資産効果を通じて消費・投資意欲を焚きつける米国経済のような姿は1つの着地点になり得る。先述の通り、日本人は「皆がやっている」という動機で極端な行動に走りやすい。多くの国民が円や日本経済の将来を悲観し、オルカンを筆頭とする海外投資に傾倒すれば、株式・出資金の保有比率は上昇が続く。だが、この場合、日本の家計部門が保有する株式は基本的に海外、特に米国主体である。その上、株式購入と引き換えに通貨価値（円安）を差し出しているような側面もある。元々、円ひいては日本経済はFRBの金融政策（≒米金利）に影響される側面が大きかったが、今後の日本は円安を常態として受け入れた上で、米金利に反応しやすい米国株式の動向によって消費・投資意欲も左右されるという未来が待っているのだろうか。

仮にそのような体質の経済になった場合、FRBの金融政策運営は今以上に日本国民の関心事となり得る。例えばFRBの利上げ局面では米金利上昇を受けた米国株下落や日米金利差拡大を受けた円安・ドル高が典型的には想定されやすくなる（※あくまで典型的には、である。現実のシナリオはもっと細分化できるが、敢えて単純化している。後述する利下げ局面の場合も同様）。この場合、日本の家計部門は「米国株下落に伴う逆資産効果」と「円安によるコストプッシュインフレ」というダブルパンチを被る可能性がある。

逆に、FRBの利下げ局面では米金利低下を受けた米国株上昇や日米金利差縮小を受けた円高・ドル安が典型的には期待されやすくなる。この場合、日本の家計部門にとっては「米国株上昇に伴う資産効果」と「円高によるコストプッシュインフレの後退」が想定される。こちらは日本経済にとって前向きな展開と言える。しかしながら、このケースには注意が必要だろう。第2章で前掲図表2－7のマトリックスを用いて議論したように、貿易赤字国になった日本では「FRBの利下げが円高を招く」と言っても、その動きはさほど大きなものにはならない可能性もある。そうなると、FRBの利下げ局面では「米国株上昇に伴う資産効果」を享受する一方、「円安によるコストプッシュインフレ」はある程度残り、資産効果が減殺される可能性もある。

もちろん、これらは現実をかなり単純化した議論だ。本書執筆時点では資産運用立国の歩みはまだ始まったばかりであり、関連統計も十分ではない。それゆえ、ここまで見てきたような着地点に関する議論は悲観的な方向へ振れ過ぎている可能性もある。しかし、非課税枠を設定して購入される資産が国内ではなく海外中心という状況が続くことに関し、得も言われぬ不安を抱くのは筆者だけではないはずである。元々そうだったという見方もありそうだが、日本経済は今後、今まで以上に米国経済とこれに割り当てられるFRBの金融政策に依存する可能性もある。資産運用立国の着地点については今後明らかになる関連統計を踏まえながら、調査・分析を重ねていきたいと思っている。

日本人の消費行動と内外金融市場がリンクする時代

そろそろ本章を締めよう。歴史的に日本の家計部門の金融資産構成は円の現預金が主体だった。よって、その消費・投資行動が内外金融市場の変動に影響される可能性などはあまり考える必要が無かった。しかし、上でも述べたように、国内外のリスク資産（典型的には米国株式など）を多く保有するようになれば、ＦＲＢを筆頭とする海外中央銀行の動きやこれに付随する資産価格の変動を受けて、日本の家計部門の消費・投資行動に影響が出る展開は避けられない。日本人の消費行動と内外金融市場が連動する時代に入ったとすれば、興味深い分析テーマではある。

今後の日本において名目賃金の上昇率がインフレ率に勝てないような状況（実質賃金が下落する状況）が続くと仮定すれば、資産運用の必要性を訴える政府の主張にも一理あるし、ひょっとしたらそれしかないという考え方もあり得る。長期低迷が続く日本の名目賃金を念頭に置いた上で、政府・与党が「運用で補って欲しい」という本音を抱いていたとしても、さほど不思議ではない。そうであったとしても、国民に選択肢を示したという意味で資産運用立国という政策自体、筆者は決して悪いとは思っていない。

なお、資産運用立国という錦の御旗も相まって、「今までよりも資産運用ニーズは増える」という想定はかなり堅いものだ。金融庁の発表する「NISA口座の利用状況調査（2023年9月末時点）」によれば、旧NISAの口座数に関し、30代（17・5％）・40代（18・9％）・50代（18・3％）がコアゾーンで60代以降はシェアが低下する。見方を変えれば、今後高齢者になる世代は従前の高齢者世代とは異なり、運用意欲と金融リテラシーを備えた層に入れ替わっていくことが想定される。また、上記コアゾーンである30～50代も「円安の痛み」を知る世代に入れ替わっていくので、外貨建て資産への運用意欲が一段と強い層になっていく可能性がある。既述の通り、円安相場が持続性を持つ（円高になっても限定的）と考えるのならば、外貨建て資産を保有すること自体は「投資」であると同時に「防衛」にもなる。これまで貯蓄に傾斜してきた日本人が初めて投資に積極的になるとしたら、やはり自己資産に対する危機感の芽生えが契機になるのだろうか。その防衛意識は過去の世代よりもこれからの世代の方が強いに違いない。このように考えると、ここから運用ニーズが萎むとは考えづらい。政府の施策に関わらず、資産運用立国化は今後も着々と進むと思われる。

同時に、運用の大部分が外貨建て資産に向かう状況が続けば、それに伴う効果・副作用の検証・分析も相応に求められて然るべきであり、この点は経済・金融分析を生業とする経済学者や金融市場のエコノミストなどが適宜、問題提起していくことになるはずだ。資産運用立国を目指す過程で日本人の消費・投資行動と内外金融市場がリンクする時代に入り、米国の政策運営に左右される側面が大きくなることについて、懸念を表明する論陣も増えるかもしれない。その懸念にも一理はある。しかし、四半世紀以上、名目賃金が上がらなかった世界と比べれば、まだ希望が持てるのではないか。調査・分析すべき論点は山積みだが、国民の関心を資産運用分野へ向かせただけでも収穫はあったと筆者は考えるようにしている。

第　4　章

購買力平価(PPP)は
なぜ使えなくなったのか

PPPで見るドル／円相場

為替市場はフェアバリュー（公正価値）が無い世界であり、それゆえに多様な見識が交錯する。しかし、敢えて理論的な議論に拘れば、「長期的には二国間の財・サービスの価格が均衡する水準に為替レートは収束する」という購買力平価説が一応の理論的な目安を提供する考え方として注目される。購買力平価は英訳（Purchasing Power Parity）の頭文字を取ってPPPと呼ばれることも多い。本章ではPPPと円相場の関係性を議論する。後述するように、近年では「PPPが使い物にならなくなった」という主張が多くある。この背景には一体何があるのかを説明するのが本章の目的である。

本論に入る前に簡単にPPPの考え方を説明しておく。PPPは「ある財の価格は1つに決まる」という一物一価が徹底される世界を想定している。例えば、あるボールペンが日本で100円、米国で1ドルだとした場合、ドル／円相場のPPPは100円（100円÷1ドル）ということになる。もし、同じボールペンが米国で2ドルだった場合、PPPは50円（100円÷2ドル）と考える。もちろん、現実世界はボールペンのように国境を跨いで貿易できるような商品ばかりではないし、各国には関税障壁や非関税障壁（例えば輸入数量制限やある国固有の商慣行など）もあるので、一物一価は必ずしも徹底されない。そもそも床屋の値段といったようなサービス価格は諸事情で一致しようがない。それゆえ、ＰＰＰが短期的に成立することもないのだが、長期的には大きく乖離することもないと考えられている。

なお、一物一価を前提とした考え方では英国の経済専門誌 The Economist が算出するビッグマック指数（The Big Mac index）が有名なので聞いたことがある読者も多いだろう。上記の例ではボールペンを持ち出したが、ビッグマック指数では全世界共通の商品であるマクドナルド社のビッグマックの販売価格を基準としてＰＰＰを求める。ちなみに２０２４年1月時点でビッグマックの値段は日本の４５０円に対し、米国は５・69ドルなので、ビックマック指数は79・09円という計算になる。[30] ２０２４年1月末時点のドル／円相場は１４７円だったので「ビッグマック指数に照らせば、円は約▲46％過小評価」という結論になる。このように、ビッグマック指数は殆どあてにならない。これには諸説あるが、ビッグマックの製造コストは小麦・牛肉・トマト・レタスなど貿易可能な財（貿易財）に加え、店舗の家賃や人件費といった貿易不可能な財（非貿易財）が多く含まれる。ビッグマックの内外価格差の約6割は非貿易財で説明できるという研究もある。結局、日本のビッグマック価格が安いのは米国よりも低賃金で働く労働者が多いからという推論が成り立つ。

このほかにも、最近ではスターバックス社のラテを使ったスタバ指数やアップル社のiPhoneを使ったiPhone指数のような考え方も目にする。いずれも切れ味万能というわけではないが、旅行先で少し目を向けてみるだけで日本と海外の価格差を把握できたりするので、関心がある読者は是非試して欲しいと思う。ちなみに筆者は海外出張の際は特にコーヒーが飲みたくなくてもスターバックスを探して入ることにしている。

使い物にならなくなったPPP

ではPPPとドル／円相場の関係性について本論に入りたい。長らくPPPはドル／円相場を分析する際、有用なツールだった。過去形で述べるのは「もはや有用ではないから」なのだが、この点は後に詳述する。ボールペンやビッグマック、スターバックスラテなどに言及したように、PPPは「どの物価を使うか」で算出される水準が異なる。経済・金融分析の世界においては一般的に、消費者物価指数、企業物価指数、輸出物価指数の3つが用いられることが多い。また、それらの物価指数のいつ時点を基準とするかも議論の対象になるが、これも変動為替相場制への移行が完了し、経常収支が概ね均衡していた1973年が基準年として選ばれることが多い。筆者の経験で言えば、企業物価指数を使用した1973年基準のPPPは円相場の見通しを検討する際、よく参考にしていた。以下の議論では、それぞれの物価指数で算出したPPPを消費者物価ベースPPP、企業物価ベースPPP、輸出物価ベースPPPと呼ぶことにする。参考までに2023年12月時点で言えば、消費者物価ベースPPPは108円程度、企業物価ベースPPPは91円程度だ。輸出物価ベースPPPはあまり参考にされることはないが、一応示しておくと61円程度である。これらの水準に対し2023年末時点のドル／円の実勢相場は141円程度と遥かに円安・ドル高水準にあった。

1973年以降のドル／円相場とPPPの歴史を振り返ると、企業物価ベースPPPが実勢相場の上限のように機能する時代が比較的長く続き、1990年代後半から2012年頃がそうだった（図表4－1）。また、企業物価ベースPPPを上抜けたとしても、消費者物価ベースPPPに到達したり、ましてそれを上抜けたりすることはほぼあり得ない話だった。唯一の例外は1980年代前半だが、この時代は後にプラザ合意（1985年）に繋がる歴史的なドル高局面である。国際協調を要するほど特殊なドル高局面を除けば、企業物価ベースPPPは相応に「使える尺度」として機能していたというのが筆者の実感である。

しかし、図表4－1で示すように、ドル／円の実勢相場は2013年から2014年にか

図表4-1　購買力平価（73年基準）の推移

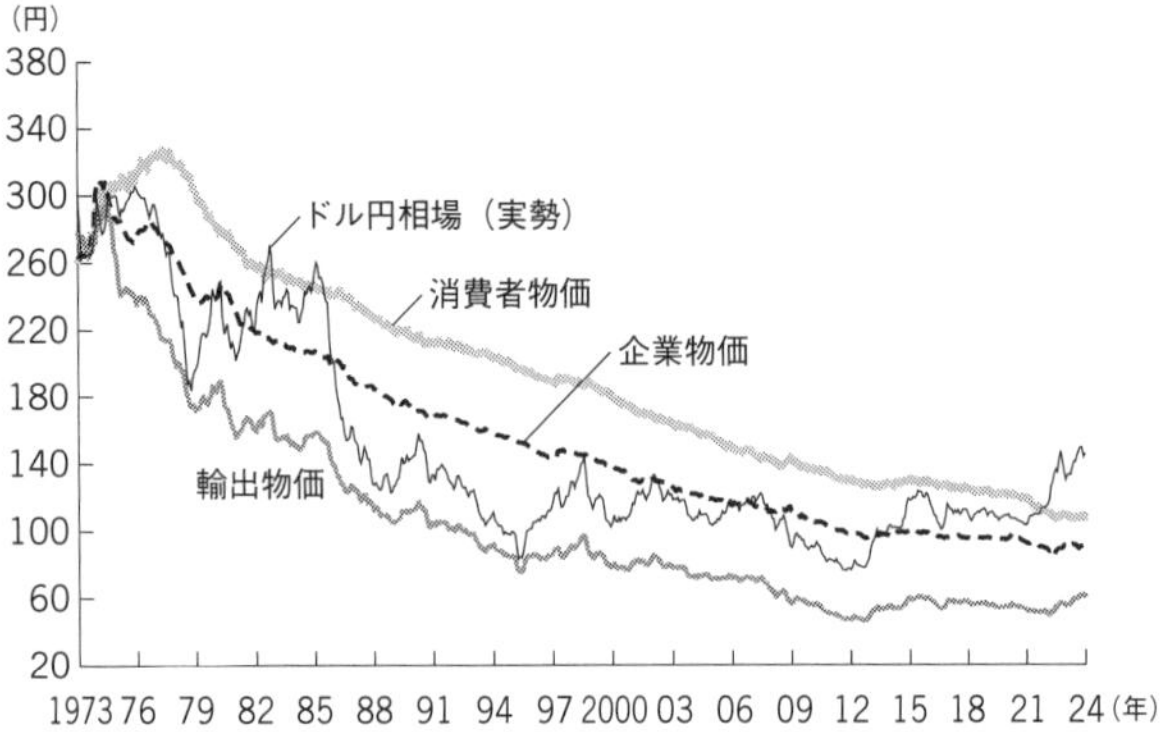

（出所）Datastream

けて企業物価ベースＰＰＰを上抜けて以降、本書執筆時点に至るまで、二度とそれを下回っていない。２０２１年後半に消費者物価ベースＰＰＰに到達すると、その後はそれすら大きく上抜けし、本書執筆時点でもその状況が続いている。２０２３年以降に限って言えば、ドル／円の実勢相場は消費者物価ベースＰＰＰ対比で30％以上も円安・ドル高水準で推移している。歴史的にはタッチすることすら殆どなかった尺度をもってしても、２０２２年３月以降の円安局面を捉えることはできないのである。ちなみに、かつて天井として機能した時代が長かった企業物価ベースＰＰＰ対比で言えば、２０２３年以降の実勢相場は50～60％程度の円安・ドル高水準で推移している。たった10年で別次元にシフトした印象を受ける。

かねてからＰＰＰは絶対の切れ味を保証する尺度とは言えなかったものの、これほど実勢相場から乖離することも無かった。乱暴な言い方にはなるが、「使い物にならなくなった」と言っても差し支えない。これは何故なのか。以下で筆者なりの考えを示したい。

ＰＰＰ対比で「過剰な円安」とは何か

２０２２年３月以降に加速した円安局面について「ＰＰＰ対比で『過剰な円安』は長続きしないのではないか」という照会は沢山頂戴した。実際、「長続きしない」と結論付ける専門家のレポートもいくつか読んだことがある。しかし、「ＰＰＰ対比で『過剰な円安』は長続きしない」という主張に対しては２つの点を強調しておきたいと思う。第一に、ドル／円相場がＰＰＰ対比で上離れし始めたのは２０２２年３月以降ではなく、もっと前の話であるということ。第二に、「過剰な円安」と言い切るには輸出数量増加を伴う必要があること、だ。

１点目と２点目は合わせて理解すると良い。既に図表４－１で確認したように、長年、実勢相場の天井だった企業物価ベースＰＰＰは２０１３年以降、はっきりと上抜けされており、本書執筆時点に至るまでそれを割り込む展開すら見られていない。よって、ＰＰＰと実

図表4-2　日本の貿易収支

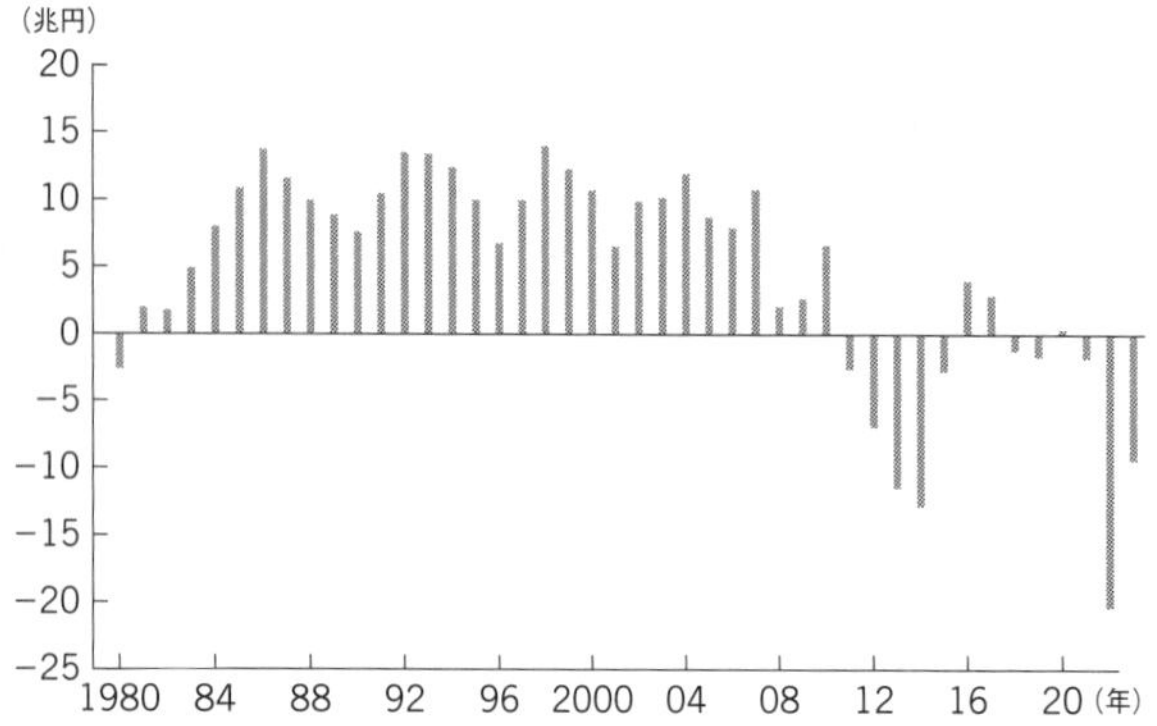

（出所）macrobond

勢相場を比較する際、大きな乖離が始まったのは２０２２年３月以降の円安局面ではなく、２０１３年以降と考えるべきである。言い換えれば、ＰＰＰからの乖離をもたらす何らかの構造変化があってから既に10年以上が経過しており、その変化が極まったがゆえに企業物価ベースＰＰＰはおろか消費者物価ベースＰＰＰまでも尺度として参考にならなくなっているという大局観が必要だと筆者は考えている。

では、２０１３年前後に何があったのか。この点は第２章や前著でも説明済みだが、日本で貿易収支黒字が消滅し始めたのが２０１１年から２０１２年にかけてだった。その後は貿易収支赤字が定着、拡大する時代に入っていった（図表４－２）。ここで強調したい２点目である

図表4-3 ドル/円相場と輸出数量の推移(3か月移動平均)

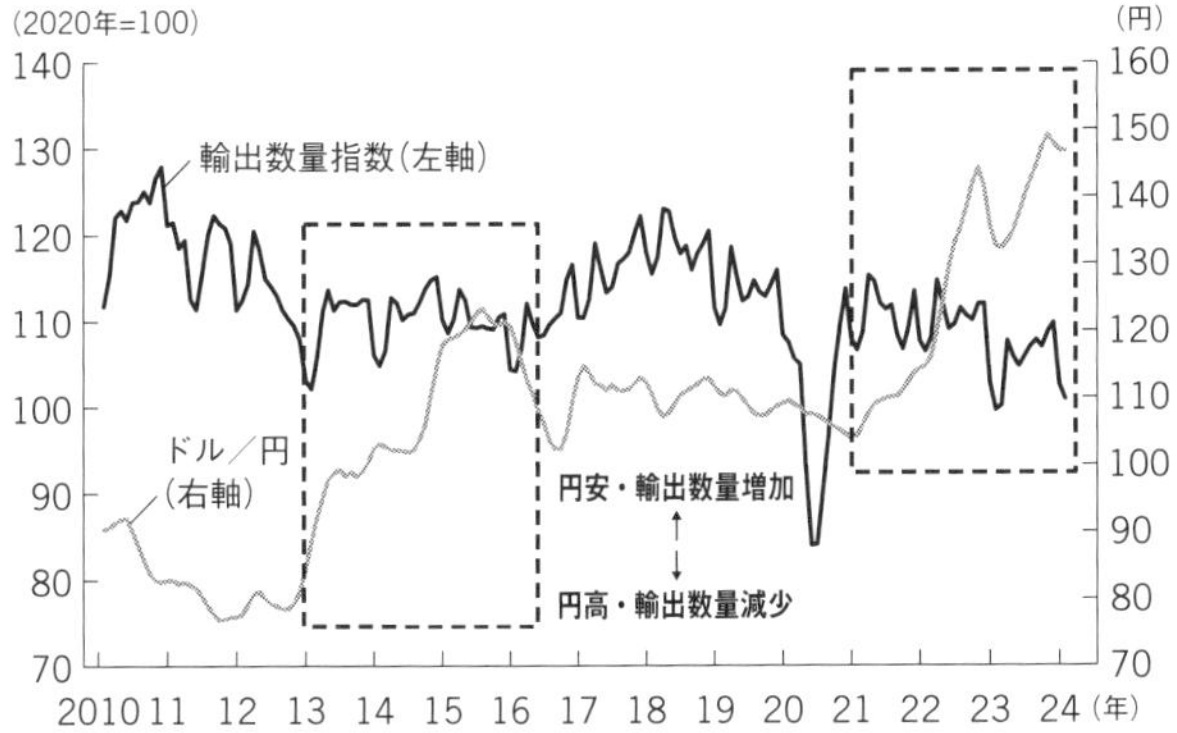

(出所) INDB

「『過剰な円安』と言い切るには輸出数量増加を伴う必要がある」という点を思い返したい。結局、PPP対比で「過剰な円安」という評価が現実化するには、その「過剰な円安」によって輸出数量が増加し、貿易収支黒字が積み上がり、それが実需の円買いとなって現れて円高を促す必要がある。そこまでのルートが確立して初めて、最初の水準が「過剰な円安」だったという話になる。しかし、もはや「円安→輸出数量増加」という経路は機能していない。

2021年以降、激しい円安・ドル高が進んだものの輸出数量は目に見えて減少している。ちなみに2013年以降のアベノミクスでも大幅に円安が進んだが、輸出数量は概ね横ばいにとどまっていた(図表4-3)。端的に言えば、今の日本は大きな通貨安を与えられてもそれを活かして世界に商品を売り込む力がなくなっている。

今や円安に期待される効果は輸出数量増加ではなく株高

このように、もはや円安に期待される効果は輸出増加を通じて実体経済を押し上げるという伝統的経路ではなくなっている。その代わりに円安が海外で活動する日本企業の収益（ひいては株価）を押し上げ、それが名目賃金上昇に繋がるか否かなどが争点化している。２０２４年２月22日、日経平均株価指数が約34年ぶりに最高値を更新し、同年３月４日には初の４万円台に乗せるなど、株価のバブル超えが大いに話題となった。だが、その同時期には円の対ドル相場も１５０円台で推移し、その後も円安は加速した。こうした状況を踏まえれば日本株上昇の背景に円安が寄与している可能性は非常に高いと言わざるを得ず、両者を説明する経済現象として「デフレからインフレへの切り替わり」を指摘するのが一番妥当ではないかと筆者は考えている。この点は「【ＢＯＸ⑤】：日経平均株価の騰勢は『インフレの賜物』」で詳しく議論する。

いずれにせよ、円安が輸出数量を増やさない経済構造を前提とすれば、「ＰＰＰ対比で『過剰な円安』なので円高を警戒すべき」と言ってみたところで、過去とは違って調整経路を論理的に説明できない現実がある。実勢相場とＰＰＰを並べて「過剰な円安だ」と指差すのは簡単であり、印象的でもある。しかし、その調整過程を上手く説明できない以上、チャートから値動きを判断しようとするテクニカル分析と似たようなものである（テクニカル分析自体は尊重するが、ＰＰＰの議論には無価値だ）。

「修正されるのは実勢相場ではなくＰＰＰ」という目線

話をＰＰＰとドル／円相場の関係性に戻す。もちろん、「過剰な円安」かどうかは色々な尺度があるので軽々に断言できるものではない。しかし、既に確認したように、ＰＰＰが円高・ドル安へ修正されるための経路として輸出増加（ひいては貿易収支黒字増加）は必要な現象である。もはやそれが期待できなくなっている以上、ＰＰＰ対比で「過剰な円安」という相場現象も過去とは違った視点で分析されるべきだろう。日米の経済を比較すれば、長きにわたって「インフレの米国」と「デフレの日本」というＰＰＰの計算上は圧倒的に円高が正当化されやすい構図が続いてきたし、実際、ドル／円相場の歴史は「円高の歴史」だった。その意味でＰＰＰが指し示す通りの通貨史を日本は歩んできたと言える。

しかし、2024年以降、日本はもはやデフレではないとの認識が浸透しつつある。日本の物価が上昇し始めている要因を本書で詳しく議論するつもりはないし、その紙幅もないが、敢えて1つ挙げるとすれば、やはり名目賃金の上昇基調は確実に寄与しているだろう。後述するように、人手不足が慢性化する社会で名目賃金が上がらないということは基本的には考えられない。同時に名目賃金が上昇する社会でデフレ状態が慢性化することも考えられないだろう。そうだとすれば、PPPがかつてのような円高水準ではなく円安水準を示唆する方向へ修正されてくる可能性は十分検討に値する。少なくとも「デフレ通貨は上昇して当然」という前提が崩れつつある事実は分析上、念頭に置きたいところである。

第1章や第2章で議論した需給構造の変容に加え、物価環境についても今の日本経済が過渡期にある可能性は相応に高い。もちろん、未来を確実視することはできないが、日本がデフレを脱し、インフレに突入することを前提とした上で、「修正されるのは実勢相場ではなくPPPではないか」という目線を筆者は持つようにしている。

旅行輸出でインフレ圧力を輸入

ここまでの議論を通じて、もはや日本は「円安で輸出数量が増え、貿易収支黒字も積み上げられ、その黒字が円買いとなって現れる」という王道の調整経路を失っており、それゆえにPPP対比で「過剰な円安」と主張する意味も薄れているという状況を確認した。だが、厳密に言えば、「過剰な円安」で輸出は増えている。ただし、増えているのは自動車や電気製品のような財の輸出ではなく、旅行のようなサービスの輸出である。本書執筆時点において、旅行収支は日本が能動的に外貨を獲得できるほぼ唯一の経路と言える。先ほど「今の日本は大きな通貨安を与えられてもそれを活かして世界に商品を売り込む力がなくなっている」と論じたが、厳密には「財」を売り込む力は無くても「サービス」を売り込む力はあるというのが日本の実情と言える。パンデミックから解放された2023年以降、日本に対するインバウンド需要は急回復しており、東京を中心とする人気の観光地ではインバウンドの消費・投資意欲に近い商品やサービスの価格が軒並み上昇している。

まだパンデミックの最中にあり、日本へのインバウンド需要も極端に制限されていた頃に執筆した前著において筆者は以下のように述べた。

●将来的に東京都心を中心として財・サービスの価格が外国人の消費・投資意欲に近いものから順に上がっていくことは十分予想される。それが日本の一般物価全体に波及する

までラグはあるだろうが、ベネチア（イタリア）やパリ（フランス）のように多くの財・サービスが非居住者向けに傾斜し、高価格化する（いわゆる観光地価格になる）ケースもある。

この予想はほぼ現実のものになりつつある。2023年9月2日付の日本経済新聞は「都心ホテル料金3割上昇　米英超え、パレスホテル10万円」と題し、ニューヨークやロンドンよりも早いペースで都内の高価格帯ホテルの平均客室単価が上昇している事実を報じている。こうしたホテル宿泊代金の急騰は一例であり、今後も周辺産業の物価上昇は続く可能性があるだろう。既に、「【BOX②】：旅行収支にどこまで頼れるのか？」で確認したように、インバウンド需要を支える観光産業は空前の人手不足に直面しており、「需要があっても供給が追いつかない」という状況が生まれつつある。本書執筆時点で観光産業における名目賃金は着実に上昇しており、これが一般物価全体に影響を与えそうな予感はある。第5章でも紹介するが、局地的な例として北海道ニセコ町における宿泊施設の清掃員の時給が北海道の平均時給の倍という世界が既に実現している。ニセコ町は極論としても、観光需要が逼迫する地域では似たようなことが起きているだろう。

今後の日本はＰＰＰ対比で見た「過剰な円安」を通じて財ではなくサービス、特に旅行サービスの輸出で外貨を稼ぐことが定着するのだろう。その結果、インバウンドの消費・投資意欲を通じてインフレ圧力を海外から輸入する未来を歩むのではないか。もちろん、こうしたサービス輸出経由のインフレ輸入に加え、円安は鉱物性燃料や食料品などの輸入財の価格も押し上げる。そうして日本社会に一般物価の上昇が根付けば、「デフレの歴史」の結果として実現していた「円高の歴史」も必然的に修正余地が生まれる。このように考えると、今を生きる分析者にとってはＰＰＰ対比で「過剰な円安」が問題視されやすいものの、将来を見通せば「修正されるのは実勢相場ではなくＰＰＰ」という未来も現実味を帯びてこないだろうか。

人手不足はまだ序の口

筆者はほぼ毎日、様々な事業法人の方々とお話をさせて頂く。その際、勉強会や講演会の質疑応答では「人手不足と賃金上昇」は近年、かなりの頻度で問われるテーマになっている印象がある。本書執筆時点の日本でも空前の人手不足が指摘されているが、巨視的な視点から述べると、今後到来する人手不足と比較すれば、まだ序の口という認識は持った方が良

図表4-4　生産年齢人口と就業者数

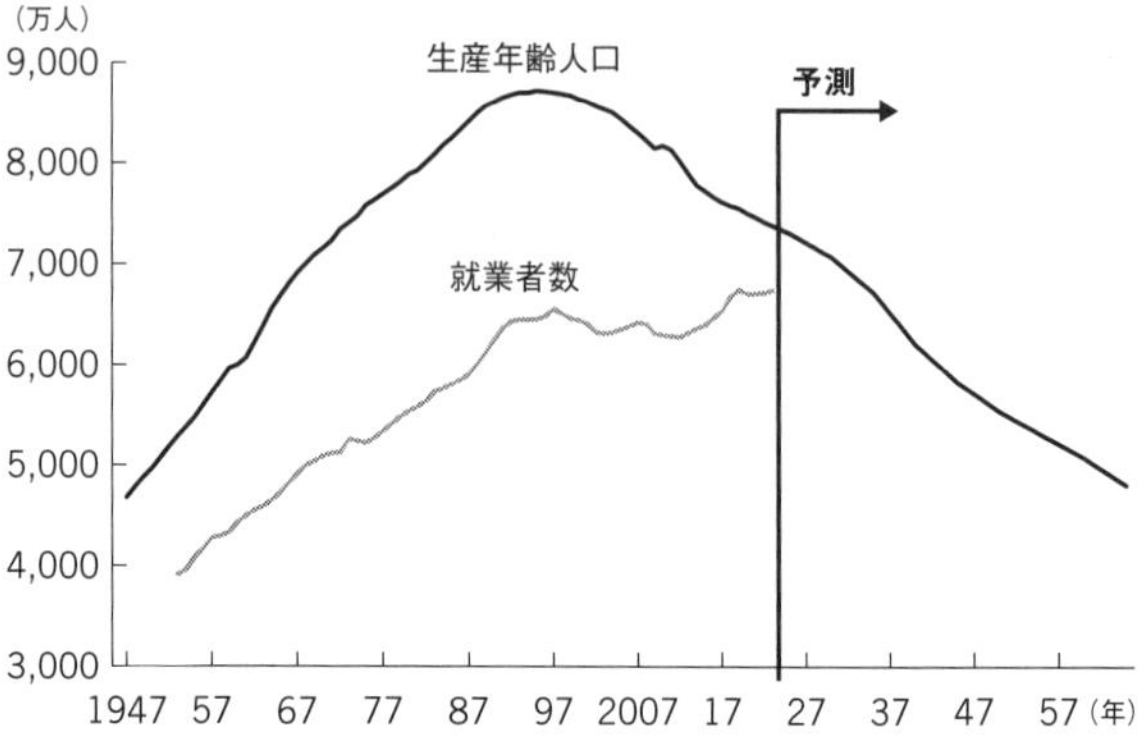

※生産年齢人口の推計につき、未発表部分は筆者が線形補完。
（出所）内閣府『令和5年版高齢社会白書』、総務省。就業者数は2023年まで実績。

い。

図表４－４に示すように、２０３０年前後まではまだ生産年齢人口（15歳以上65歳未満の人口）が就業者数を上回る状態が維持され、追加的な労働供給という意味では余地がある。しかし、内閣府『令和５年版高齢社会白書』などの予測値を参考にした場合、２０２３年の就業者数（約６７５０万人）を生産年齢人口が明確に割り込んでくるのが２０３５年以降である。今後、推計改定に伴う多少の振れはあるだろうが、大まかなイメージとして２０３５年前後を境として、それまでの労働投入量を前提とした経済成長が難しくなる可能性は視野に入る。必然的に各経済主体が経済活動を維持するにあたって労

働者の奪い合いが発生する状況は想像される。このような状況で名目賃金が上昇しない理由は乏しい。

付加価値向上や生産性改善の結果としての上昇ではない名目賃金の高止まりは企業収益圧迫を通じて、企業部門の重しとなる展開が危惧される。先に述べたような、円安を起点とするインバウンド需要の増大や原油などの鉱物性燃料価格上昇といった外生要因は短期的なインフレ要因として注目されるが、長期的に見れば人手不足という内生要因の方が持続的なインフレ要因と考えられるだろう。人手不足を乗り越える最も単純なカードとして大幅な移民受け入れも考えられるが、政治的にはタブー視されているようなイメージもあり、予想される将来におけるメインシナリオとしては置きづらいものがある。

「半世紀ぶりの安値」を脱する方法

ちなみに、「過剰な円安」と類似の表現で「半世紀ぶりの安値」というフレーズも良く耳にするもので、これは前掲図表３－２に示した通り、円のＲＥＥＲを形容する時に多用されている。理論的背景に関する詳細な説明は省くが、ＲＥＥＲは長期平均に回帰する性質（平均回帰性向）があることで知られているため、ＲＥＥＲの現在地と長期平均（例えば過去20年平均）を比較し、その乖離に着目することで割安や割高を評価することは多い。例えば米財務省が半年に1度公表する為替政策報告書[31]でも直近の水準と過去20年平均を比較することが定番化している。そうした理論的視点に照らした場合、円のＲＥＥＲは２０２２年や２０２３年において常時、長期平均対比で▲20％から▲30％程度の割安状態が続いているため、「いつ、どのようにして上昇するのか（円高になるのか）」が関心事として浮かび上がっている。

円のＲＥＥＲが上昇するためにはどのような調整経路が考えられるか。大別すると①名目為替レートで円高になる、②日本が諸外国対比で相対的にインフレになる、或いはその両方が想定される。第1章や第2章で確認した国際収支構造の変容、第3章で議論した家計部門の投資行動の変化などを考慮し、①の経路がほぼ期待できない（むしろ外貨流出に押されて名目ベースでは円安になりやすい）のだとすると、やはり②の可能性を探らざるを得ない。この点、前著では「ＲＥＥＲが必ずしも①名目為替レートの円高で調整しない未来も十分あり得る」と述べ、②の可能性を懸念する立場を示したが、本書執筆時点でもその考えは変わっていない。ここまで議論を重ねてきたように、旅行収支経由でインフレ圧力が輸入され、人口動態を反映して国内の名目賃金も上昇基調に入るのだとすれば、これまではデフレゆえに全く検討に値しなかった調整経路である②が現実味を帯びてくる。

もちろん、変動為替相場制である以上、断続的に①の経路で調整が図られることもあろう。特に、ＦＲＢの政策運営が利上げから利下げに切り替わる節目では日米金利差縮小を理由に一時的な円高・ドル安は想定される。だが、圧倒的な貿易収支黒字を背景に日本が歴史的に経験してきた激しい円高と比べれば、持続性や迫力には欠けるというのが筆者の見立てだ。前掲図表２－７のマトリックスでイメージを共有した通り、貿易収支赤字国として迎えるＦＲＢの利下げが、かつてのような大きな円高材料になるとは限らない。

以上のように、現在の円相場はＰＰＰ対比で見て「過剰な円安」と言われたり、ＲＥＥＲで見て「半世紀ぶりの安値」と言われたりするわけだが、それらは全て「インフレになる」ということで然るべき方向へ調整が進む。そう考えると近年の日本国内において株式や不動産、高級な輸入品（自動車や時計など）の価格がにわかに上昇していることも頷ける（この点は「【ＢＯＸ⑤】：日経平均株価の騰勢は『インフレの賜物』」で詳述する）。日本の経済・金融情勢に大きな変化が訪れていることを踏まえながら、ＰＰＰやＲＥＥＲという伝統的な尺度の使い方もこれまでとは違ったものにアップデートしていく必要がある。

BOX ⑤

日経平均株価の騰勢は「インフレの賜物」

約34年ぶりの株高の背景

２０２４年2月22日、日経平均株価指数は１９８９年12月29日に付けた史上最高値（3万８９１５円）を34年2か月ぶりに更新し、同年3月4日には史上初の4万円台に突入した。筆者は株式市場の専門家ではないが、レポートやコラムを通じて後述するような見解を発信した際、新聞やテレビなどで解説することを多く求められた。強い関心と同意を得たように感じられたので、ＢＯＸ欄を借りて簡単に筆者の株高に対する見方を示しておきたい。

本書発刊時点で、２０２４年初頭から日本が直面している株高がどれほどの持続性を保てているのか筆者には分からない。しかし、仮に日本株の上昇が今後も持続性を有すると仮定した場合、それは「インフレの賜物」だろうと考えている。パンデミック後の日本では自国通貨の下落が続く一方、株式や不動産の価格上昇が頻繁に報じられるようになった。既述の通り、株式については「二度と更新することはない」とも言われた１９８９年12月の高値を更新した。あくまで名目的な株価水準であり、途中で構成銘柄が大きく入れ替わっていることなども踏まえると、34年前との単純な数字比較に統計的な意味を見出すのは難しい印象もある。しかし、辛い時代が長く続いた日本株の歴史を思い返せば、高値更新が嬉々として取りざたされるのも理解できる。そのほか海外から輸入される自動車、時計、宝飾品などの類も軒並み大幅な価格上昇に直面している。もちろん、個別要因は色々考えられるが、これら全てを説明できるフレーズはインフレである。

1990年代以降の日本の経済史を振り返れば、慢性的な円高や上がらない株価、低位安定する円金利や停滞する名目賃金などが「デフレの象徴」のように忌み嫌われてきた。裏を返せば、デフレ脱却の暁にはそれらの現象が逆転しても不思議ではない。現に、2022年以降、円は続落し、株価は急伸、円金利も浮揚が見られ、名目賃金も上昇が続いている（マイナス金利政策は2024年3月19日の日銀金融政策決定会合で解除された）。もちろん、株価上昇の背景には日本企業（特に輸出企業）の業績改善も織り込まれているだろうし、その点ではファンダメンタルズに即した上昇とも言える。

しかし、より大局的な視点に立てば、デフレ脱却というパラダイムシフトを前提として日本経済に対する「見る目が変わっている」という評価もあり得る。もっとも、後述するように「見る目が変わっている」が良い意味とは限らないのが注意を要するポイントだ。

親和性が高い通貨安と株高

インフレが通貨安と株高を招く以上、通貨安と株高の親和性も必然的に高いものと考えられる。これは図表4－5を見ればよく分かる。日経平均株価指数が初めて4万円台に乗せた2024年3月4日について、過去1年間の主要株価指数の上昇率トップ10を並べたものだ[32]。同期間における当該国通貨の対ドル変化率も併記している。株価指数の上昇率に関し日本は辛うじてトップ10に入っている。周囲の面子を見る限り、「入ってしまっている」と言った方が良いかもしれない。見ての通り、上位10か国において先進国は日本だけだ。また、対ドル変化率も併記しているが、上位10か国平均が約▲25%、上位5か国平均が約▲40%にもなる（上位10か国に関しては4位・6位のトルコリラは1回しかカウントしていない）。日本の約▲10%は特別大きいわけではないが、小さいわけでもない。濃淡はあるが、どの通貨も対ドルで下落しているという事実は共通する。

インフレ体質の国では自国通貨が下落しやすく、それに伴って自国通貨建てで見た株

図表4-5　世界の主要株価指数（上昇率トップ10）

		株価指数	対ドルの自国通貨変化率	国
1位	アルゼンチン メルバル指数	326.09%	**−76.5**	アルゼンチン
2位	EGX 30 INDEX	81.29%	**−0.8**	エジプト
3位	ナイジェリア全株指数	78.01%	**−70.0**	ナイジェリア
4位	イスタンブール100種指数	70.89%	**−40.5**	トルコ
5位	Lusaka Stock Exchange AI	65.33%	**−15.5**	ザンビア
6位	イスタンブール BIST30指数	63.66%	**−40.5**	トルコ
7位	カラチ KSE100指数	59.53%	**−1.3**	パキスタン
8位	ブダペスト証取指数	49.23%	**−2.2**	ハンガリー
9位	カザフスタン証券取引所指数	46.25%	**−4.7**	カザフスタン
10位	日経平均株価	43.62%	**−9.7**	日本
32位	NYダウ工業株30種	16.77%	—	米国

（注）23年3月3日～24年3月4日の12か月間。24年3月4日は日経平均株価指数が初めて4万円を突破した日。
（出所）bloomberg.

価指数の水準も押し上げられやすくなる。理論的には想定された展開であり、そのような症状は途上国に見られやすいが、日本のような先進国では珍しいものでもある。先ほど日本経済に対する「見る目が変わっている」と述べたが、それは先進国や途上国といった所属する国グループについて疑惑の目が向けられているという意味で述べたものだ。途上国から脱し先進国に至る国を中進国と呼ぶが、その容疑がかかっている可能性はないだろうか。筆者も確信があるわけではないが、状況証拠は揃っているようにも思える。

以上のような状況を踏まえると、日本株上昇は円安で日本企業の海外収益が嵩上げされていることの結果も当然含んではいるだろう。しかし、より根本的には内外のインフレ圧力を受けてあらゆる資産の名目価値が膨らみ始めていることの一環として理解すべきではないか。既に論じたように、価格が上がっているのは株価だけではない。

矛盾しない株高と景気低迷

なお、好調な株価を横目に「日本経済が不調なのに、株高は矛盾する」とか、「株高と景気実感にズレがある」といった報道は多く見られた。株高が起きるたびに見られる定番の論調ではある。残念ながら、株高と日本経済不調の間に矛盾やズレはない。

第2章で論じたように、近年、日本の国際収支構造を分析すれば、日本企業が稼いだ収益の小さくない部分が日本国内に還流せず海外に滞留している現実がある。その結果、日本の経常収支黒字の主柱である第一次所得収支黒字は「統計上の黒字」こそ大きいものの、CFベースではその約3分の1から約4分の1程度しか円買いに繋がってい

図表4-6　日本企業の海外内部留保残高

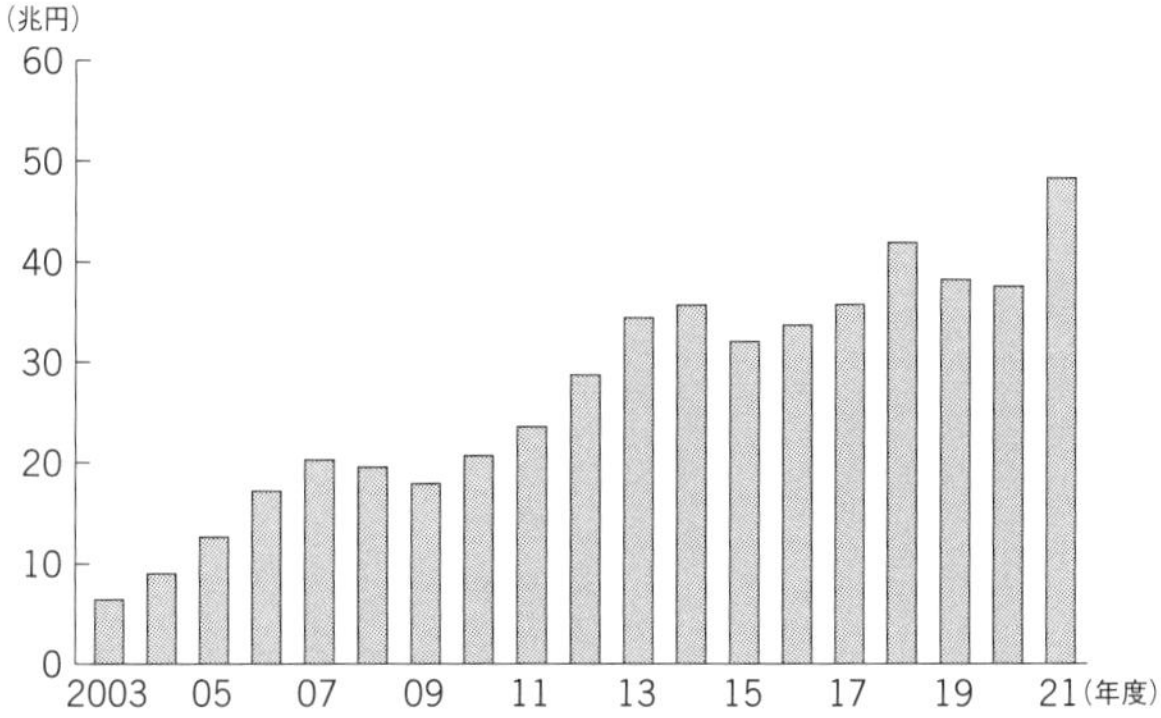

（出所）経済産業省「海外事業活動基本調査」

ない疑いがある。結果、経常収支では「CFベースの赤字」に直面している可能性が疑われる。筆者が日本の対外経済部門の状況を「仮面の黒字国」と表現する所以だ。

この「日本企業の収益が海外に滞留している」という事実は国際収支よりもさらにミクロなデータからも確認できる。図表4－6は経済産業省「海外事業活動基本調査」のデータを基に日本企業が海外に保有する内部留保残高の推移を見たものだ。図中で最新となる2021年度調査（2021年4月初頭〜2022年3月末）では約48兆円と過去最大を記録している。円安が始まったのがちょうど2022年3月なので、その影響は2021年度調査から織り込まれつつあると考えられる。本書執筆時点では未公表の2022年度や2023年度の調査では円安の影響がさらに色濃く反映されていると思われ、海外内部留保残高はさらに水準が切り上がっている可能性が高い。国内の実体経済を取り巻く環境が芳しくなくとも、日本企業の収益状況が円安で大きく膨らみ、株式市場がそれを織り込めば株高にはなる。

インフレで気になるGDPの名実格差

株高にもかかわらずそれを喜ぶ議論があまり見られず、実体経済の弱さばかりが注目されるのは、そもそも日本の家計部門において株式・出資金の保有比率が低いという従来からある事実に加え、「インフレになった分が十分、家計部門に分配されていない」という問題も疑われる。第3章でも議論したように、「株式・出資金保有比率が低い」という事実については資産運用立国の旗印の下、岸田政権が対処している最中であり、善し悪しは別として、今後は違った姿に変わっていくことが期待される。この点は時間の問題ゆえ、待つしかない。

しかし、「インフレになった分が十分、家計部門に分配されていない」という状況が果たして解消に向かうのかは継続的に注視する必要がある。この点はＧＤＰの名実格差（名目値と実質値の差）を分析することで明らかになる。デフレ下の日本ではＧＤＰの名実逆転（実質ＧＤＰ＞名目ＧＤＰ）が象徴的な事実として取り上げられてきたが、今後インフレ社会になるならば、通常想定される姿（実質ＧＤＰ＜名目ＧＤＰ）が定着することになる。[33] ２０２３年12月、政府から公表された経済見通しによれば、２０２４年度の日本経済は第二次安倍政権が掲げていた「ＧＤＰ６００兆円」という目標達成が視野に入っている（ちなみに、安倍政権は２０１５年に「２０２０年度までに６００兆円」と掲げた経緯がある）。この点を取り上げる好意的な報道[34]も見られたが、そもそも６００兆円は名目ＧＤＰの目標であり、実質ＧＤＰの目標ではなかったことに注意を要する。

周知の通り、インフレになれば名目ＧＤＰは当然膨らむ。しかし、国民の景気実感を測る上で重要になるのはインフレを除いた実質ＧＤＰの考え方だ。実質ＧＤＰが成長を伴わず、名目ＧＤＰだけが６００兆円を達成しても景気実感は生じにくい。実際の数字を見てみよう。例えば２０２２年から２０２３年にかけて名目ＧＤＰは約５６０兆円から約５９２兆円へ、約＋32兆円増えた。しかし、同じ期間に実質ＧＤＰは約５４９兆円

図表4-7　日本のGDP（2023年と2022年の差、民需）

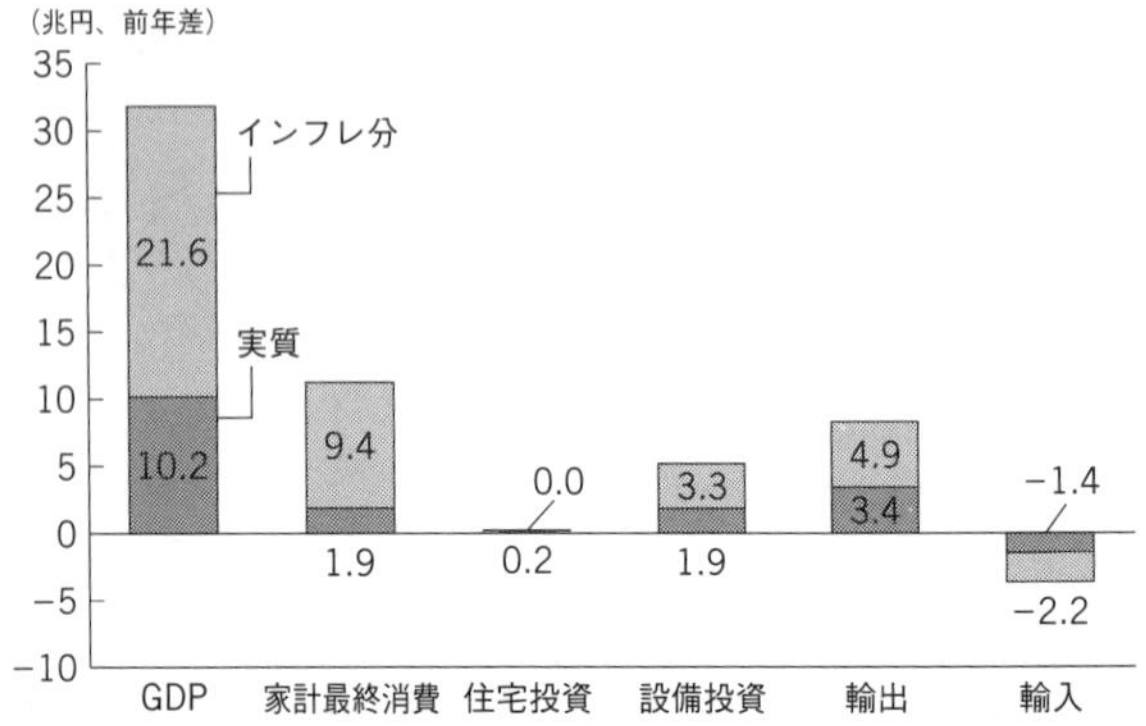

（出所）内閣府

から約559兆円へ、約＋10兆円の増分にとどまっている（図表4－7※千億円以下を四捨五入しているため、合計は若干合わない。以下同）。つまり、残る約＋22兆円がインフレによる上乗せであり、これは日本国民にとって成長とは言えない。このような状況もあって2023年の日本経済の成長率は名目GDPの＋5・7％に対し、実質GDPは＋1・9％と半分以下にとどまっている。株高や円安は恐らく前者を織り込んでいるが、国民の景気実感は後者に基づいている。

特に国民の景況感に近そうという意味で家計最終消費（いわゆる個人消費）に着目した場合、名目ベースでは約＋11・2兆円

図表4-8　日本のGDP（2023年の伸び率、民需）

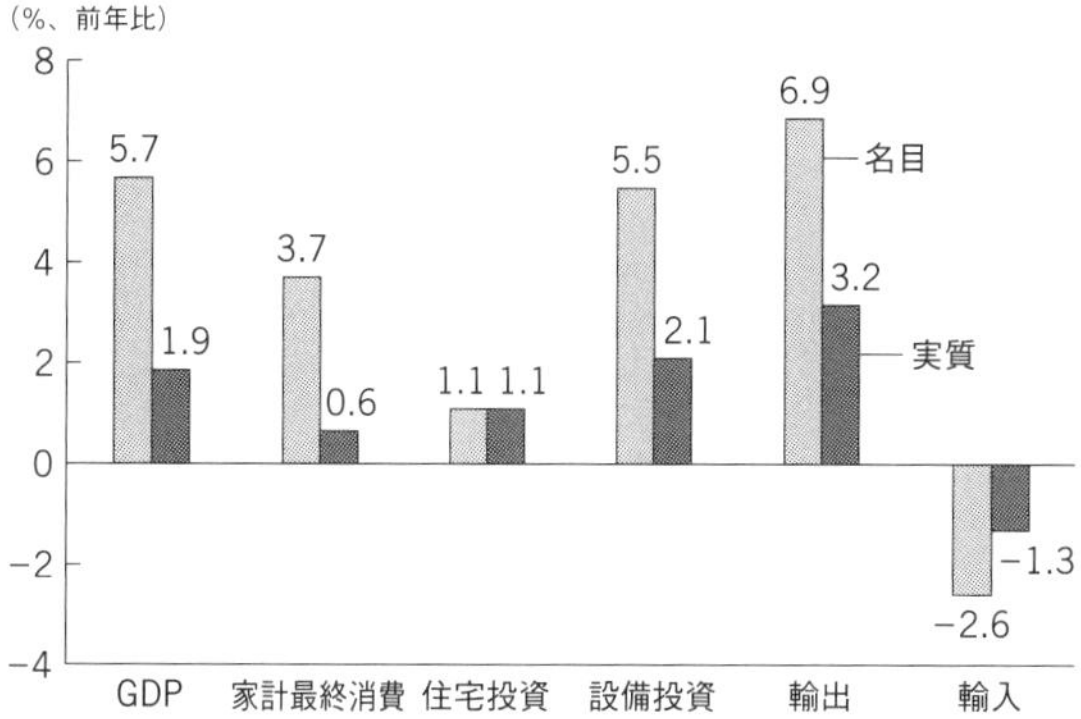

（出所）内閣府

伸びているが、このうちインフレによる上乗せは約＋９・４兆円で、実質ベースでは約＋１・９兆円しか増えていない。伸び率で見れば、＋３・７％に対し＋０・６％だ。個人消費の増分の殆どがインフレに食われているのだから、景気実感が改善するはずもない（図表４－８）。当然、インフレになれば短期的には企業の売上や利益は増えて、株価も押し上げられやすくなる。しかし、それは消費者が「無い袖を振って」消費している結果でもある。このような状況が定着することで「株高にもかかわらず内需の勢いに乏しい」という状況が固まることになる。「不況下の物価高」をスタグフレーションと呼ぶが、本書執筆時点の日本経済はそのイメージに近いように思える。

ちなみに、2024年3月18日の参議院予算委員会で岸田首相は「21世紀前半の名目GDP1000兆円という目標は努力を続けていけば視野に入ってくる」と発言している。[35] 名目GDPが600兆円を目指す過程で円安が常態化し、GDPの名実格差（≒実質GDP成長率の低迷）が目立ち始めていることを踏まえると、再び名目GDPの多寡に照準を合わせることは決して適切ではないように思える。

輸出が健闘している背景

ちなみに、図表4－7や図表4－8を見ると、停滞する実質GDPの中で輸出は健闘しているようにも見える。名目ベースで約＋8・3兆円増加しているのに対し、実質ベースでは約＋3・4兆円、インフレによる上乗せ分は約＋4・9兆円とやはりインフレ部分が大きいものの、個人消費と比較すれば大分ましな状況と言える。これは日本の輸出企業が海外に財を販売するにあたってインフレ部分をしっかり価格転嫁できている証拠である。この点は関連統計からも確認可能だ。2023年7月以降、輸出物価指数は契約通貨建て（いわゆる現地通貨建て）で見ても前年比での増勢が維持されており、

図表4-9　輸出物価指数の前年比変化率（円ベースと契約通貨ベース）

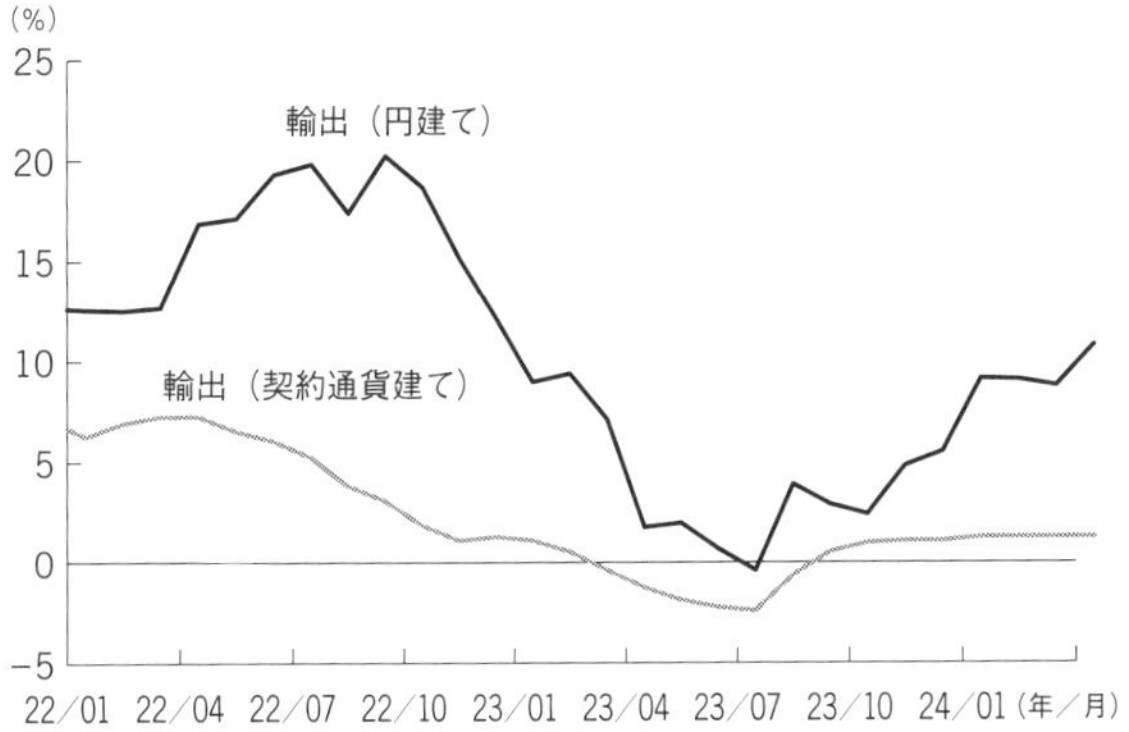

（資料）日本銀行

内外のインフレ圧力に合わせて価格転嫁を実現できている様子が透ける（図表4−9）。

理論上、円安が輸出企業に与える影響は「契約通貨建て価格の引き下げ↓輸出数量増加」という経路だ。例えば、実勢相場が「1ドル100円」の時に1ドルでボールペンを輸出していたとする。ここから「1ドル120円」に円安が進めば0・83ドル（0・83×120円≒100円）で輸出しても円建て売上高を維持できる。しかし、上記統計を見る限り、日本の輸出企業がやっていることはボールペンを1・2ドルや1・5ドルなどに引き上げる動きだ。当然、円安も相まって円建て売上高は大きく膨らむ（例：1・2ドル×120円≒144円）。現実には、この例よりも遥かに円安は進んでいるので、輸出企業の円安による業績改善幅はさらに大きくなる。そうした状況を織り込んだ日本の株価が押し上げられるのは至極当然と言える。

輸出企業が実質ベースでの成長を相応に確保できているのだとすると、企業部門の増収増益分を国内の家計部門（≒名目賃金）に還元できるかが日本経済浮揚の要諦になる。結局、常々議論されてきた争点に戻ってきてしまうわけだが、それが十分ではないからこそ実質ベースで見た家計最終消費が殆ど伸びていないという現状がある。本書執筆時点で日本が本当にデフレからインフレへ切り替わったのかどうか断定することは難しく、政府・与党によるデフレ脱却宣言も正式には出されてはいない。だが、仮に円安が続き、国内の株式や不動産などの資産価格が上がり続けるのであれば、やはりそれを説明するための理屈として「インフレだから」という主張は腑に落ちるものがある。

本書や前著で述べてきたように、長引く円安の背景として需給構造の変容は非常に重要な事実だと筆者は考えている。だが、そもそも「インフレ経済の通貨は下落する」という理論通りの事態が起きているだけなのかもしれないという発想も併せて持つと良いだろう。

家計への分配は今後期待できるか？

ここまで見てきたように、いくら企業部門の収益が増えても、それが国内に還流されない限り、家計部門の所得環境は改善が進まない。結果、国内の消費・投資は低迷してしまう。この状況は今後も続くのか。筆者は変わる可能性はあると思っている。第４章で議論した通り、今後の日本において人手不足が極まっていくのは間違いない。だとすれば、名目賃金上昇という形で企業部門から家計部門への分配は否応なしに進まざるを得ないのではないか。実際、２０２３年から２０２４年にかけての日本では連日のように賃上げ報道がなされ、２０２４年春闘（第１回集計）の結果はベースアップ（ベア）と定期昇給を合わせた賃上げ率の加重平均が５・28％と１９９１年（５・66％）以来、33年ぶりの高い伸びを記録している（図表４－10）。当分は原資のある企業から賃上げに踏み込むであろうし、結果としてインフレ調整後の実質賃金が堅調さを取り戻すという未来が無いわけではない。労働力に限らず、稀少なものの値札は必ず上がる。

図表4-10　春闘の賃上げ要求と実績

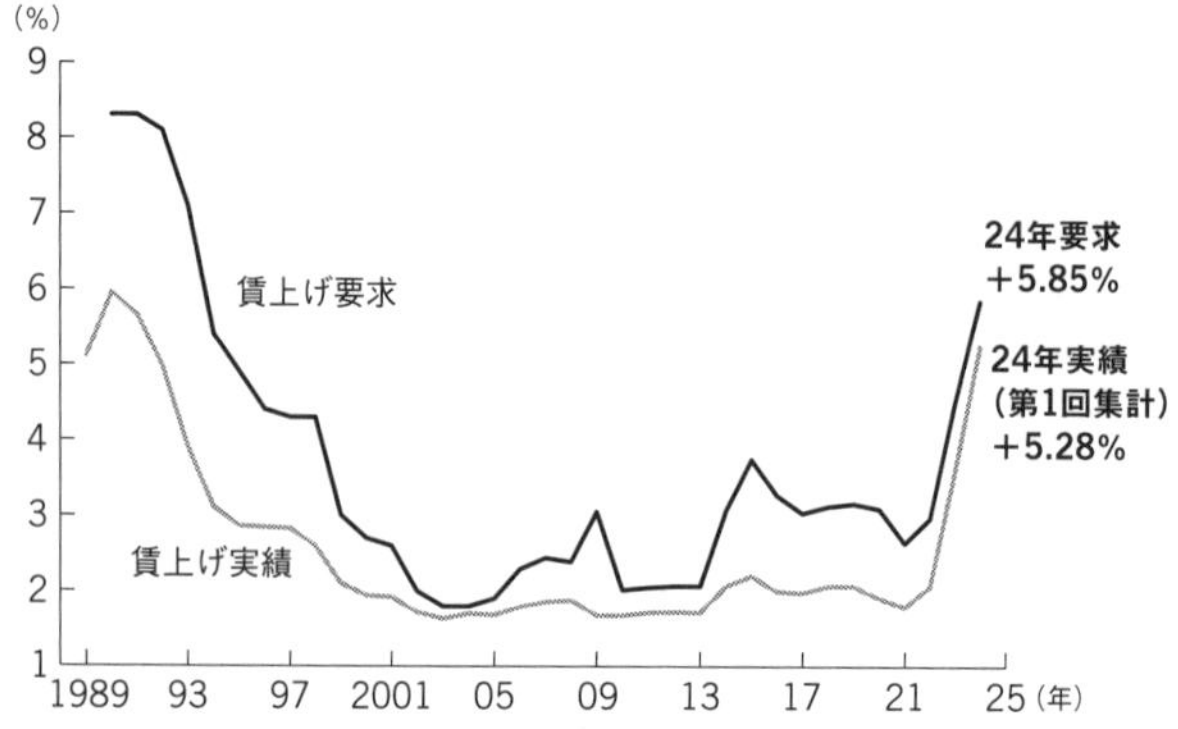

※要求は、連合の方針とは異なる
（出所）macrobond

「景気実感と異なる」はただの愚痴

話を株価に戻そう。兎にも角にも、日本社会にインフレが定着していくのであれば、株価も為替も新しい水準を目指すことに不思議はない。第４章で議論した通り、２０２２年以降に直面している円安は将来的なインフレを織り込んでいる可能性もあり、その円安が株高や不動産価格上昇を助長していると考えれば全て繋がる。同じことを繰り返して恐縮だが、１９９０年代以降の日本では慢性的な円高、上がらない株価、低位安定する円金利や停滞する名目賃金が「デフレの象徴」だと言われてきた。ということは、「デフレからインフレへの切り替わり」を意識して、それらと逆の現象を想定するのは自然である。メディアのヘッドラインでは株高を前に「景気実感と異なる」と言って腐す風潮が押し出されやすいが、それはただの愚痴であろう。「景気実感と異なる」が事実だとしても、「だから株高が間違っている」という話にはなり得ない。株高と実際に起きている経済・金融情勢はかなり相互連関していると考えるべきである。

第 5 章

日本にできることはないのか
——円安を活かすカード

旅行収支は主攻になり得ない

第1章から第4章までを通じ、長引く円安の背景として需給構造や物価情勢にまつわる大きな変化がある可能性を議論してきた。需給構造は国際収支統計や家計部門の動きから、物価情勢は購買力平価（PPP）や人手不足に喘ぐ日本経済の近況などから議論を展開した。もちろん、これらの議論には筆者の仮説も多分に含んでいるので、幅を持って理解して貰えばありがたい。しかし、第1章から第4章までの議論を背景として円安が本当に日本の常態となっていると仮定した場合、それを嘆くよりも活かす道を探ることの方が建設的である。

こうした認識の下、最終章となる本章では「日本にできることはないのか」というテーマを掘り下げていきたい。言い換えれば、「円安を活かすカード」を考えるのが本章の目的だ。この点、インバウンド需要を当て込んだ観光立国路線は真っ先に想起されるものだろう。しかし、本書執筆時点では一時期ほど、観光立国路線を歓待するムードは感じられない。少なくない読者も体感しているであろう通り、観光客が集中する一部の地域や時間帯などによって過度の混雑やマナー違反が発生しており、結果として地域住民の生活が荒らされ、旅行者自身の満足度低下にも繋がっている状況が指摘されている。こうした、いわゆるオーバーツーリズム問題を背景に、インバウンド需要をけん制する雰囲気は明らかに強まっている。[36]行政も動き始めており、2024年2月13日、観光庁は「オーバーツーリズムの未然防止・抑制に向けた対策パッケージ」を公表している。同パッケージでは観光客が集中する地域について交通手段や観光インフラを充実させることや当該地域の実情に応じた入域管理や異なる需要に対応した運賃設定の促進などが謳われている。その実効性は本書執筆時点ではまだ評価できないが、今後、その挙動は大きな注目を集めるはずだ。

既に「【BOX②】：旅行収支にどこまで頼れるのか」で議論したように、急増するインバウンド需要をさばき続ける人的資源をもはや日本は持っていない。観光産業に従事する労働者が絶対的に不足する状況を踏まえれば「インバウンド需要があってもインバウンド供給はない」という状況は今後強まるばかりである。北海道や京都といった特に人気のある観光地が先行事例として注目されやすいが、東京を中心として国際的に名が知られたような観光都市はオーバーツーリズム問題への対処に注力しなければならなくなるだろう。しかし、オーバーツーリズム問題を引き起こす原因の1つが人手不足なのだから、同問題の根本的な解決は恐らく困難と考えるのが論理的である。旅行収支黒字に依存することの限界は近い将来、広く認知されてくるはずだ。

要するに、観光立国路線は確かに「円安を活かすカード」ではあるが、そのアップサイドには限りがある。第1章や第2章で確認したような国際収支構造の変容や第3章で見たような「家計の円売り」に対して、旅行収支を通じた円買い需要だけで立ち向かうのは無理のある話だ。例えば、第1章で確認したように、2023年の旅行収支黒字は過去最大を更新している一方、旅行収支と共にサービス収支を構成するその他サービス収支赤字も過去最大を更新していた。その上で貿易収支も慢性的に赤字で、第一次所得収支黒字の大部分も国内回帰が期待できないという現実もある。こうした中、いくら旅行収支黒字だけで気を吐いても「円を売りたい人の方が多い」という円の需給環境は根本的に変わりようがない。

そもそも為替需給に対する影響は元より「観光立国で日本経済を好転させる」という一部の論調に筆者は従前から懐疑的だ。前著でも「訪日外国人旅行者による消費・投資だけで日本全体の雇用・賃金情勢ひいては物価情勢が押し上げられるほど大袈裟な話にはならない」と論じた。例えば、オーバーツーリズムという言葉が飛び交った2023年はインバウンドによる高額消費が連日、報道で取り上げられていた。観光庁が発表した2023年の訪日外国人旅行消費額（確報値）は5兆3065億円だった。この数字自体、過去最高だが、それでも日本の名目GDP（2023年は約592兆円）の1％にも満たない。腐っても世界第

４位の経済大国である日本を旅行輸出だけで浮揚させるのは無理筋である。もちろん、そこから得られる外貨も取り漏らすわけにはいかないが、「円安を活かすカード」として日本に出来ることを検討した場合、観光立国政策はあくまで助攻であって主攻にはなり得ないという冷静な目は持ちたい。

対内直接投資促進に本腰となる日本政府

では「円安を活かすカード」として旅行収支が助攻だとした場合、主攻は何か。本書執筆時点では対内直接投資の促進と回答するのが一番適切だろう。これは岸田政権の政策方針とも合致する。２０２３年6月16日、次年度予算編成や重要政策の基本的な指針となる「経済財政運営と改革の基本方針２０２３（骨太の方針）」が閣議決定された。ここでは海外から日本にして行われる対内直接投資残高について期限と水準の目標値が明記されている。

- **海外からヒト、モノ、カネ、アイデアを積極的に呼び込むことで我が国全体の投資を拡大させ、イノベーション力を高め、我が国の更なる経済成長につなげていくことが重要である。対内直接投資残高を２０３０年に１００兆円とする目標の早期実現を目指し、**

半導体等の戦略分野への投資促進〈中略〉我が国経済の持続的成長や地域経済の活性化につなげる。

「骨太の方針」でこうした方針が出る以前から日本の対内直接投資を取り巻く環境は騒がしくなってはいた。例えば2023年5月18日、岸田首相が海外の大手半導体メーカーや研究機関計7社の経営幹部らと首相官邸で面会したことが大々的に報じられている。具体的には、日本でも頻繁に名前が報じられる半導体受託生産で世界最大手のTSMCを筆頭として韓国のサムスン電子、米半導体大手のマイクロン・テクノロジー、IBM、インテル、アプライドマテリアルズ、ベルギーの研究機関·imec（アイメック）の首脳らと面会している。この際、岸田首相は「政府を挙げて対日直接投資のさらなる拡大、半導体産業への支援に取り組みたい」と述べ、日本への投資を促す方針を喧伝している。後述するように、熊本県菊陽町の雇用・賃金情勢がTSMCの工場誘致を境に劇的に変わり始めているという現実は既に確認されており、対内直接投資の経済効果は折り紙付きである。

実例はそれだけではない。2024年に入ってからの4か月間だけでマイクロソフト、アマゾン、オラクルといった米巨大IT企業が日本におけるデータセンター増強のために巨額投資に踏み切る方針が相次いで報じられている。[37] その総額は報道通りであれば4兆円を超える。後述するように、世界的には地政学的な安定性を有する国・地域への投資が優先される傾向にあり、国際社会の分断が日本にとっての追い風となっている部分はある。

観光立国化の推進、具体的には旅行収支黒字の拡大が海外から日本へ「人」を誘致する政策だとすれば、対内直接投資は海外から日本へ「企業」もしくは「資本」を誘致する政策である。その経済効果を比較した定量分析を筆者は持っていないが、100兆円という残高目標から推察できるように、旅行収支を取り巻く経済取引とは規模が全く異なる。以下では日本の対内直接投資を取り巻く現状や展望を考察してみたい。

対内直接投資で変わる日本

本書執筆時点では特に半導体分野における日本への対内直接投資が活況を呈し、日本経済復調の鍵として取り上げる論調も増えている。第1章でも紹介したように、2023年12月には米半導体大手エヌビディアのジェンスン・フアンCEOが日本国内に研究開発拠点を設ける考えを明らかにしたことが大きく報じられた。こうした海外の大手製造業が日本へ関心を寄せているという報道は頻繁に目にするようになっており、岸田政権の「骨太の方針」に沿って用意された対内直接投資を促進するためのアクションプランが順調に進んでいるという印象は抱かれる（もちろん、各案件について施策と成果の因果関係は検証が必要である）。

実際、対内直接投資を契機とした実体経済の変化を感じさせる報道は増えている。例えば、旺盛な対内直接投資が行われている一部地域では雇用・賃金環境の逼迫が現実化している。熊本県菊陽町に生産拠点を構築するＴＳＭＣの影響度はその象徴的な事例として頻繁に取り上げられる。ＴＳＭＣが当地で提示する大卒初任給（２０２２年春、28万円）が地元平均より４割高いという事実は再三話題を集めており、[38] 既に当該地域周辺の日本企業は人材確保に難渋し、賃金を引き上げざるを得ない状況に追い込まれているという。

ちなみにＴＳＭＣの第１工場は既に２０２４年２月24日に開所しているが、第２工場も熊本県内に開設されることが決まっている。この上で第３、第４工場の開設計画も浮上しており、これも日本国内が選定される方針が報じられているが、本書執筆時点では熊本や大阪といった名前が挙がりつつ、確定はしていない模様である。

こうした巨大な外国資本がもたらす地方への影響は、熊本を含む九州全域の雇用・賃金情勢に影響を与えそうなことは想像に難くない。しかし、元々労働供給に余裕がない日本経済の事情を踏まえると、影響はさらに広域に及んでいるようだ。筆者は関西、東海、東北など、様々な地域の製造業の方々とお話させて頂く機会に恵まれているが、TSMCの進出によって九州からの技術者供給が途絶えたという話は複数社から耳にする。「パンデミックを境として県を跨いだ技術者の流動性が衰えていたところ、TSMCの存在が駄目押しになった」という話は説得力を感じる。もちろん、より正確な実情は技術系の議論に明るい諸賢の分析に任せたいが、九州地方に限らず、日本全国の製造業にとってTSMCが文字通り「黒船」としてインフレ圧力をもたらしている状況が透ける。その功罪は今後分析が進められていくことになりそうだが、対内直接投資の威力を明示する好例と言えるだろう。

TSMC以外の事例も散発的に報じられている。例えば、群馬県明和町に2023年4月開業した米会員制卸売り大手コストコ（群馬明和倉庫店）の時給が群馬県の最低賃金（935円）の1・5倍以上である1500円からに設定され、周辺エリアの飲食店などが採用難に陥っているという報道は話題を集めた。なお、同じ群馬県の前橋市には2024年1月に北欧家具大手のIKEA（イケア）も開業し、この時給も群馬県の最低賃金を大きく上回る1300円に設定されていると報じられている。[39]

インバウンド需要も類似効果を持つが……

なお、対内直接投資ではないが、海外からの需要で変化を強いられるという意味では急拡大するインバウンド需要の影響も似たようなものである。例えば、北海道ニセコ町のホテルやコンドミニアムといった施設の清掃員の時給が最大2200円と北海道の平均時給（2023年10月は1069円）の倍に設定されたという報道[40]も大きな注目を集めた。対内直接投資に伴う動きではないものの、起きている経済現象は菊陽町と類似している。外国資本の圧力が当該地域の雇用・賃金環境をひっ迫させているという意味においては、インバウンド需要の強いエリアと対内直接投資の対象となったエリアの双方で類似の現象が起きている。

もっとも、対内直接投資とインバウンド需要、いずれに政府の力点が置かれているかは多くの説明を要しない。政府はTSMCの第1、第2工場の開設に際し、最大で約1・2兆円の補助金を拠出する予定だが、こうした巨額の補助金は生成AIや電気自動車（EV）に向けた半導体需要の増加が確実に見込めることに加え、経済安全保障上、半導体の安定供給が生殺与奪を握る争点になるという外交戦略上の事情もある。期待される効果は経済分野に限らず、政治・外交分野にも及んでおり、「円安を活かすカード」として対内直接投資が主攻で、観光立国政策が助攻という考え方は概ね正しいと考えられる。

北朝鮮以下の現状

長年、日本の対内直接投資残高は世界的に見て異様に低い状況にあることが問題視されてきた。よって、ここにアップサイドを見出そうとするのは為政者として自然な発想と言える。具体的には2023年末時点で日本の対内直接投資残高は約51兆円だが、これは対外直接投資残高の約308兆円と比較にならない。ちなみに、日本の対内直接投資残高については、しばしばUNCTAD（国連貿易開発会議）統計で確認できる名目GDP比の数字とその国際的な順位が話題になる。2022年末時点で日本のそれは5・4％となっており、UNCTAD統計で数字が確認可能な198か国中196位という立ち位置になる（図表5－1）。日本より下にはネパールとバングラデシュの2か国しかなく、1つ上はブルンジ、その上にはなんと北朝鮮があるという信じ難い状況だ。

ちなみに、岸田政権が目標として掲げた100兆円という残高に到達した場合、名目GDP比の数字は20％弱まで上昇することになる。この場合、G7ではドイツやイタリアに

図表5-1　主要国の対内直接投資残高（%、名目GDP、2022年）

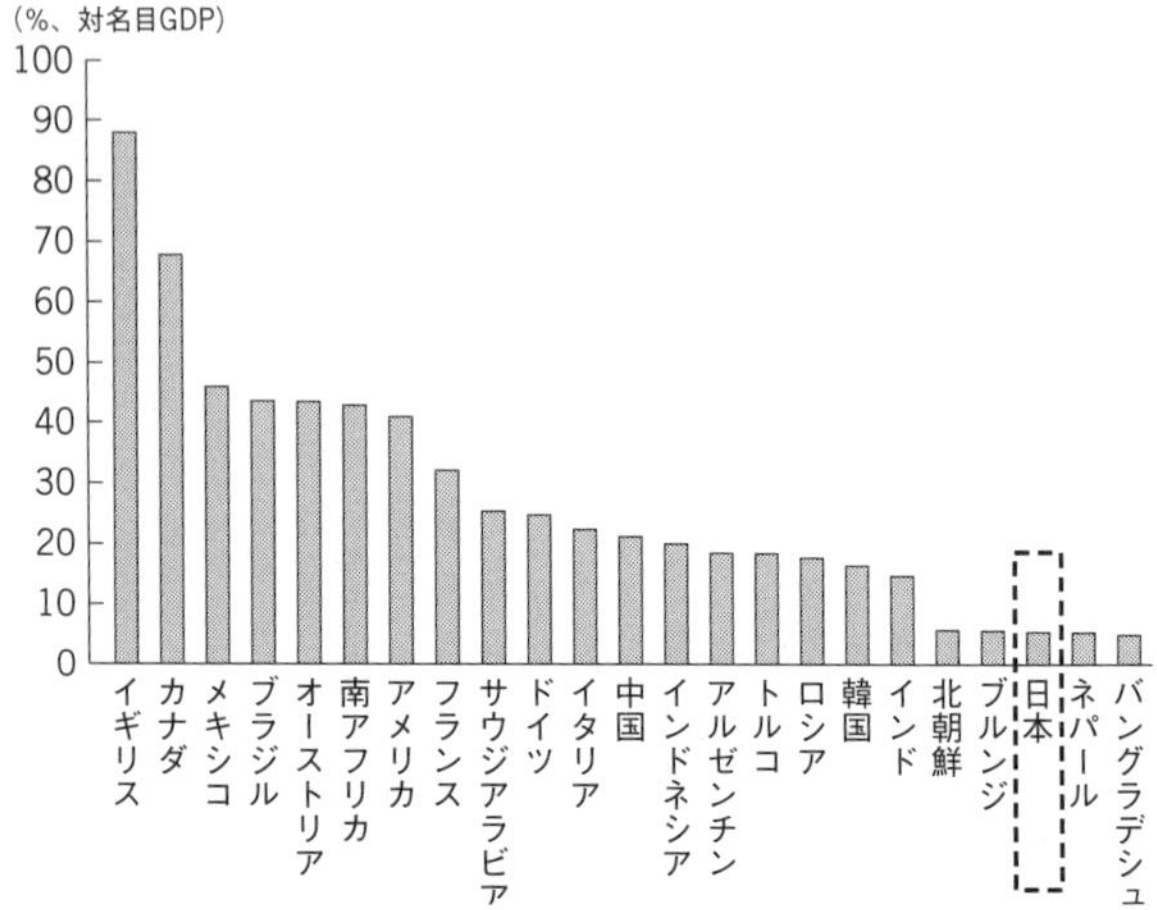

※G20に加え日本の上下に位置する国を参照に表示。
（出所）UNCTAD、macrobond

接近することになり、今と比べれば大分違和感は薄れる。しかし、「半世紀ぶりの安値」とすら呼ばれる円のＲＥＥＲの状況などを踏まえると、果たして20%弱で十分なのかという「次の問題意識」は出てくるだろう。例えばＯＥＣＤ平均が約50%であるため、20%弱は決して先進国として高いわけではない（図表５－２）。なお、ＵＮＣＴＡＤ統計で最上位に位置する国・地域（ルクセンブルクや英領ヴァージン諸島、英領ケイマン諸島など）は租税回避地ゆえの外れ値であり、この順位に安住することも決して正しくない。とは

図表5-2　世界の対内直接投資残高（%、対名目GDP）

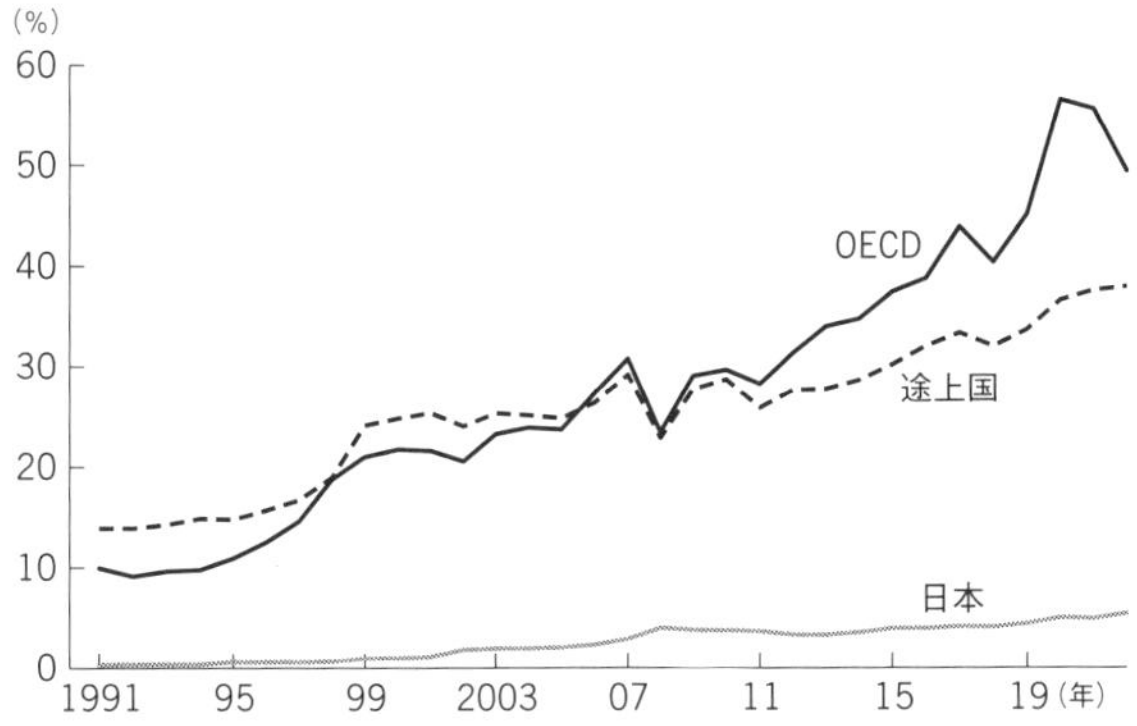

（出所）UNCTAD、macrobond

いえ、途上国平均でも約38％というデータがあることを思えば、10％にも満たない日本の現状が先進国としては異様に低く、「資本の鎖国」と揶揄される状況もあながち誤りではないことも良く分かる。

いずれにせよ、円安が常態化しているにもかかわらず、海外に生産移管した日本企業の国内回帰がそれほど期待できないのであれば、外資系企業の日本への新規投資を促すことは極めて重要な施策であるし、自然な発想でもある。

過去、目標は達成されてきた経緯

こうした現状を踏まえ、岸田政権が掲げた「２０３０年までに１００兆円」は実現可能性があるものなのか。例えば２０２３年末の対外

図表5-3　日本の対内直接投資残高

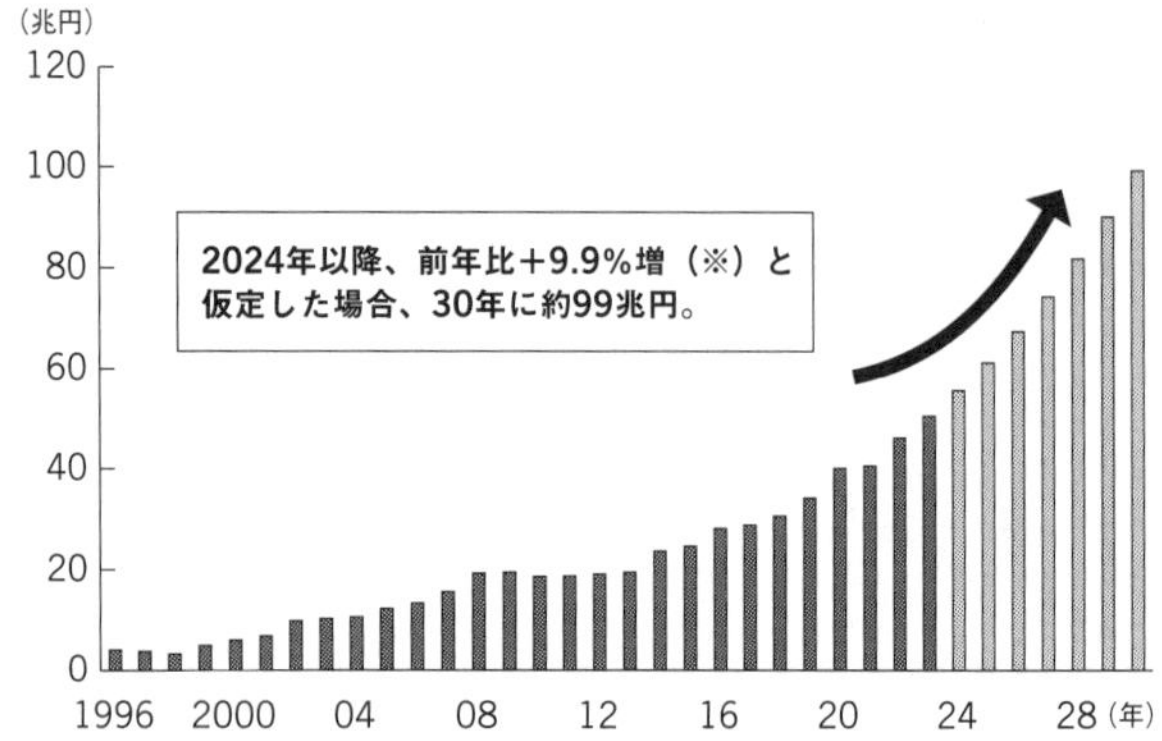

（資料）財務省、※2014～23年の対内直接投資残高の平均伸び率。

資産負債残高を見ると対内直接投資残高は前年比＋9・3％の50兆5180億円と増勢が維持されている。2014年から2023年までの対内直接投資残高は平均すると前年比＋10％程度で伸びている。仮にこの伸び率が維持された場合、政府目標の期限である2030年には約99兆円、2031年には100兆円の大台に乗るイメージになる（図表5－3）。「2030年までに100兆円」は決して不可能とは言えないが、易しい目標とも言えない。ハードルとしては絶妙な高さに設定されているように感じられる。

ちなみに、対内直接投資残高はその低水準もあって、事あるごとに時の政権が中期目標として持ち出してきた。例えば、2003年1月、当時の小泉純一郎政権も「2001年末の対日直接投資残高から5年間で倍増する」という政府目標を掲げ、2003年5月には「Invest Japan」のスローガンの下、JETRO（日本貿易振興機構）に「対日投資・ビジネスサポートセンター（IBSC）」が設立されている。IBSC設立は対日投資に関するあらゆる情報がワンストップで入手可能になり、外資系企業が手続きの煩雑さから解放されることを企図したものであった。筆者は2004年4月にJETROへ新卒入社し、配られた名刺に「Invest Japan」のロゴが刻印されていたことをよく覚えている。この小泉政権の目標は残高およびGDP比のいずれで見ても達成されている（それぞれ6・9兆円↓13・4兆円、1・3%↓2・5%）。

その後、2013年には第二次安倍政権が掲げた「日本再興戦略」において「2020年までに対日直接投資残高を35兆円に倍増する」という目標が設定されており、やはりJETROを巻き込んだ包括支援が強化されている。2020年末の対内直接投資残高は約40兆円なのでこれも達成されている。もちろん、そもそもの発射台が低いという前提があるものの、おざなりにされやすい財政再建目標などとは違って、対内直接投資残高に関する政府目標は着実に達成されてきた経緯がある。それゆえ、100兆円目標にかかる期待も大きくなる。

なお、2021年6月には菅義偉政権が対日直接投資推進会議において2030年の残高目標を2020年対比で2倍となる80兆円に設定した経緯がある。つまり、岸田政権が2023年6月の「骨太の方針」で示した100兆円目標はこの上方修正という位置づけになる。

なぜ日本への対内直接投資は進まないのか

ところで、なぜ日本への対内直接投資はこれほど少ないのか。これには諸説あるものの、決定的な要因が突き止められるには至っていない。例えば、抽象的な論点ではパンデミック下でも露呈した閉鎖的な国民性などは頻繁に指摘されるところだ。もっとも、終身雇用・年功賃金に浸かった日本のウェットな労働市場においてドライな外資系企業の基本姿勢が受け入れられにくいという点で捉えれば抽象的な論点とも言えず、これは解雇規制を筆頭とする硬直的な雇用法制という定番の論点に帰着する。雇用法制の硬直性は産業再編などを睨んだ外資系企業の進出を阻む一因になり得る。そのほか、より基本的な指摘として言語（英語が使えない）などの問題も考えられる。

しかし、これら要因のうち、いずれが「北朝鮮以下の対内直接投資残高」という惨状に繋がっているのか。これほどまでに日本が投資先として選ばれない理由として十分なものなのか。決定的な解明はまだなされていない。事実として日本が徹底的に避けられてきているというデータがある以上、考えられる障害は全て除外していく必要があるし、それが岸田政権の「骨太の方針」に透ける意図であると思うが、正直解せない現状でもある。

対内直接投資を阻む「2つの不足」

日本の対内直接投資が停滞する要因について手掛かりが全くないわけではない。2023年3月にJETROから公表されている「2022年度外資系企業ビジネス実態アンケート調査結果概要」[41]によれば「日本でのビジネス活動で、特に改善を期待する項目」に関し、「人材確保」が最も高い回答割合を示しており、これに「行政手続きの簡素化・デジタル化」、「外国語でのコミュニケーション」が続いている。最多回答割合となった「人材確保」に関して具体的な改善要望を見ると、「ビジネスレベルで、外国語が使える人材の確保が困難」、「技術系で英語能力をもった人材が非常に少ない」、「地方都市での人材確保が厳しい（特に若年層）」などのコメントが見られている。改善を期待する項目として「外国語でのコミュニケーション」があるにもかかわらず、結局、「人材確保」でも言語問題が指摘されており、

「日本人の英語力の低さ」が対内直接投資の不調に直結している疑いはある。対内直接投資を阻む「2つの不足」として人材と英語力の2点は確実にありそうだ。

ちなみに、「人材確保」については「外資系企業だからというわけでなく、国内企業と同じように若手人材確保が、かつてより困難」というコメントも見られており、「そもそも人材が足りない上に英語力まで求めるとさらに足りない」というのが正確な実情と見受けられる。政府の施策を通じて「行政手続きの簡素化・デジタル化」が推進されることは可能としても、英語力不足と人手不足は一朝一夕に解決する論点ではない。

この点、海外からの移民受け入れは人材と英語力という「2つの不足」を同時に片づけられる一手であるため、待望論が根強いのも理解はできる。とはいえ、一応は欧州研究も専門としている筆者に言わせれば、移民は社会の不安定化とセットで考えるべきであり、その意味で諸刃の剣とも言える。少なくとも、単に経済成長を補完する存在としての移民待望論は浅薄と言わざるを得ない。あくまで当該国の社会が移民受け入れ後の摩擦をイメージできているかという点を踏まえた上で政治ひいては社会全体で議論が尽くされるべき論点だろう。しかし、現状の日本では議論すること自体がタブー視されているような印象もある。

日本の対内直接投資の実施形態は「先進国と途上国の間」

確かに、しばしば話題となる半導体工場のように、製造業が日本に工場を作り、労働者を雇い、生産活動を軌道に乗せるという意思決定では「2つの不足」は壁になる。しかし、「直接投資＝工場を作る」ではない。ここでは対内直接投資に関し、その実施形態に着目した議論と国・地域・業種に着目した議論から、日本の対内直接投資戦略の問題点を指摘したい。

まず、対内直接投資の実施形態に着目した議論は意外と少ないように思える。対内直接投資の実施形態には、企業が海外直接投資を行う際、新たに投資先国において企業を設立するか、投資先国における既存企業を買収するかという2つの形態がある。

前者は新規投資（グリーンフィールド投資）、後者はクロスボーダーM&Aと呼ばれる。クロスボーダーM&Aはグリーンフィールド投資に対してブラウンフィールド投資と呼ばれることもある。グリーンフィールド投資の場合、土地取得や現地労働者の雇用に加え、部材調達や販売網の開拓など、事業立ち上げに伴うコストが大きくなることで知られる。片や、クロスボーダーM&Aならば、こうした時間的・金銭的コストは大幅に軽減される。最初から労働者が揃っている日本企業を買収した場合、英語力はともかく人手不足や販路開拓の問

図表5-4　世界の対内直接投資構成

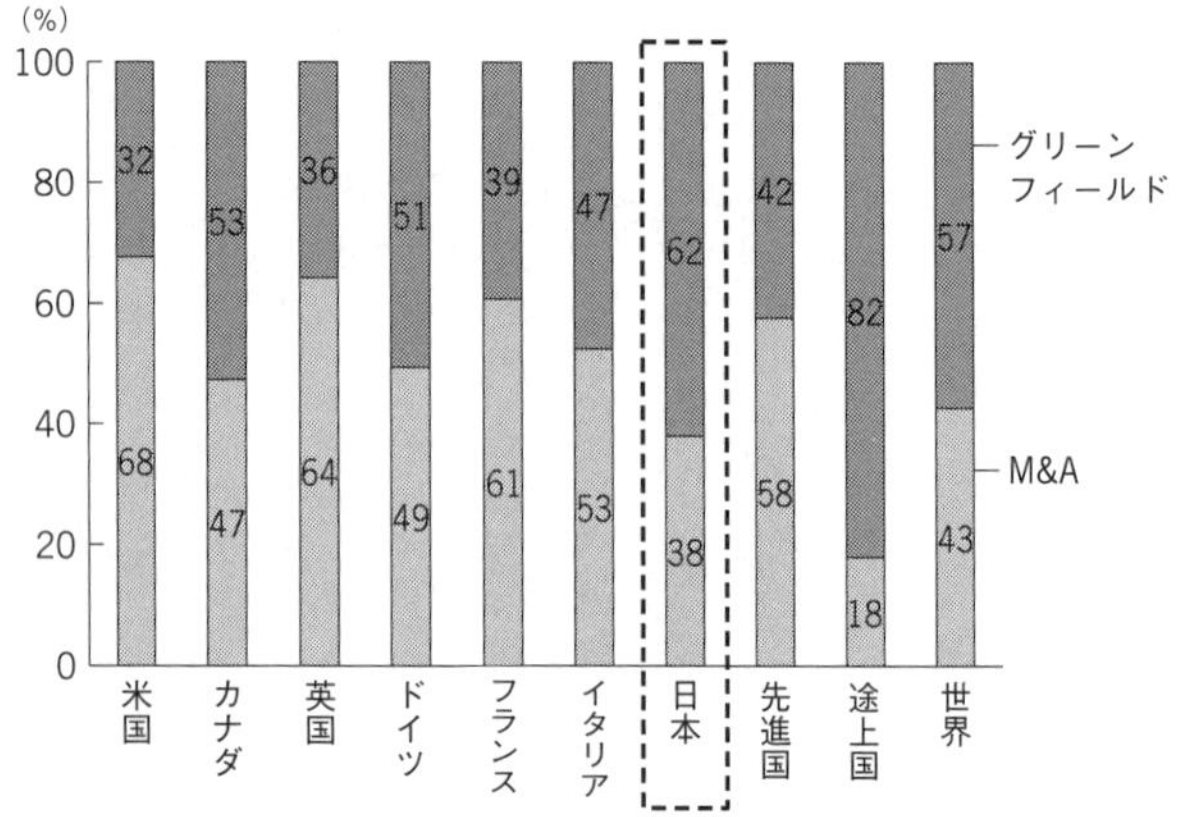

（出所）UNCTAD、2013〜22年実績を累積して計算。

題には直面しづらい。英語力に関しても、それを含めた上での買収先検討という線もある。

だが、日本への対内直接投資はクロスボーダーM＆Aが少ないことで知られる。裏を返せば、そこが伸びてくれば、上述した「2つの不足」に対して有効なアプローチになる可能性は十分考えられる。図表5－4に示されるように、世界の対外直接投資動向を見る限り、先進国ではクロスボーダーM＆Aが主流という印象は強い。対照的に、途上国ではグリーンフィールド投資が主流と言って差し支えない。しかし、日本への対内直接投資について内訳を見ると、グリーンフィールド投資とM＆Aの比率が「６割強：４割弱」で、先進国全体の傾向（４割強：６割弱）とは齟齬がある。途上国全体の傾向（８割強：２割弱）よりはＭ＆Ａ比率が高いものの、世界全体の傾向（６割弱：４割強）よりそれは低い。さしずめ日本への対内直接投資形態を表現するならば「途上国と先進国の間」のようなイメージが抱かれる。もちろん、「実施形態を区別するほど全体の残高がない」という根本的な指摘はあり得るが、気になる事実ではあるだろう。例えば日本ではＭ＆Ａの意義・効果について理解が進んでいないという側面があるのかもしれないが、それ以前に「外国資本による買収や再編」についてアレルギー的な反応を抱く経営者が多いという可能性もある。真因を突き止めるのは難しいものの、事実として「先進国の中ではクロスボーダーＭ＆Ａが目立って少ない」という状況はあり、それが「名目ＧＤＰ比で北朝鮮以下」とも揶揄される惨状に繋がっている面はあるのではないか。

グリーンフィールド投資に依存しない対内直接投資戦略

「２０３０年までに１００兆円」という決して低くはない政府目標を実現するには、これまでとは異なるアプローチが求められてくるのは間違いない。上述の議論を踏まえれば、「グリーンフィールド投資だけではなくクロスボーダーＭ＆Ａの活用も」という視点は求められてくるはずである。だが、政府の対日直接投資推進会議が2023年4月26日に公表した23ページにも及ぶ「海外からの人材・資金を呼び込むためのアクションプラン」にはM&Aというフレーズは2回しか出てこない。それも「対日M&Aおよび外国企業との協業事例における経営改善・改革に関する効果を分析し、その結果の普及等を行う」や「海外企業との協業・連携、対日M&Aの活用に不慣れな地域企業に対して、普及啓発や士業等専門家による助言、メンタリング支援など、国内での協業・連携支援を強化する」といった漠然とした記述が登場するだけで、具体的な政策対応はよく分からない。

この点、本書執筆時点では対日直接投資推進会議が進捗を重視する項目として「対日M&Aや協業の成功事例の普及」が挙げられており、その観点から現状を把握することになる。そこでは、「対日M&Aや外国企業との協業事例における経営改善・改革に関する効果を分析した結果について、HPやセミナー開催を通じてその普及に努める」という方向性が提示されている。しかし、「成功事例の普及」と言っても、現実的にはセミナーの実施回数くらいしか定量評価の尺度がなく、この取り組みを通じて外資系企業が日本へ関心を持つ事例がどの程度出てきているのかは本書執筆時点では判断しかねる。なお、「海外からの人材・資金を呼び込むためのアクションプラン」の詳細や取り組み事例については現状整理を兼ねて簡単に後述しておくので参考にして頂ければと思う。

いずれにせよ、買い手から見た場合、クロスボーダーM&Aは成功すれば大幅な時間的・金銭的節約が可能になる妙手である。同時に、それに付いて回る経営統合絡みの各種障壁や買収先企業の選定にかかる時間的・金銭的コストが大きいのも事実だ。国全体で同質性を好む日本においてクロスボーダーM&Aは根本的に馴染まないという諦観もある中、どういった政策対応で側面支援していくのか。「グリーンフィールド投資に依存しない対内直接投資戦略」は１００兆円目標達成に求められる視点と言える。

アジア資本の存在感が高まった10年

以上では、対内直接投資について、その実施形態に着目した議論を展開した。次は国・地域・業種に着目した議論を進めてみたい。水準はまだ低いながらも順当に増勢を維持している日本への対内直接投資だが、そもそもどこの国・地域が、どこの業種に対して実行しているのか。今後、対内直接投資戦略を練り込む上で知っておきたい基本情報である。

まず、国・地域別の対内直接投資残高について、主要国・地域の比率推移を見たものが図表５－５だ。一見して、「欧米の低下とアジアの上昇」という傾向を確認できる。さらにアジ

図表5-5　日本への対内直接投資の地域別比率

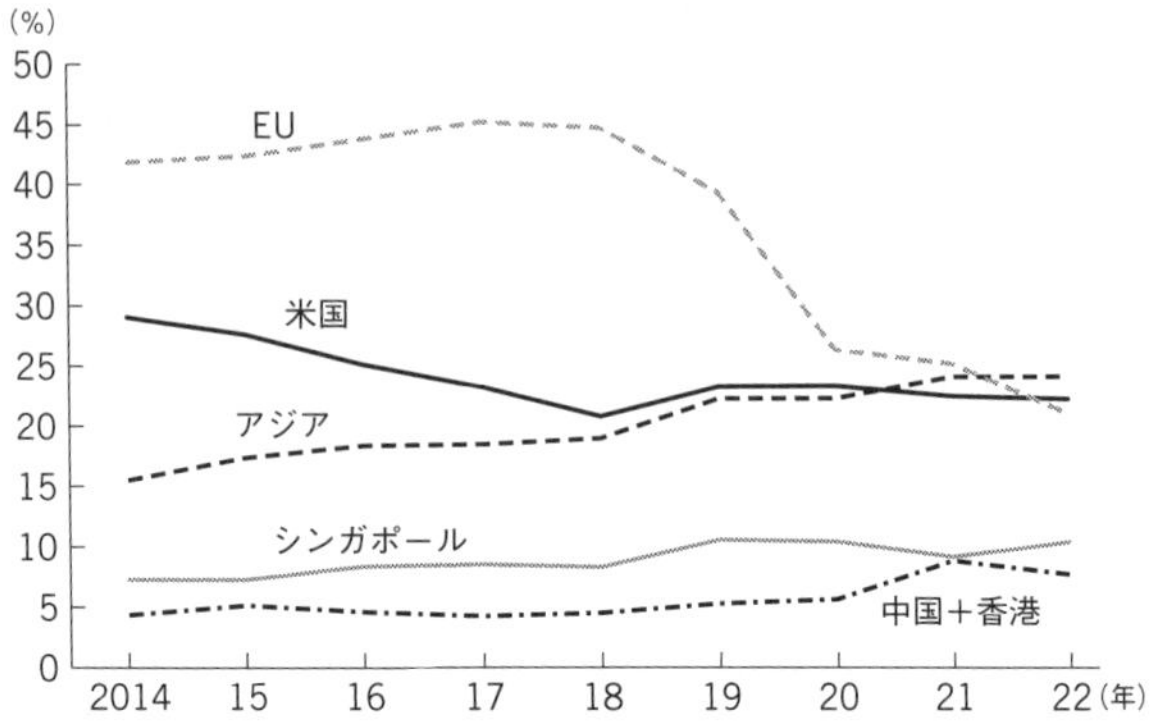

（出所）財務省

アにおける構成比率を見ると、２０２２年末時点で中国＋香港が約32％、シンガポールが約43％、台湾が約10％、韓国が約9％を占めており、これらで9割以上が説明できる（※数字は全て小数点第1位を四捨五入している。以下同様）。中国だけでは約9％と大きくないが、香港を経由して日本へ投資されている中国資本も大きいと思われることを考慮し、約24％を占める香港と合算している。

恐らく、シンガポールも同様の事情を抱えており、同国に子会社を置くグローバル企業からの投資が計上されている部分も大きいと考えられる。このような事情から推察する限り、中国＋香港やシンガポールなどからの対内直接投資の勢いをもって「アジア資本に期待」というのは必ずしも正しくない。とはいえ、欧米資本が急に何らかの事情でシンガポールや中国・香港を経由するようになったわけでもあるまい。だとすれば、欧米資本の比率低下から「アジア資本に期待」と考えることもまた、さほど大きな間違いではないように思える。

また、台湾の数字はＴＳＭＣ工場建設に沸く日本の実情を見れば多くの説明を要しないであろうし、韓国についても同国の最大手電機メーカーが神奈川に半導体の研究開発拠点を設けることが２０２３年に報じられている。[42] 純粋にアジア資本が日本に投資を行う規模が拡大している部分はありそうである。

日本は今や「投資される側」

直接投資を行う企業は相応の資金力を持ち、投資先で発揮できる強みを備えていることが条件になる。そのように考えれば、当該国の経済が日本に投資できるほど成長してきたと読み直すこともできる。既に１人当たり名目ＧＤＰについて韓国や台湾が日本に肉薄しており、近い将来に追い抜くと言われている中、それらの国々から投資が増えることは必然の帰結とも考えられる（図表５－６）。わずか10年前、韓国も台湾も日本の名目ＧＤＰの６割程度だった。これほど急激な変化を踏まえれば、直接投資を巡る挙動に変化が出てきても不思

図表5-6　アジアの1人当たり名目GDP（各国÷日本）

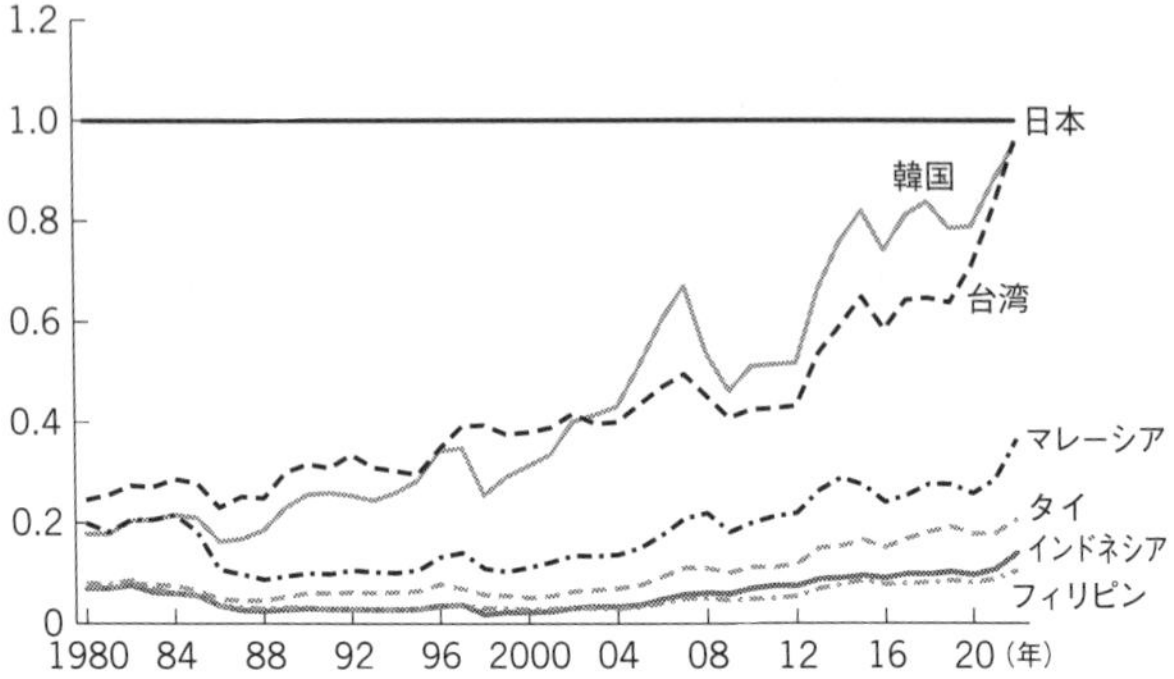

（出所）macrobond

議ではない。

なお、まだ日本とは差があるものの、マレーシアやタイ、インドネシア、フィリピンといった東南アジア諸国も明らかに追い上げてきている。ちなみにマレーシアの現在（図では2022年が最新）の立ち位置が2000年前後の韓国や台湾と近い。そう考えると、全く予断を許さないようにも思えてくる。卑近な例で言えば、日本人がアジアに旅行に行けば、「思ったほど物価が安くなかった」という感想で帰ってくることが増えていないだろうか。それはアジア諸国と日本の購買力が縮まっている証左であり、日本が「投資する側」から「投資される側」に回っている状況を示唆する。少なくとも、アジア地域において、もはや日本は頭一つ抜けた存在ではなくなっている。

どこの国・地域・業種を戦略的に狙うべきか

対内直接投資残高に関し、国・地域別の現状を踏まえた上で業種別にも把握しようとすると「直接投資残高（地域別・業種別）」という別の財務省統計から確認することになる。同統計は国際収支統計や対外資産負債残高統計とは作成方法が異なるので残高水準が既述の数字とは異なることに注意を要するが[43]、政府が「どこの国・地域から、どういった業種に向けて資本を戦略的に引っぱってくるべきか」を考えるヒントにはなる。

図表5－7に示される通り、日本への対内直接投資残高の約66％は非製造業で占められており、特に金融・保険業だけで約40％を占めている。既に見たように「対内直接投資＝製造業（の工場建設）」というイメージはまだ根強そうではあるものの、実績を見る限り、主軸は非製造業である。金融・保険業で最大の投資元となっているのが米国で金融・保険業全体の約46％を占めるが、これに約29％のアジアが続く。このアジアの殆ど全てがシンガポールだ。２０２３年末時点で、米国からの対内直接投資残高はシンガポールのそれの2倍強だが、２０１４年末時点では4倍強の差があった。やはり日本への直接投資に関し「欧米の低下とアジアの上昇」という傾向はあるように見える。

図表5-7　国・地域別の対内直接投資残高（2022年末）

	全体	米国	欧州	アジア	シンガポール	中国・香港	台湾	韓国
全体	298,950	83,057	92,207	85,677	38,923	24,936	10,048	10,110
製造業	101,949	9,736	59,388	17,255	1,007	11,913	3,492	450
化学・医薬	29,020	3,048	14,231	9,616	143	9,354	82	−
一般機械・器具	5,849	−	3,587	1,245	−	989	−	−
電気機械・器具	22,305	1,020	10,355	4,932	958	479	**3,409**	−
輸送機械・器具	30,730	422	27,453	966	−	662	−	99
非製造業	197,001	73,321	32,819	68,422	37,916	13,023	6,556	9,660
通信業	22,816	2,311	12,705	5,169	(725)	236	−	5,523
卸売・小売業	1,063	133	(11,102)	850	(689)	386	128	1,149
金融・保険業	117,784	53,915	25,560	34,319	**30,494**	697	−	1,252
不動産業	4,752	507	264	4,752	1,310	999	56	785
サービス業	16,366	5,600	2,590	5,251	402	3,768	166	696

（出所）財務省

金融・保険業の実態は

金融・保険業に関する投資の詳細を知ることは難しいが、証券投資や不動産投資などで日本法人を設立すればここに計上されるため、その影響は大きいと察する。世界でも異質な低金利環境が日本への不動産投資を誘引してきたのは周知の通りであり、2023年は海外の投資ファンドや企業による国内不動産投資額が前年比で3割減少し、5年ぶりの低水準となったことが話題になった[44]。裏を返せば、それまでは海外から日本への不動産投資が旺盛だったということでもある。実際、シンガポールの政府系ファンド（SWF：Sovereign Wealth Fund）が日本の商業用不動産を売買するニュースはこれまで繰り返し目にされてきた。個別事例を挙げれば枚挙に暇がないが、例えば2023年には、シンガポールのSWFであるメープルツリー・インベストメンツが大阪市の商業ビルを540億円で売却したことが話題になった。また、別のSWFであるシンガポール政府投資公社（GIC：Government of Singapore Investment Corporation）が、汐留の大型オフィスビルを売却する方針も報じられ、この売却額は3000億円を超えるとの報道もあった[45]。いずれもシンガポールのSWFが不動産投資を積み上げてきたことの裏返しである。

図表5-8　円とアジア通貨の名目実効為替相場

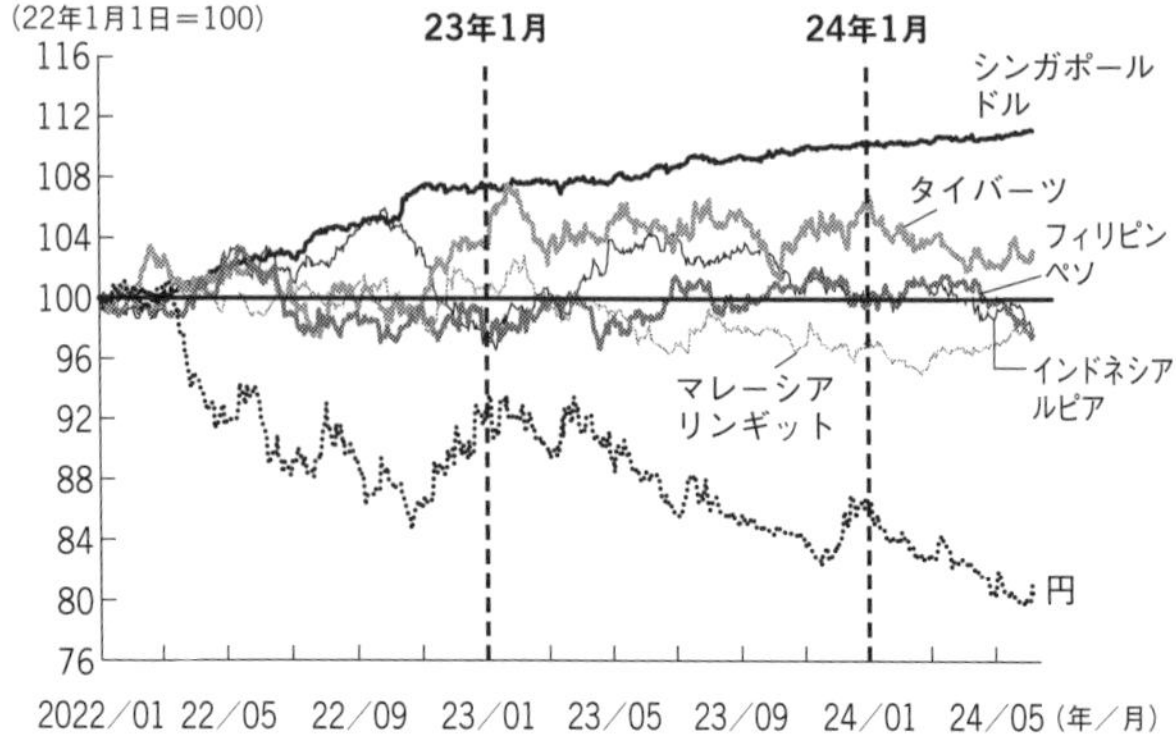

（出所）macrobond、24年は6月6日までの状況

このように不動産売却のニュースが目立った2023年だが、GICは同年8月、日本に関し、「長期的に優れたリスク調整後リターンを達成できる魅力的なマーケットであり続ける」、「多くの投資家が日本の低金利と円安に魅力を感じている中で、GICは特に日本の不動産市場の厚みと流動性に魅力を感じている」などの声明を公表しており、日本への長期投資を続ける意向を示している。[46]

もっとも、2022年以降から本書執筆時点に至るまで、シンガポールドルと円はアジア通貨の最強と最弱の組み合わせである。それゆえ、日本への投資判断に際し、円安の影響も多分にあるのではないかと推測する（図表5－8）。

対内直接投資促進に必要な価値観の変化

図表５—７から判断する限り、対内直接投資残高の実績を積み上げるために大きなインパクトを持ちそうなのは、業種別には半導体工場に象徴されるような製造業ではなく金融・保険業などの非製造業であり、国・地域別には欧米ではなくシンガポールなどを主軸とするアジア資本というイメージが得られる。本書執筆時点では対内直接投資に絡んだ議論の殆どがＴＳＭＣ工場誘致に象徴される製造業のグリーンフィールド投資に主眼を置いたものだ。もちろん、この重要性に疑いの余地は無い。しかし、製造業だけではなく非製造業からの資金も引き込むことで「２０３０年までに１００兆円」という政府目標はより確実に達成できる可能性があろう。

ここまでの議論を踏まえると、日本へ対内直接投資を呼び込むにあたってのコンセプトは「資本は欧米、業種は製造業」から「資本はアジア、業種は金融・保険業」という価値観の変化が必要になっていそうであり、実施形態としてはグリーンフィールド投資に限らずＭ＆Ａの活用事例も増やしていくことが期待されそうである。もちろん、金融・保険業にシフトしろと言っているわけではない。実際のところ、製造業には波及効果が期待されるため、対内直接投資残高の多寡だけで評価するのも恐らく適切ではない。ただ、「安い日本」を活かせるのはモノ作りだけではないという価値観の変化も必要ではないかという提言である。

こうした問題意識の下、個別事例をより詳細に分析し、障害となっている論点の洗い出しなどを行った上で適切な施策を当てはめていく必要がある。この点で注目される政府の取り組み事例に関しては本章の最後で紹介することにしたい。

国際政治情勢の緊迫化という追い風

上述してきたように、「2030年までに100兆円」という政府目標を実現するにあたっては、国内（政府）における適切な現状分析とそれに割り当てられる適切な施策が要求されるのは間違いない。だが一方、基本的には対内直接投資の促進は「相手のある話」であり、国内と並んで海外の情勢も大いに重要である。「投資される側（日本）」がいくら環境を整えても、「投資する側（海外）」にも事情はある。確かに、常態化する円安が日本への対内直接投資を検討して貰うにあたって大きな追い風であることは間違いない。とはいえ、コストメリットだけで巨額の資本を惹きつけるにも限界はある。単に安いだけであれば、日本よりも安い国はまだアジアにはいくつもあるし、アジアの外に目を向ければさらにフィールドは拡がる。

この点、「投資する側（海外）」が日本を評価する上では、近年緊迫化する国際政治情勢も追い風となっている側面がある。第2章でも紹介したように、本書執筆時点で世界の直接投資は「地政学的に見て、より安全な場所」を求めて再構築される傾向にあり、日本はその際の有力な候補として浮上しやすくなっている。具体的には2023年4月にIMFが公表したWEO[47]の第4章に掲載された「地経学的分断と外国直接投資」では世界の直接投資を取り巻く環境について、国際政治情勢の緊迫化という視点から読み解いている。

結論から言えば、IMFは近年の世界経済では直接投資の減速が顕著になる傍ら、地政学的な友好国や戦略分野（例えば半導体や化学製品など）を対象として投資の集中化が進んでいるという事実を指摘している。そうして企業が直接投資の再構築（relocation）を検討する際、直接投資を行う国（多くは先進国）と政治的な距離離感がある受け入れ国（多くは新興国）は直接投資（端的に言えば外資系企業）の流出に見舞われやすくなっているという。代わりに直接投資は政治的な距離感が小さい国にシフトする傾向が強まっているともWEOは指摘している。結果、直接投資が「流入する国」と「流出する国」の分断化が深まり、世界経済全体で見ればアウトプット（生産量）が減り、成長が鈍化するというのが2023年4

月のWEOで示されたIMFの問題意識である。

2016年以降に変わった世界

世界は2016年以降に分断を深めたという論調は多い。明確な時代区分を設けるのは難しいものの、英国のEU離脱方針が確定し、トランプ氏が当選した2016年を1つの分水嶺として捉える分析は頻繁に目にする。2017年のトランプ政権発足以降は米中貿易摩擦に象徴される「米国vs.中国」という対立構図が注目されたが、トランプ政権発足後に目の敵にされたのは中国だけではなく、日本やドイツなど米国に対して貿易収支黒字を抱える国全般にも強い言葉が投げかけられた。この頃から米国や欧州は自国第一主義（端的に保護主義）の傾向を強めるようになった印象はある。その後、トランプ氏は2020年11月の選挙で敗れるものの、もはや世界が元に戻ることは無かった。2020年はパンデミックの発生により世界中でサプライチェーンが物理的に寸断され、これが終息しようという2022年にはロシア・ウクライナ戦争が勃発、「西側陣営vs.中国・ロシア（とそれに連なる非西側陣営）」という構図が仕上がった。こうして元々西側陣営も一枚岩ではなかったところパンデミックや戦争が重なったことで世界経済の分断が一段と深まったという経緯がある。

特に２０２２年以降はロシアからの資源供給が滞った西側陣営で天然資源が著しい供給制約に直面するようになった。この際、西側陣営も資源国である米国やカナダなどは相対的にダメージが抑制されたものの、欧州は大打撃を受けることになった。周知の通り、日本も打撃を受ける側の国であった。わずか3年のうちに世界経済を効率的に回していたサプライチェーンが瓦解してしまったのが２０２０年から２０２２年という局面であった。

本書執筆時点ではパンデミックこそ終息しているが（もっとも、それに起因するインフレ圧力は半永久的に持続するとの分析もある）、地政学リスクは緩和の兆しが殆ど感じられず、悪化の兆候すらある。国家間の緊張が高まれば、国境をまたぐ企業の経営判断も当然変化を強いられる。特に直接投資については「リスクの高い国・地域からは引き揚げよう」という判断が下されやすくなるのは想像に難くない。

こうして企業行動の話である直接投資は地政学リスクが意識されるようになった２０１６年以降の世界経済において政治的な関心事として一段と注目されるようになっている。米国での生産・販売を促そうとしたトランプ政権の外交姿勢「米国第一（America First）」はその象徴的な動きだったが、同じ路線はバイデン政権にも受け継がれている。補助金や税優遇を活用して、ハイテク分野の工場を米国へ引き込もうというインフレ抑制法（ＩＲＡ：

Inflation Reduction Act）はバイデン政権が抱える保護主義傾向の象徴と言える。そのほかユーロ圏も類似の路線を取るようになり、前述した2023年4月のWEOではフランスが米国に対抗し「Made in Europe」戦略を提唱している事実に言及がある。

「スローバリゼーション」という追い風

第2章でも触れた通り、こうした世界経済情勢は文字通り「グローバリゼーションのスローダウン」とも言うべきもので、2023年4月のWEOでIMFは「スローバリゼーション（slowbalization）」と表現している。もっとも、スローバリゼーションはトランプ政権やパンデミックなどで始まったものではなく、リーマンショック以降、見られてきた兆候でもあった。図表5－9は同じWEOに掲載されたものだが、2007年に世界の名目GDPの5％強まで増加していた直接投資はその後の金融危機（2007年：サブプライムショック、2008年：リーマンショック）を経て明らかに失速しており、2018年には1％を割り込んでいる。その後は持ち直しが見られるものの、パンデミックやロシア・ウクライナ戦争の影響なども背景に鈍い伸びが続いている。世界の直接投資は金融危機を受けて元々スローバリゼーションの兆候があったところ、地政学リスクの高まりなどによってさら

図表5-9　世界の貿易・サービス収支と直接投資（%、対名目GDP）

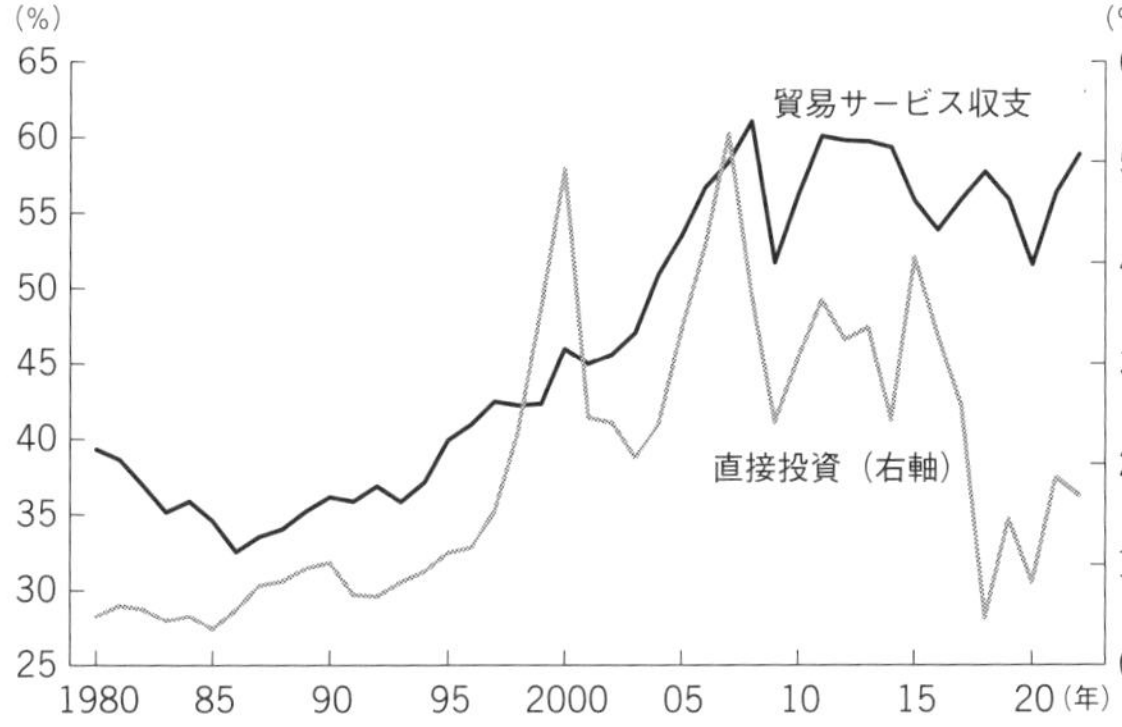

（出所）IMF, WEO, April 2023

に重い足枷を嵌められているのが実情と見受けられる。

ＩＭＦはスローバリゼーションの背景にある直接投資の分断化は世界経済に負の影響をもたらす「新たな要素（novel elements）」だと表現している。企業も為政者も自国もしくは政治的な利害が一致する友好国に生産拠点を移す段階にあり、地政学リスクに対して耐久性のあるサプライチェーン作りに腐心している。いわゆる友好国回帰（friendshoring）と呼ばれる動きだ。安くて安全な日本はこの流れに乗って、多くの直接投資を呼び込めるのではないかと目されている。片や、既に論じたように、先進国から直接投資を多く受け入れていた新興国は直接投資流出の憂き目にあいやすくなる。歴史的に先進国からの直接投資は新興国のような「持たざる者」にも富める機会を与えてきたことを思えば、この構図が続けば「国境を越えた商取引の恩恵を受ける国・地域がこれまでよりも限定される」という含意に行き着くだろう。結果、世界経済の成長は鈍っていく。スローバリゼーションは日本にとって追い風になるかもしれないが、世界の成長にとっては向かい風である。

全ては「中国を軸とする企業の離合集散」だったのか

ＩＭＦは２０２３年４月のＷＥＯにおいて直接投資分断化の影響を国・地域別に分析している。ここでは米国が中国拠点を引き揚げ、世界各地に分散している動きが顕著に示されており、程度の差こそあれ、欧州にも同様の傾向は確認できた。片や、中国は各地から直接投資を引き揚げており、自国へ集約している様子も窺えた。とりわけ、こうした動きは戦略分野、例えば半導体分野などで顕著に見られており米国も欧州も自国域内での生産拠点構築に向けて動いている。図表５－10は地域別の直接投資件数を半導体分野に関して示したものだが、２０１８年以降、中国への投資は顕著な減少傾向にある一方、２０２０年以降、欧米ならびに中国を除くアジアへの投資は明確に増えている。結局、こうしてみるとグローバリ

図表5-10　地域別の直接投資件数
（半導体、2015年Q1を100とした場合）

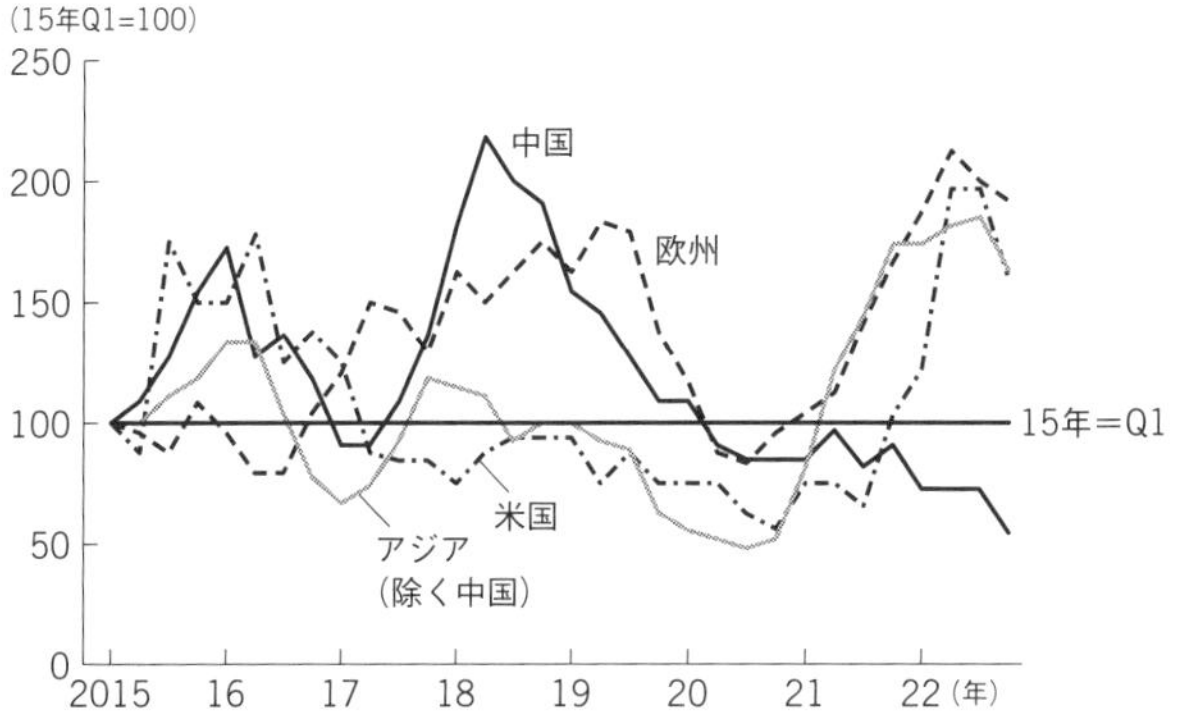

（出所）IMF, WEO, April 2023

ゼーションおよびスローバリゼーションは中国を軸とする企業の離合集散だったとも表現できそうである。

2023年4月のWEOの1年後……

ちなみにこれまで繰り返し引用してきた2023年4月のWEOから1年後となる2024年4月に公表されたWEOではスローバリゼーションというフレーズこそ使われていないものの、「分断（fragmentation）」というフレーズは頻出しており、報告書全体で検索すると202ページ中、計45回も登場する。世界経済を語る上で「分断」が重要な論点となっているのが良く分かる。また、BOX欄では「国際貿易に既に影響を与えつつある分断（Fragmentation Is

**図表5-11　分断化が世界貿易に与える影響
（ロシア・ウクライナ戦争前後での貿易成長率の格差[※1]）**

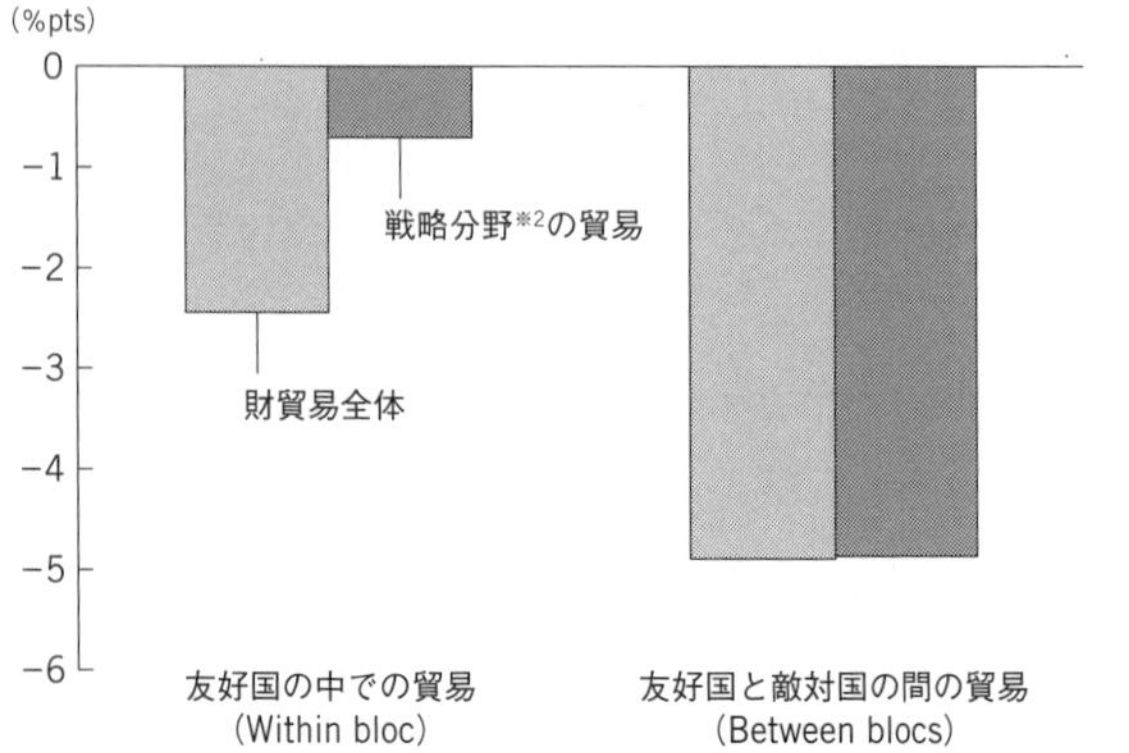

※1：〈戦前〉17年第1四半期から22年第1四半期、〈戦後〉22年第2四半期から23年第3四半期。両期間の貿易変化率（四半期、前期比）の平均を算出した上で、その格差を取っている。
※2：機械および化学製品。
（出所）IMF, WEO, April 2024

Already Affecting International Trade)」と題した分析が披露されており、スローバリゼーションのイメージを定量的に確認することができる。

このＢＯＸ欄の分析ではまず、世界経済を２つのブロックに分けている。１つのブロックは「オーストラリア、カナダ、ＥＵ、ニュージーランド、米国からなるブロック」、もう１つのブロックは「中国、ロシア、および２０２２年3月２日の国連総会でロシアに味方した国々からなるブロック」だ。それぞれのブロックについてロシア・ウクライナ戦争前後に関する貿易変化率を算出し、減少幅を比較している（期間などの詳細は図表５－11の注釈を参照）。分析には入っていないようだが、日本が入るとしたら当然、前者のブロックになるだろう。

図に示されるように、貿易全体で見た場合、ブロック内とブロック間では減少幅が倍以上違っており、特に戦略分野（ここでは機械や化学製品など）の貿易に限れば、ブロック内では殆ど減少していないのに対し、ブロック間では大幅に減少している。また、特に米中間の貿易関係が弱くなっていることにも言及があり、米国の輸入総額に占める中国のシェアは２０１７年の22％から２０２３年は14％へ約▲８％ポイントも減少したことが指摘されている。２０１７年が起点とされているのは当然、トランプ政権発足に合わせたものだ。ちなみに米国が有していた中国拠点は２０１７年から２０２２年の間にメキシコやベトナムなどへ再構築されており、「サプライチェーンが間延びし、効率性が犠牲にされている」との指摘も見られている。こうした直接投資の引き揚げと再構築を巡る動き、およびこれに付随する悪影響に関しては、まさに２０２３年４月のＷＥＯで懸念された通りの事態が起きていると言える。

なお、本章の趣旨とは異なるため深追いはしないが、貿易や直接投資のような国境を越える必要のある経済活動が効率性を失い、従来よりも時間やコストをかける必要が出てきてしまったことが、思い通りに制御できないインフレの背景となっている可能性も指摘されている。

日本が選ばれるのは順当

前置きが長くなったが、こうしたスローバリゼーションの傾向は世界経済の成長にとって向かい風だとしても、日本の対内直接投資目標にとっては追い風と考えられる。既述のIMFの分析に基づけば、西側陣営のブロックに属するだろう日本の目線から言えば、対内直接投資を引き込みやすい国際環境が仕上がりつつあるとも読める。

TSMCが日本の熊本県を選んだ背景には、日本政府や熊本県によるサポート、当地における優秀な素材・装置メーカーの存在、質の高い人材・インフラなど日本固有の要因を評価する部分も大きいと言われているが、大前提として「地球上で最も地政学的に不安定な場所の1つ」とも形容される台湾に製造拠点を置きたくないという台所事情が議論の出発点となっている。同じように中国や香港に重要な拠点がある企業や投資家はその再構築を検討せざるを得ないだろう。その際、日本は無視できない代替候補地にはなる。

落ち目とはいえ、世界第4位の経済規模を誇り、教育水準が平均的に高く、治安も良いという条件に加え、2022年以降は強烈な円安（海外から見たコストメリット）まで重なっている。客観的に見て、グローバルサプライチェーンの再構築を検討する際、日本が有力な候補に挙がることは順当である。事実、TSMCに象徴される半導体工場に限らず、既に確認したように、米巨大IT企業が日本でデータセンターの増強に踏みきるとの報道は相次いでいる[48]。この流れを逃さずに捉えることが政府には求められている。

対内直接投資の「負の側面」

なお、政策には功罪が必ず付き纏う。ここまで見てきたように「円安を活かすカード」として対内直接投資の促進は支持できる部分が多い。しかし、決して万能な政策ではないことも知っておきたい。対内直接投資が順当に積み上がった場合、予想される代表的な批判の1つが「所詮は外資系企業の収益になるだけ」というものだ。結論から言えば、その批判は正しい。以下では敢えて対内直接投資の「負の側面」を紹介する。

仮に今後の日本で対内直接投資残高が増え、九州に限らず日本の各所で外資系企業の工場や研究施設などが誕生したとしよう。直接的にはそこから世界への財・サービス輸出が増えることになるため、国際収支項目で言えば、貿易サービス収支の改善を期待することになる。しかし一方、例えばＴＳＭＣの工場やＧＡＦＡＭの研究開発拠点が上げた利益は当然、台湾や米国に帰属するため、そこに円売り・外貨買いの資本フローは発生する。国際収支項目で言えば、第一次所得収支の悪化だ。こうした対内直接投資の促進に伴う実体経済への影響は統計上、ＧＤＰ（国内総生産）とＧＮＩ（国民総所得）の乖離から理解することになる。

ＧＤＰは「国内で1年間に生産されたモノやサービスの付加価値の合計」であるのに対し、ＧＮＩは「居住者が国内外から1年間で獲得した所得の合計」だ。理論上は「ＧＮＩ＝ＧＤＰ＋海外からの純要素所得」であり、「海外からの純要素所得」は第一次所得収支に相当する。現状、日本は海外での生産・販売活動を基軸として外貨を稼いでいるため（第一次所得収支が黒字であるため）、「ＧＮＩ＞ＧＤＰ」という大小関係が定着している。今後、対内直接投資を促していけば国内での消費・投資活動や輸出が活発化する結果としてＧＤＰが増える一方、外資系企業が稼いだ利益は本国送金されるため第一次所得収支の黒字は減少し、ＧＮＩの増え方は抑制されることになる。

アイルランドで起きたこと

この典型例がアイルランドだ。「【ＢＯＸ③】：デジタル赤字は日本だけなのか」で議論したように、アイルランドは税率や言語、教育などの強みを背景としてＧＡＦＡＭを中心とする巨大ＩＴ企業の誘致に成功している。このほか製薬企業や金融機関の拠点もアイルランドに集積している。世界的な対内直接投資大国と呼んで差し支えない。これからの日本が対内直接投資を突破口とするならば、学べることは多いはずである。

しかし、外資系企業の力を借りたことによる副作用はＧＮＩに現れる。例えば２０００年時点で名目ＧＮＩの名目ＧＤＰに対する比率は０・87程度だった（図表５－12）。つまり、名目ＧＮＩの方が▲13％程度小さかったということである。その後、両者の差は徐々に拡がり、２０２２年時点では０・72程度、つまり名目ＧＮＩの方が▲28％程度小さくなっている。所得の概念で見た方が３割弱も経済が小さくなるというのは看過できない差である。成長率のけん引役を外資系企業の対内直接投資に託した場合、恩恵の多くは当然ながら企業の本籍地に向けて流出するため、投資先国に配分されるパイはその分小さくなる。その小さくなったパイの多くは誘致した外資系企業と関わり合いの深い業態に配分されることになる。

図表5-12　アイルランドの名目GDPと名目GNI

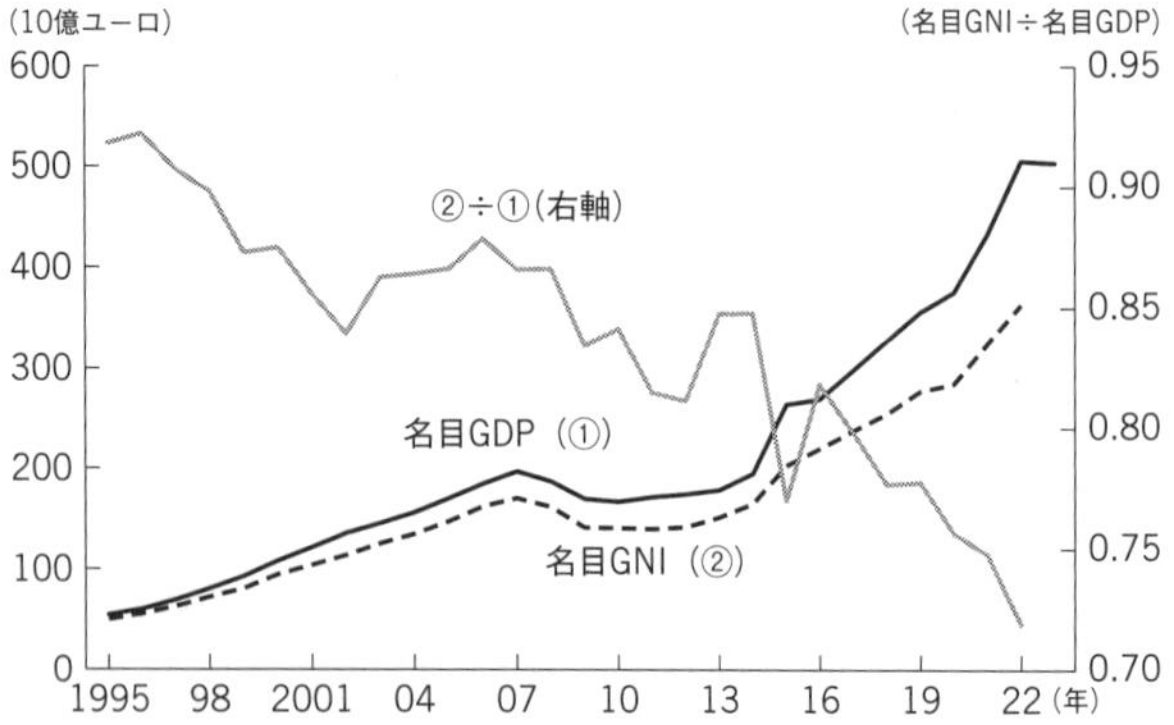

(出所) Macrobond

実際、アイルランドでは情報通信や金融といった分野の賃金が全体平均に比較して突出して高いことで知られている。

とはいえ、日本の事情は異なる可能性も

このように対内直接投資促進はGDPの押し上げと同時にGNIの抑制をもたらす可能性がある。恐らく投資先に選ばれた地域では雇用・賃金環境の逼迫を通じ、地元企業が人材獲得に難渋するという副作用にも直面しやすいだろう。「投資先国の所得環境に対し思ったほどプラス寄与が無い」という後ろ向きの指摘は将来的に想定されるところではある。

とはいえ、ここまでの本書の議論で見てき

た通り、円安相場の底流に内外金利差だけではなく円売りに傾斜した需給構造があるのならば、それを抑止するための努力は何らか必要になる。この点、対内直接投資が純輸出増加を通じてGDPを押し上げる以上、日本が獲れるメリットはある。円安圧力も弱まるだろう。少なくともアイルランドでGNIが伸びにくかったという事実一点をもって、日本における対内直接投資促進の方針を咎める理由にはなり得ない。また、受け入れる業態の差も考慮すべきだ。アイルランドが受け入れてきた情報通信や製薬といった業態は付加価値が高い資本集約的な業態である。少ない労働投入で高い利益を実現できるからこそ、それらの業種の賃金は高くなる。結果、雇用・賃金への波及効果は局所的になりやすい側面がある。

これに対し、日本が促そうとしている半導体工場のような製造業は労働集約的な業態になるため、より多くの人手が必要になる。雇用創出効果も、それに付随する消費・投資の波及効果も、アイルランドのケースと比べれば大きくなる期待はある。そもそもGDP比で見て5%台という対内直接投資残高が北朝鮮以下と揶揄される現状にあって、これを引き上げようとする努力が誤っているということは考えにくい。どのような政策にも功罪はある。現状の日本では対内直接投資の促進に関し、「功」の部分が「罪」の部分を上回っていると考えても差し支えないのではないか。内外の経済・金融情勢は常に可変的であり、手持ちカードが少なくなってきている日本は「投資して貰えるうちにして貰った方が良い」というのが実情であるように思える。

政府の具体的なアクションを確認

では「２０３０年までに１００兆円」という目標に対し、政府がどのようなアクションを起こしているのか。現在得られる情報を簡単に整理した上で本書を締めたい。ここから先は筆者の思いを込めた従前の議論とは異なり、施策の現状整理にとどまる。よって、やや無味乾燥に思われるかもしれない。ただ、現在の行政が「何もやっていない」かのような印象を与えたまま終わるのもフェアではないと考え、こうした紙幅を用意することにした。

まず、政府は対日直接投資を推進するにあたっての司令塔として対日直接投資推進会議を設置している。ちなみに同会議の第1回が開催されたのは２０１４年4月25日で、この時は岸田政権ではなく第二次安倍政権であった。既に述べた通り、国際的に見て異様な低水準にある対日直接投資残高は歴代政権が繰り返し問題視してきたものだ。

そうした悪戦苦闘の歴史の末、２０２３年4月26日、岸田政権は対日直接投資推進会議の運営を補佐し、関係府省などと調整を行うことを目的として「海外からの人材・資金を呼び込むためのタスクフォース（以下タスクフォース）」の設置を決定している。タスクフォースはアクションプランの進捗状況をフォローアップしつつ、海外からの人材・資金の呼び込みを検討する上での課題や制度面での障壁等の把握を行う役目を負っている。その第1回会議は2024年1月31日に開催されており、この資料が本書執筆時点で確認できる最新情報である[49]（以下は同会議をタスクフォース会議と呼ぶ）

なお、対日直接投資推進会議は目標実現を念頭に「海外からの人材や資金を呼び込むためのアクションプラン（以下アクションプラン）」を掲げており、その策定に際し、以下の様な基本的考え方が示されている。政府が対内直接投資促進にあたって抱く問題意識が箇条書きで明瞭完結に提示されており参考になるため、以下にその趣旨を引用しておく。

- **この30年間、我が国では、デフレ下における国内需要の停滞と新興国とのコスト競争を背景に、企業はコストカットに邁進し、海外生産比率を高め、結果として、国内投資は不足し、賃金も大きく抑制。**
- **従来の国際秩序が変容し世界が歴史の転換期にある中、国内外の環境変化は成長のチャンス。グローバルサプライチェーンの再編の動きの中で、我が国の生産拠点及び研究**

（知の交流）拠点としての位置づけを確立し、国内投資の拡大と研究開発の促進を通じたイノベーション力・成長力の強化を進めることが重要。

- 足下で、30年ぶりの賃金上昇が起こりつつあり、また企業の国内投資意欲も高まりを見せる中、海外からのヒト、モノ、カネ、アイデアを積極的に取り込み、国内投資拡大・研究開発促進による成長力の強化と価格転嫁を通じたマークアップ率の確保による賃上げを「車の両輪」として、持続的な成長と分配の好循環を生み出していく。
- かかる認識の下、2030年80兆円の対内直接投資目標の更なる高みを目指し、早期に100兆円を目指す新たな目標を定め、海外からの人材・資金を呼び込むための「アクションプラン」を策定し、早期に実行する。

こうした基本的考え方に基づくアクションプランは5つの柱から構成されている。その5つの柱と本書執筆時点で明らかになっている代表的な取り組み事例を併記したものが図表5—13だ。

図表5-13　海外からの人材・資金を呼び込むためのアクションプラン

①	国際環境の変化を踏まえた戦略分野への投資促進・グローバルサプライチェーンの再構築	• 産学官連携による人材育成等コンソーシアムの全国展開 • 半導体基金などを活用した産業立地プロジェクトの戦略的展開
②	アジア最大のスタートアップハブ形成に向けた戦略	• スタートアップ・エコシステム拠点都市（8か所）への集中支援 • 外国人起業家向けビザ（スタートアップビザ）の利便性向上 • 高度外国人材等の呼び込み • 国際的な頭脳循環の拠点化に向けた制度整備
③	高度外国人材等の呼び込み、国際的な頭脳循環の拠点化に向けた制度整備	• 世界に伍する水準の新たな在留資格制度（特別高度人材制度（J-Skip） • 未来創造人材制度（J-Find）の創設 • 技能実習制度・特定技能制度の在り方の検討 • グローバル・スタートアップ・キャンパス構想 • デジタルノマド受入制度の検討
④	海外から人材と投資を惹きつけるビジネス・生活環境の整備等	• 国際金融センターとしての機能強化／GX投融資促進 • 多言語ワンストップ窓口機能強化 • 医療環境（多言語対応病院情報等を提供する全国プラットフォーム構築等） • 教育環境改善（インターナショナルスクールから高校進学の円滑化等） • インバウンド拡大（MICE誘致等）
⑤	オールジャパンでの誘致・フォローアップ体制の抜本強化、G7等を契機とした世界への発信強化	• 在外公館長／JETRO海外事務所長レベルで連携による「FDIタスクフォース」の創設 • 地域別誘致策や外国企業の地域への定着／二次投資を促進する「地域投資誘致フォローアップ連絡会議」の創設 • 各省副大臣級の「海外からの人材・資金を呼び込むためのタスクフォース」を創設し、取組成果・課題等をフォローアップ／PDCAの実行 • 海外企業トップ等の参加を得たビジネスサミットの開催

（出所）内閣府「『海外からの人材・資金を呼び込むためのアクションプラン』の決定について」2023年5月22日

やはり重視される半導体分野

これら5つの柱に沿って進捗を確認するのがタスクフォース会議である。対内直接投資残高のGDP比が北朝鮮以下という惨状を踏まえれば、どのような論点であれ取り漏らすわけにはいかないが、やはり経済効果という意味では半導体を筆頭とする戦略分野への投資促進を謳う①の重要度が高いことは論を待たない。事実、タスクフォース会議の資料でも重点Follow UP（以下FU）分野の一番手として「半導体など重要分野への投資促進策の活用」が登場する。これはアクションプランの①と密接に関係する論点だ[50]。

タスクフォースの第1回会議では「半導体など重要分野への投資促進策の活用」として以下の8分野への基金事業が稼働し始めていることが確認されており、金額的には「令和3年度～令和5年度当初予算までに、合計約6・3兆円を措置。令和5年度補正予算にて約2兆円をさらに追加措置」と記述されている。これだけを見れば、本書執筆時点で8兆円以上の財政資金が戦略分野に投じられたことが理解できる。既に繰り返し見たように、本書執筆時点で半導体やデータセンターについては既に多数の先行事例が上がってきている。

1. 先端半導体生産基盤整備基金
2. 経済環境変化に応じた重要物資サプライチェーン強靭化支援事業（基金）
3. ワクチン生産体制強化のためのバイオ医薬品製造拠点等整備事業（基金）
4. バイオものづくり革命推進事業
5. データセンターの地方拠点整備
6. ポスト5G情報通信システム基盤強化研究開発事業（基金）
7. グリーンイノベーション基金
8. 革新的情報通信技術（Beyond 5G（6G））基金事業

また、タスクフォース会議において「半導体など重要分野への投資促進策の活用」の次に重点FU分野として登場するのが「産学官連携による人材育成等コンソーシアムの全国展開」であり、これも半導体絡みだ。具体的には「『九州半導体人材育成等コンソーシアム』といった先行事例の横展開」とあり、「産学官連携による半導体人材の育成のため、九州地域を皮切りに6地域（九州、中国、中部、関東、東北、北海道）で産学官連携コンソーシアムを設立」と明記されている（※コンソーシアム：共通する目的のために複数の組織が協力する共同体）。半導体やバイオなどを戦略分野として財政資金を投じていこうという姿勢は分かりやすいものであり、日々、メディアのヘッドラインでも大きく取り上げられている。

「海外からの人材」に焦点を当てた施策も

こうした動きが半導体を筆頭とする戦略分野に「海外からの資金」を呼び込むための施策だとすれば、「海外からの人材」を呼び込むための施策として「外国人起業家向けビザ（スタートアップビザ）の利便性向上」、「在留資格制度の創設・見直しの検討」、「高度人材の教育に関する生活環境の整備」、「高度人材の医療等に関する生活環境の整備」など、海外の高度人材が快適に就労・生活するための取り組みも重点ＦＵ分野としてタスクフォース会議の資料に盛り込まれている。

もちろん、アクションプランは海外からの資金と人材を区分けして施策を検討しているわけではなく、資金と人材は相互連関的な存在と考えるべきである。しかし、現実問題として、ＴＳＭＣ誘致のように「海外からの資金」を引き込む話題は大きく報じられやすいのに対し、「海外からの人材」に焦点を当てた施策は可視化されづらく、関連報道も多くはない。共に等しく重要な政策課題であることに間違いはなく、問題意識の喚起は重要と考えたい。

例えば「高度人材の教育に関する生活環境の整備」の重点ＦＵ分野に関し、具体的な施策としては「インターナショナルスクールの課程を修了した子弟の高校入学資格を得やすくするべく、学校間接続の円滑化のための必要な対応を行う」ことが明記され、ＪＥＴＲＯを通じて「インターナショナルスクールや国際バカロレアに関する情報発信」を行う方針が記載されている。この点はＪＥＴＲＯウェブサイト「Living in Japan」を通じた地道な広報活動が既に始まっているところである。

また、日本で生活する上では当然、医療サービスを円滑に受けられる環境が求められるが、この点、英語を筆頭に外国語が通じにくい日本の状況を少しでも改善する必要がある。これに関し、「高度人材の医療等に関する生活環境の整備」のフォローアップに目をやると、医療機関の多言語化を推進し、国家戦略特区制度を通じて外国人医師の受け入れ環境を整備することなどが謳われている。具体的には、２０２５年度までに多言語対応が可能な病院数を１０００か所に増やすことや多言語対応が可能な病院などの医療機能情報を多言語（英語、中国語、韓国語）で検索可能とする全国プラットフォームを構築する方策などが紹介されている。

さらに生活環境の整備を謳う以上、医療サービス以前に住居確保も外国人にとって難儀するテーマになる。この点は「ＪＥＴＲＯによる外国人との取引に慣れた不動産業者等紹介を通じた住居確保の円滑化」が謳われており、２０２３年12月時点で「外国・外資系企業に対応可能な不動産業者等64社」をニーズに応じて外資系企業に紹介した実績が記載されている。

以上は第1回タスクフォース会議資料から確認できる施策だが、２０２３年12月には国内投資促進全般に関わる施策について、省庁横断的な資料[51]も公表されている。対象とする分野や担当省庁が整理されており、「国内投資に関し、オールジャパンでどのような施策が展開されているか」を仔細に把握する上では有用な資料であるため、興味のある読者は一読してみることをお勧めしたい。

旅行収支・対内直接投資とリニアの関係性

このように本書執筆時点の政府は「円安を活かすカード」として対内直接投資促進に本腰を入れている。ここまで見てきた通り、この政策の方向性は支持できるものだと筆者は考えている。なお、「円安を活かすカード」として、前著では観光立国化路線やその結果としての旅行収支黒字拡大に紙幅を割いたが、本書では対内直接投資拡大とその影響などに紙幅を割いた。「円安を活かすカード」、言い換えれば「外貨を獲得するカード」として、いずれも重要な政策であることは間違いない。今昔問わず、また、洋の東西問わず、外貨の獲得に苦労するようになった国はほぼ確実に困窮化の一途を辿ってしまう。本書では対内直接投資に力点を置いて議論を進めたが、オーバーツーリズム問題や人手不足問題があるから旅行収支は諦めろと筆者は考えているわけではない。いずれも最善を尽くすべきカードであり、選り好みしている余裕は全くない。この点は既に述べた通りだ。

なお、旅行収支と対内直接投資、双方の勢いを焚きつけるにあたっては政府の支援も当然重要な要素になるが、民間の力が十二分に活用されることも望まれる。その妙案が今の筆者にあるわけではないが、スケールの大きな話で言えば、例えば、本書執筆時点では実現可能性が不透明な情勢にあるリニア中央新幹線の活用は旅行収支と対内直接投資、双方に影響を与えることができる大きな一手ではないかと素人ながら感じるところはある。[52]

理論的に、経済成長は①労働力と②資本と③技術革新で決まることが知られている。日本の状況に照らすと、今後、①の大きな減少は既定路線で、②や③で如何に巻き返すかが重要になる。②を積み上げることは国内投資を増やすこと、具体的には日本企業や外資系企業の投資活動に期待する部分が大きくなる。この意味で国内投資（対内直接投資含む）の重要性を説く岸田政権の方針は支持できるものだ。

一方、③は短期的に一定であり、容易に改善が難しい変数と考えられている。しかし、例えばリニア中央新幹線のような革新的な一手はその変数を動かし得るのではないか。例えば「同じ時間で沢山のインバウンドを運べる」という状況を作れるならば、旅行収支黒字やインバウンド消費は当然に増加しないだろうか。また、首都圏に遍在する有用な労働力もリニア中央新幹線や周辺高速道路などを組み合わせることで地方の研究開発・製造拠点にアクセスすることが容易にならないだろうか[53]。既にJETRO調査を用いて確認したように、外資系企業が日本への対内直接投資を躊躇する大きな理由の1つが人手不足だと分かっているのだから、既存の労働力を効率的に運ぶ輸送手段が誕生すれば、それは大きなアピールポイントになるように思う。筆者は技術的なことや、政治的なことはよく分からないので、これ以上の深入りは避けるが、「円安を活かすカード」である旅行収支や対内直接投資の触媒としてリニア中央新幹線は面白い存在なのではないかと感じることがある。

出し惜しむカードはもう無い

もちろん、リニア中央新幹線はあくまで一例だ。多くの人々がその存在を認識しているけれども、実現していない妙案として挙げた次第である。「同じ時間で沢山のインバウンドを運べる」という命題を考えた場合、ほかにも例えば高速道路を主軸とした自動運転が大型バスなどで実用段階に至れば、類似の効果が得られるかもしれない（素人の夢想ゆえ、実現可能性の議論はご容赦頂きたい）。そのほか世の中にはまだ認識すらされていない妙案が沢山あるのだろう。未来を語ることの楽しみは次回以降の書籍に取っておきたいと思う。

なお、本書では手に余るので敢えて議論を避けたが、投資を請う相手が外資系企業であれ、国内企業であれ、生命線となる論点に電力問題がある。本書執筆時点のドイツではエネルギー政策の失政が対内直接投資の減少に繋がり始めており反面教師の様相を呈している（「【BOX⑥】：日独GDP逆転の本質――為替要因だから良いのか？」を参照）。ことエネルギー政策に関して言えば、理想と現実の乖離を読み間違えたドイツと同じ轍を踏んではならない。例えば今後、生成AIの普及が進む一方だと仮定すれば、電力需要は確実に増大するしかないだろう。既に米巨大IT企業がこぞってデータセンター増強に踏み切っているのだから、その未来に向けて現実は動き始めているとも言える。では、島国・日本として、いつまでに、どのような手段で安価な電力を安定的に確保するのか。その絵図は早急に描く必要がある。この議論も次回以降の書籍に取っておきたいと思う。また、この点は繰り返し論じてきたが、企業活動にとって電力と並んで生命線になるのが労働力不足の問題である。今後の日本において、移民政策の実現可能性をどう考えるべきなのか。この議論も別の機会に譲りたい。

いずれにせよ日本経済の現状と展望に思索を巡らせた時、「もう、出し惜しむ余裕はない」ということだけは確信を持って言えるし、反論も少ないところではないか。通貨価値はあらゆる経済活動の基点であり、それが揺らぐということは国が揺らぐということに等しい。本書執筆時点の円がそこまで救いようのない存在になっているわけではない。しかし、まだ間に合うと思える段階だからこそ、状況を好転させるための妙案を議論していく必要がある。日本経済の未来が、現在を生きる子供達にとって、より明るいものとなるような調査・分析活動をしていきたいと思う。

BOX ⑥

日独GDP逆転の本質――為替要因だから良いのか？

為替要因だから4位で良いのか？

２０２４年２月には、２０２３年のドル建て名目ＧＤＰの絶対額に関し、日本がドイツに次ぐ世界第４位の規模へ転落したことが大々的に報じられた。２０１０年に中国に抜かれて以降、日本は長らく「世界第3位の経済大国」というステータスにあったが、そこから13年間でさらに１つ順位を下げたという話である。日独経済の構造比較をした上で「なぜ逆転されてしまったのか」という議論を掘り下げることは本書の趣旨とは逸れるし、その紙幅も無いので控える。日独経済の比較はドイツの政治・経済分析をメインとした拙著『アフターメルケル「最強」の次にあるもの』で詳細な議論を展開しているので、関心のある読者は手に取って頂ければ幸いである。しかし、日独ＧＤＰ逆転を受けて、「一時的な為替要因であり、４位転落は騒ぎ過ぎである」という斜に構えた論調や、「普段は見ることのないドル建て名目ＧＤＰでの比較に意味はあるのか」といった根本的な視点を問う論調なども散見された。中国に抜かれた時よりも素直にその事実を受け止められない。そのような雰囲気が筆者には感じられた。特に「為替要因だから一

図表5-14　日独名目GDPの推移

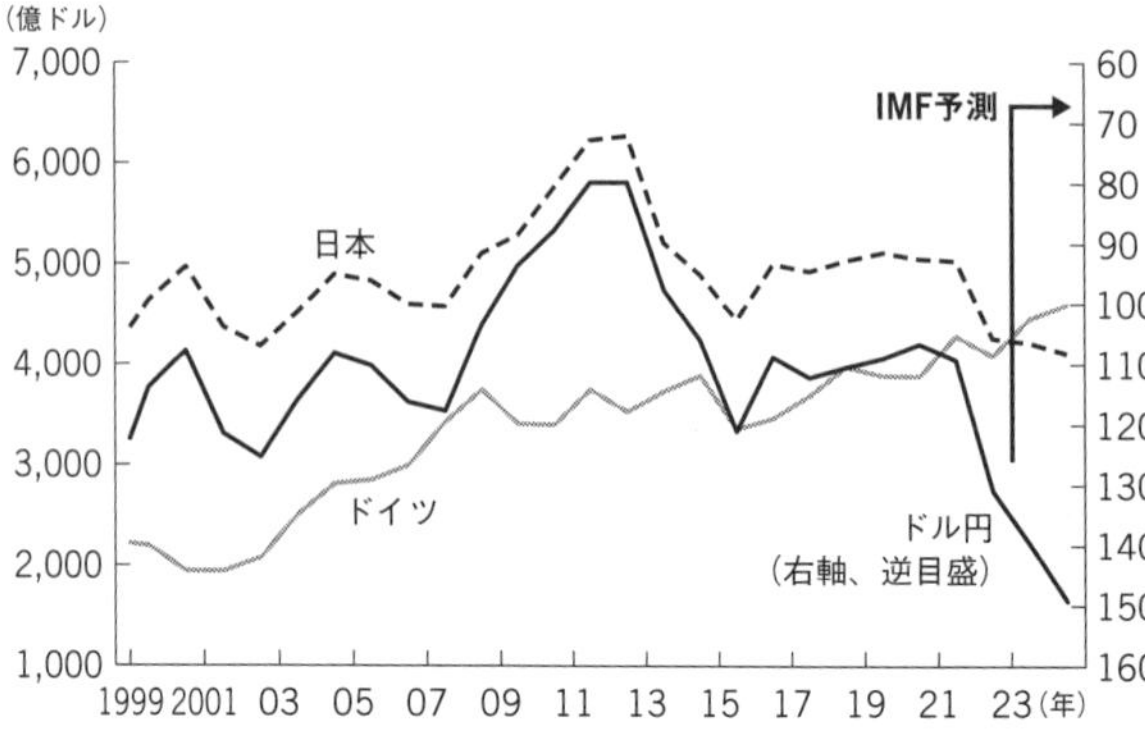

（出所）IMF, WEO, April 2024

時的な話」という論調は直感的に分かりやすいこともあってか相応に支持を得ているように見受けられた。図表5－14に示されるように、基本的にドル建て名目GDPを規定するのはドル／円相場ゆえ、「為替要因で逆転した」という認識に大きな間違いはない。しかし、「為替要因ゆえの逆転だから問題は無い」といった解釈は適切なのだろうか。以下では為替変動に責任転嫁した上で安堵感を得ようとする風潮について筆者なりの見解を示しておきたい。

円高に戻る保証はない

結論から言えば、「為替要因ゆえの逆転だから問題は無い」との発想は現実逃避だと筆者は考えている。まず、そのような論調は「いずれ円高に戻る」ことを自明の前提としていそうだが、その勝算はあるのか。ここまでの本書や前著の議論を通じて、ほぼ言い尽くした感もあるが、２０２２年以降に直面した円安の背景について日本固有の要因を微塵も疑わないというのはさすがに無理がある。「はじめに」でも述べたように、日本の構造要因が意識される世相の中、財務官直下に国際収支構造を分析する有識者会議が設置されるような時代だ。円安を単なる「日米金利差の結果」や「ドル高の裏返し」などと矮小化すべきではない。為替市場全体で円が忌避されている事実を直視し、原因究明と処方箋が待たれる状況にある。

２０２２年以降、円は対ドル相場だけではなく名目実効相場や実質実効相場でも一方的な下げを経験している。実効相場の下落は、円が日本の主要貿易相手国に対して広くあまねく売られているという事実を意味する。仮に、日本経済の弱さゆえにそうした為替市場の現象が起きており、その結果としてドイツに追い抜かれているのであれば、楽観視はできない。

著しく切り下がった水準が円の新常態だとした場合、ドイツを下回る名目ＧＤＰもまた、日本の新常態ということになる。ちなみにドイツの使っている共通通貨ユーロはドイツの自力と比較すれば確実に割安なのだから、仮にドイツマルクが健在ならば、日本とドイツの格差はさらに大きくなっていてもおかしくはない（もっとも、ユーロが割安だからドイツ経済の強さが担保されているという側面もあるため、この辺りの議論は複雑である）。

ドル建て名目GDPで見る意味

なお、「普段は見ることのないドル建て名目GDPでの比較に意味はあるのか」という論調に絡めて「日本で生活している以上、ドル建て名目GDPの国際比較に意味は見出しにくい」といった主張も目にした。こうした主張にも筆者は賛同できない。この主張は少なくとも2点から違和感がある。第一に、経済規模を国際比較するにあたってドル建て名目GDP以外の尺度は乏しいこと、第二に日本人の生活は現に円安で苦しくなっていること、だ。

前者に関しては議論の余地が乏しい。敢えて言えば、対案として「国際比較に際し、理論的にはPPPベースの名目GDPを見るべきであり、その場合、日本より上には米国、中国そしてインドといった人口で大きく勝る国しかおらず、5位のドイツとはまだ大きな差がある」という事実が持ち出されることもある。しかし、第4章で論じたように、そもそも円のPPP自体が信憑性を欠いている事実をどう考えるのか。その原因が恐らくは円ひいては日本経済の構造変化にあると推測される以上、PPPベースの名目GDPを用いることの是非も議論の余地がある。通貨安が輸出増加を通じて貿易収支黒字を積み上げ、需給調整機能を焚きつけることが無くなった日本で実勢よりも大幅な円高水準にあるPPP（例えば本書執筆時点で最新となるIMFの conversion rate は約91円台）を使うことがフェアと言えるのだろうか。

断っておくが、筆者はドル建て名目GDPが万能だと言っているわけではない。しかし、単純に「経済規模を国際比較する」ということに徹した場合、金融市場が評価する名目為替相場で算出したGDP規模を使うのが公平ではないかという問題意識だ。もちろん、「経済規模を比較することに意味はあるのか」という争点はあり得るが、本書でそのような禅問答をするつもりはない。あくまで「経済規模を比較するならばこういう方法がある」という話だ。

元々の成長実績が異なる

また、そもそも現在は過去の積み上げである。成長率に関し、日本がドイツに劣後し続けてきたという事実を脇に置くべきではないだろう。図表5－14に示す通り、1990年代後半以降、日本のドル建て名目GDPがはっきりと拡大したのは2008～2012年の5年間に限られており、これはリーマンショック後の超円高局面と完全に符合する。つまり、為替変動がなければ日本のGDPは横ばいが基本だった。一方、ドイツは着実に右肩上がりで規模を積み上げてきた。そうして積み重なった「地力の差」に2022年以降の歴史的な円安相場が重なり、たまたま2023年というタイミングで両国GDPの逆転が訪れたというだけの話である。

図表5－15に示されるように、1990年以降、欧州債務危機（2009～2012年）を挟んだ局面ですら、実質GDPの成長率に関して日本はドイツの後塵を拝してきた。結局、大きな円安局面がなかったとしても両国の差は徐々に縮小する傾向にあったことは忘れてはならない。後述するように、筆者はドイツを礼賛しているわけではない。むしろ、欧州の経済・金融情勢も専門とする立場から言わせて貰えば、ドイツ経済の現状と展望には悲観的だ。だが、あくまで過去の成長実績を踏まえれば、為替変動以

図表5-15　日独の実質GDP成長率比較

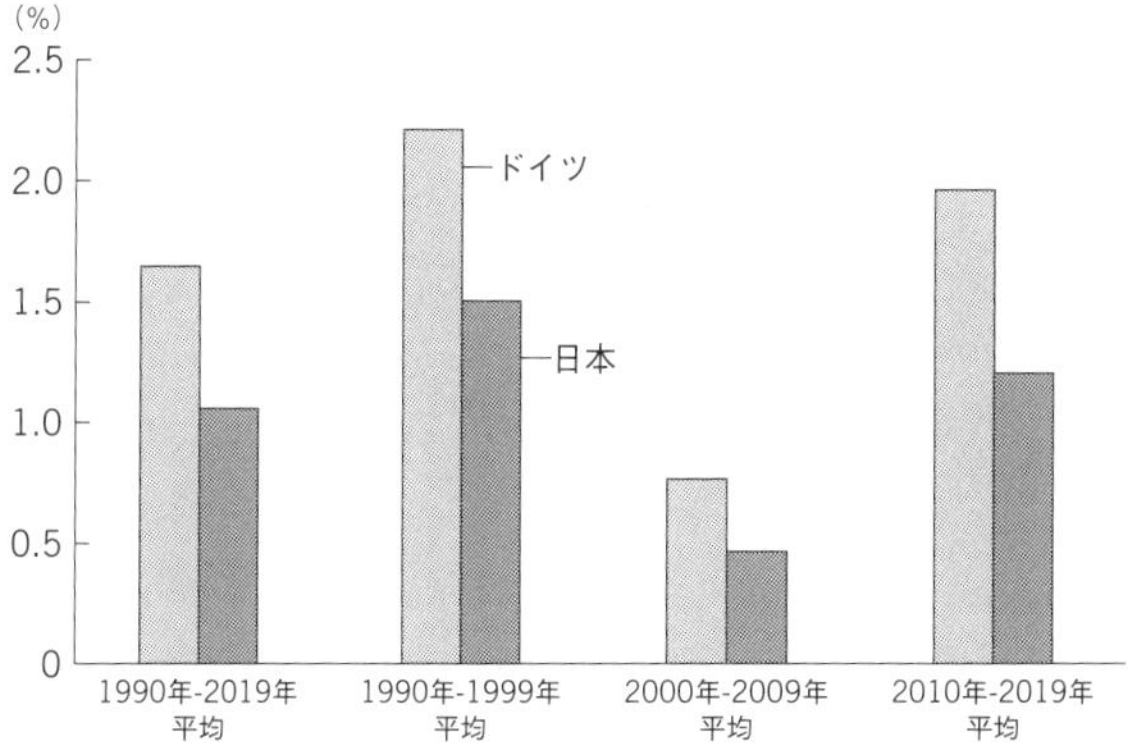

（出所）IMF,WEO, April 2024

外にも日独ＧＤＰの格差を縮小せしめる要因はあったという事実は知って欲しいと思う。

人口格差は今後縮まる

繰り返しになるが、日本とドイツの成長率格差については諸説あって、本書で扱うには大きなテーマであるため、深掘りするつもりはない（先に紹介した拙著『アフターメルケル「最強」の次にあるもの』をお読み頂きたいと思う）。しかし、シンプルな論点として、人口動態にまつわる議論は最低限知っておいても良いだろう。

２０２４年２月15日付の毎日新聞[54]で筆者は「中国に追い抜かれるのは『時間の問題』

だった。しかし、人口が7割程度のドイツに逆転されることは必然ではなかった」とコメントしているが、為替云々以前に、今回の問題の要諦はやはりそこにあるように思える。

既に論じている点だが、経済成長の源泉は①労働力、②資本、③技術革新で決まる。③が容易に変わらない以上、①と②で成長率格差は規定されやすく、人口で圧倒的に勝る国に抜かれてしまうこと自体は「来るべき時が来た」という文脈で諦めもつく。この点、日本の人口が1億２４０４万人であるの対し、中国は14億１０７８万人、米国は３億３７１２万人と「日本より名目ＧＤＰの大きな国は人口も遥かに大きい」という事実があった。これがそのまま①労働力の格差になるのだから、米国や中国と名目ＧＤＰの規模で競うこと自体が難しいという点は分かりやすい。しかし、ドイツの人口は８４５７万人と日本の7割弱だ。[55]それほどの人口差がありながら経済規模で抜かれてしまうという事実がショッキングなのである。

上述の①～③で言えば、近年の日本は①の縮小が低迷の主因と指摘されてきた。それでもまだ、①に限っては大きなリードを持っているはずの日本がドイツに抜かれてしまったということはやはり②や③の劣化が著しいという可能性も示唆される。ちなみ

図表5-16　日独人口の現状と展望

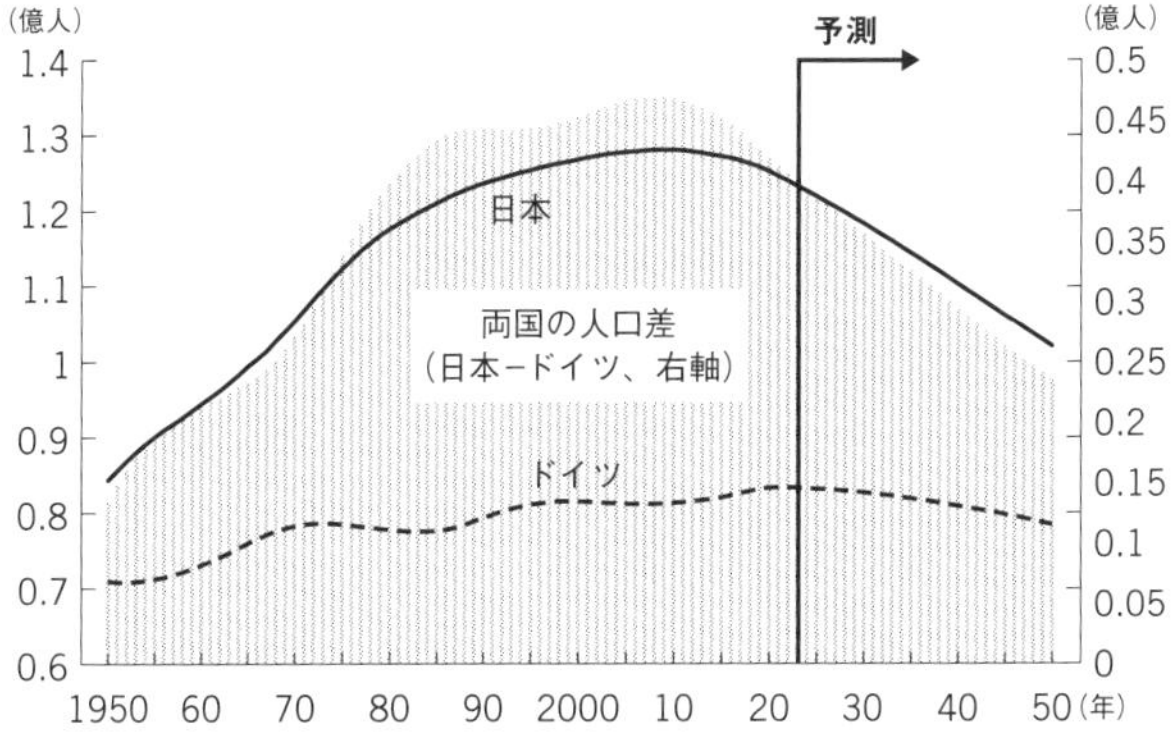

（出所）国際連合、macrobond

に、日本とドイツの人口格差が縮小し始めたのは２００９年頃であり、そこから徐々に、しかし確実に両国の人口は接近している（図表５－16）。円安の大幅修正が無い以上、２０２３年に直面した逆転は一過性で終わらないであろうし、人口の面でも相対的な追い上げが予測されるドイツとの格差はむしろ逆転からの拡大すら懸念される。

ＥＵ経済史に「病人」の変遷

先ほども述べたように、筆者はドイツ経済を持ち上げるつもりは毛頭ない。むしろ、本書執筆時点のドイツ経済は「戻って来た病人（the sick man returns）」

図表5-17　欧州そしてドイツを巡るイメージの変遷：The Economist誌より

Date	Title	対象
1999／6／3	The sick man of the euro（欧州の病人）	ドイツ
2003／12／18	Sick man walking（歩く欧州の病人）	ドイツ
2004／11／17	Germany on the mend（快方に向かう欧州の病人）	ドイツ
2005／5／19	The real sick man of Europe（欧州の本当の病人）	イタリア
2007／4／12	A new sick man of Europe（欧州の新しい病人）	EU
2007／7／25	Sick man no more（もはや病人ではない）	ドイツ
2010／3／11	Europe's engine（欧州のエンジン）	ドイツ
2013／6／13	Europe's reluctant hegemon（欧州の不本意な覇権国）	ドイツ
2023／8／17	**Is Germany once again the sick man of Europe?（ドイツは再び欧州の病人なのか?）**	**ドイツ**

（出所）The Economist

と揶揄されるほどの惨状にあり、その凋落傾向が懸念されている。

なお、「欧州の病人（the sick man of Europe）」というフレーズはEU経済の変遷を考える上で節目となってきたものであり、過去にはドイツだけではなくイタリアやEU本体にも向けられてきた経緯がある（図表5－17）。まず1990年代後半から2000年代前半、東西統合のコスト（具体的には財政赤字拡大、高インフレ、高金利）に喘いだドイツが「欧州の病人（the sick man of Europe）」と呼ばれた。これが２００３年には「歩く欧州の病人（Sick man walking）」、２００４年には「快方に向かう欧州の病人（Germany on the mend）」と呼ばれるようになり、２００７年には「もはや病人ではない（Sick man no more）」と明確な回復が認められるようになった。２０１０年には「欧州のエンジン（Europe's engine）」と称賛を浴びる状況にまで至っている。

特にメルケル政権下のドイツはロシアからの安価な資源調達や親中外交を通じた輸出促進などを追い風としてＥＵ内で「勝ち過ぎ」批判が出るほど実体経済が絶好調の時代が続いた。途中、欧州債務危機があったにもかかわらず、だ。メルケル政権の16年間に関しては、内政や外交の在り方を巡って賛否あるものの、経済に限って言えば黄金期だったと表現して差し支えない。なお、いつの時代もそうであるが、ドイツはＥＵのいち加盟国として振る舞うには強過ぎるが、他の加盟国に原理・原則を説いて強いるほどには強くないという微妙な立ち位置にある。特に、メルケル政権下、経済面で黄金期を享受していた時代は他の加盟国が債務問題で苦しんでいたこともあって、「ドイツvs.それ以外」の対立構図が一段と深まった。その状況を指して、欧州債務危機最中のＥＵでは「不本意な覇権国（reluctant hegemon）」や「半覇権国（half-hegemony）」、もしくは「準覇権国（semi-hegemony）」といったフレーズが飛び交った。

「戻ってきた病人」に抜かれた日本

しかし、本書執筆時点のEUではドイツ一強状態とも言える景色は変わりつつあり、「欧州の病人（the sick man of Europe）」の再来が懸念されている。地政学リスクの台頭もあって、ロシアからの資源調達は断たれ、中国との経済取引も徐々に制限される方向にある。2024年11月の米大統領選挙でトランプ氏が再選し、米国と疎遠になることを恐れ、中国に再接近する雰囲気もあるが、メルケル時代のような関係には戻らないだろう。さらに、2023年4月15日、ドイツは稼働していた原子力発電所の最後の3基を停止し、送電網から切り離した。2011年3月の福島第一原子力発電所事故の直後、メルケル前首相が突如打ち出した脱原発政策が名実ともに実現したわけだが、その代償としてドイツ経済は再生可能エネルギーなど従来よりも高価で不安定なエネルギーに依存するようになった。

本書執筆時点のドイツの苦境を端的に表すと「高いエネルギーコストを前提に製造し

た自国の商品を、最大のお得意様だった中国以外の新規市場を開拓して売り込まなければならない」といった状況である。在任期間中となる16年間でロシアや中国への依存を諫める声は多くあったが、結局、メルケル前首相が耳を貸すことはなかった。脱原発に関してはもはや右派・左派という思想を超えて意固地になった政治の暴走と批判する声も聞こえる。いずれにせよ、「戻って来た病人（the sick man returns）」と呼ばれる事態については自業自得であるとか、自滅であるとかといったワードが飛び交っており同情の声は少ない。

本書においてドイツ経済の詳細な分析を展開するつもりはないが、象徴的な動きを１つ紹介しておきたい。それはドイツ国内で経済活動を展開するコストが高まっていることの結果、同国への対内直接投資は２０２１年後半以降、著しく減少しており、断続的に純流出が目立つ状況が強まりつつあるという事実だ（図表５－18）。海外企業によるドイツへの対内直接投資が盛り上がらない一方、ドイツ企業から海外への対外直接投資は相応に続いている。この構図が続く限り、ネットで見れば企業の純流出が続くことになり、ドイツ国内では産業空洞化が進みやすくなる。ほかでもない日本が２０１０年前後から経験してきた現象であり、ドイツがこれを食い止めることができるかどうかは注

図表5-18　ドイツの対内・対外直接投資（4四半期平均）

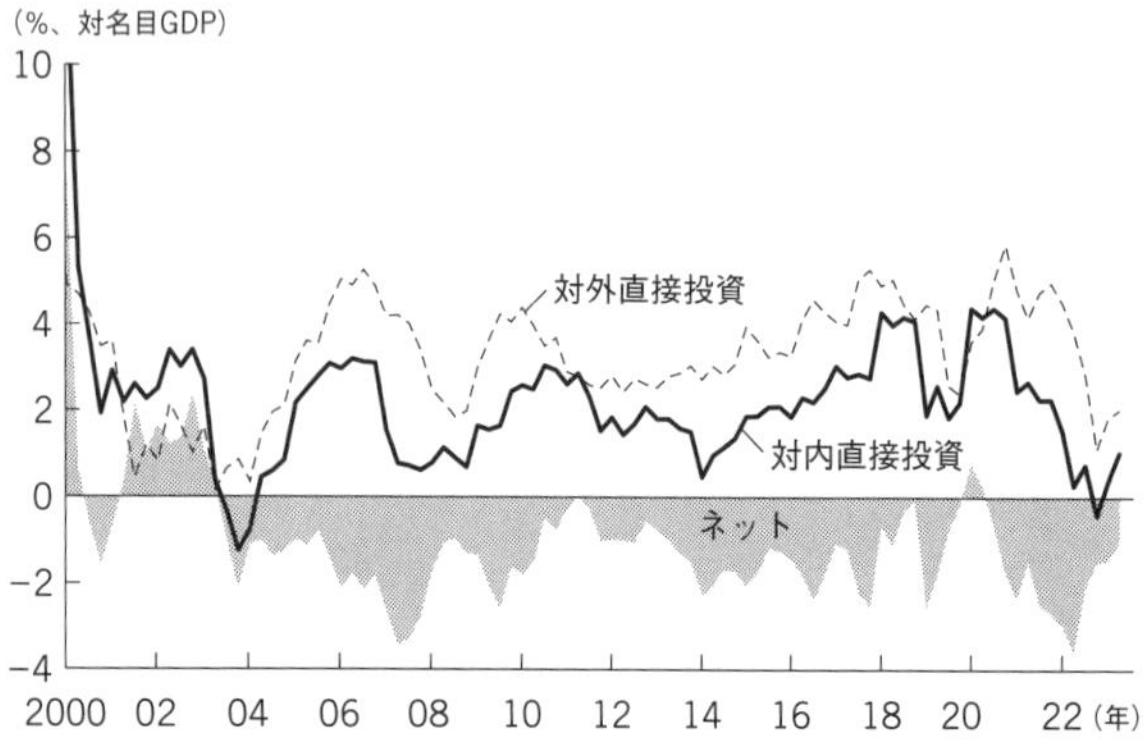

（出所）macrobond

目したい（筆者はドイツが備える特殊な環境を踏まえれば、日本と同じことにはなりにくいと考える立場ではあるが、リスクは残るだろう）。

2023年の日本は、このような惨状にあるドイツに追い抜かれてしまったのである。話を元に戻すが、それでも「為替要因ゆえの逆転だから問題は無い」と安堵するだろうか。

「世界第3位の経済大国」定位置ではなくなった

もちろん、ドイツがこうした状況だからこそ、日独GDP逆転を「為替による一過性の問題」と見なし、間もなく再逆転可能（元の順位に戻る）と期待する筋合いもあるかもしれない。確かに、その可能性もあるだろう。しかし、確実に言えることは、ドル建て名目GDPに関し、2012年には7割以上も日本が上回っていた状況から、両者の差は為替変動次第で入れ替わるものになってしまったという事実ではないか。少なくとも米中に次ぐ「世界第3位の経済大国」というステータスはもう日本の定位置ではなくなっている。その背景に著しく切り下がった円の水準という論点は確実に効いている。重要なことは、それを「為替の問題だから」と蓋をするのではなく、「円安が常態であれば世界4位もまた常態」という視点を持った上で、その円安の背景に何があるのかを真摯に考える姿勢だと筆者は考えている。その答えを検討するにあたって、本書でこれまで示してきた需給構造の変化に関する議論などが参考になれば嬉しいと思う。

おわりに

10年ひと昔

筆者は年間100回以上、講演会や勉強会をやらせて頂いている。その対象は事業法人、機関投資家、官僚、政治家など多種多様であり、そのような機会を通じて色々な知見を得ることができる環境は大変恵まれていると感じている。多様な経済主体から多様な意見を汲み取ることができる経験は、結局のところ世に通じていない人も多いエコノミストや学者の世界において極めて貴重なものだと思う。筆者の講演会や勉強会を聞いた後の感想は概ね一様で「暗い気持ちになった」、「円安が続くと確信した」など、悲観的な声がとても多い。恐らく、筆者の著書やコラムをお読み頂いている読者の方々も同じ気持ちなのではないかと察する。意図的に悲観的な話を選んでいるつもりはなく、事実を追求した結果そうなってしまったというのが正直なところゆえ、ご容赦頂ければと思う。

なお、「暗い気持ちになった」に続けてよく頂く声は「日本はなぜ、このような状況になってしまったのか」というものだ。答えはもちろん1つではないだろう。ただ、筆者は2013年4月以降のアベノミクス隆盛と共に、リフレ派と呼ばれる政策思想が望んだ展開が結実したのが2022年以降の円相場や日本経済だと思っている。きっかけはどうあれ、円安発、輸入物価経由のインフレ圧力は日本社会の賃金・物価環境を明らかに変えつつある（少なくとも2022～2024年はそう見える）。その意味でアベノミクスは所期の目的を達成しているのかもしれない。振り返れば、2013年4月以降、日本の経済・金融情勢は異次元緩和の下での円安・株高に沸き、世論はこれを熱狂的に支持していた。当時、筆者は「円安は万能の処方箋ではない。海外への所得流出を招き、実質賃金も下がる」といった趣旨の分析を多く発信していた。しかし、当時そのような論調を発信すると職場に「水を差すな」と言わんばかりに苦情のメールや電話が来ていた。それほど異次元緩和を主軸とするリフレ政策（アベノミクス）は世論に支持されていたのである。あれから10余年が経ち、「悪い円安」が流行語大賞の候補になるような時代になった。隔世の感を覚える。為替に対する社会規範が大きく変わったという意味で2013年以降の10年間はまさに「10年ひと昔」を象徴する局面だったと言えるのではないか。

格上げされた論点

前著と本書を通じて、国際収支構造の変化を主軸に円、ひいては日本経済の脆弱性を議論したつもりだ。2022年9月に前著を発刊した頃はまだ円安の原因として「日米金利差の拡大」と説明する向きが多数派であり、国際収支構造の変化からアプローチする立場は明らかに少数派だった。しかし、「はじめに」でも述べたように、前著発刊から1年半後の2024年3月、財務省には神田財務官の下、国際収支構造の変化を議論する有識者会合が立ち上がっている。円安が構造的要因を孕んでいる可能性に関し、2022年時点では多くの識者が懐疑的であったが、2024年時点では分析価値のある論点として格上げされているという実感はある。同会合の初回会合で筆者がリードスピーカーを務めさせて頂いたのは、時代の論点が変わっている証左にも思う。また、前著で巨大な円安リスクとして言及した「家計の円売り」も、2024年1月の新NISA稼働を契機にテーマ視され始めた。これも2022年時点ではテールリスクの1つに過ぎなかったが、現実的なリスクとして格上げされた感がある。今はまだ「国際分散投資の芽生え」として肯定的に受け止められるかもしれないが、3年後や5年後も同じことを言えるだろうか。不安はある。

　そのほかにも前著発刊以降に格上げされたと感じる論点は多いが、FRBの「次の一手」（端的には日米金利差の動向）を考えれば、円相場の次の展開も読めるという発想がかつてよりも報われなくなっていることは確かだろう。繰り返しになるが、日米金利差を見ることが無意味だと言っているわけではない。その相対的な重要性が過去に比べて低下しているのではないかというのが筆者の問題意識だ。日米金利差の動向は、特にドル／円相場の「方向感」を見定める上で引き続き重要な論点ではある。

　だが、ドル／円相場の「水準感」を見定める上では東京外国為替市場の需給環境にどのような変化が起きているかを丁寧に分析する姿勢も改めて重要になっている。2022年初頭に115円近辺だったものが、同年10月には150円近辺になり、そこから2024年4月には160円台に到達している。その値動きの全てを金利差だけで解釈するのは無理がある。そもそも日米の金利差は歴史的に開いているではないか。近年の新しい論点とは言えない。これほど色々な変化が起きているにもかかわらず、ドル／円相場と日米金利差を同じ図表にプロットして全てを解説したような顔をするのは分析姿勢として真摯ではないと思う。

患部を特定し、処方箋を検討する段階へ

前著や本書の分析を通じて、円安がある程度、恒常的な性質を持つ相場現象だと認知できたとして、次に議論すべきは「日本はどうすれば良いのか」という処方箋である。

本書執筆時点の世相を見ていると、円安の背景に何らかの構造変化がある可能性について認知が進みつつあり、「処方箋を考えねばならない」という焦燥感も2022年と比べれば明らかに強まっているように感じる。円安に潜む構造問題を認め、焦燥感を抱けば、あとは処方箋を検討する段階に入る。繰り返し述べているように、前著を発刊した時点では、まだ円安を「日米金利差拡大の結果」と考える風潮は強かった。本書の議論では「それだけではない可能性」を提示したつもりだ。実際、長引く円安やそれに伴う多様なコストに直面した結果、日本社会は「新しい宿痾」として円安の存在を認知しつつある。病気や怪我も患部を適切に特定できなければ、適切な処方箋を与えることができない。円安をもたらす需給構造（患部）に目が向き始めれば、今後は様々な政策（処方箋）を議論することができる。

第5章でも議論したように、今後の日本はこれまでは使えなかった「円安を活かすカード」が使えるようになる。カードを上手く使いながら外貨獲得能力を高めていく政策運営が各所

で求められることになるだろう。為政者の方々とお話していると、そのような問題意識を抱きながら、業務に当たる雰囲気は日々強まっているようにも感じられ、頼もしさを覚える。今後の処方箋に関しては、まだ筆者が浅学ゆえ、本書で軽々に口を差し挟むことは控えたい。ただ、第5章でも見たように、今後は「安さ」を主軸として日本の教育水準の高さ、治安の良さ、経済規模の大きさ、安全保障上の有利な立ち位置などをアピールしつつ、海外から日本への国内投資を喚起すべきという大まかな方向性に間違いは無いように思う。本書は国際収支分析が主軸であるゆえ、旅行収支や対内直接投資といった論点に絡めて大まかな処方箋を提示するにとどめたが、それに付随する論点が山ほどあることも承知している。例えば本文でも少し言及したように、電力供給が不安定な国に投資を決断する企業や投資家はいない。電源構成の未来をどう考えるのかという点に関し、日本は大きな議論の余地を抱えたままだろう。本書では議論できなかったが非常に重要な問題である。同じ文脈で労働力としての移民問題も必ずどこかで議論が必要になる。

なお、2024年3月、財務省に発足した「国際収支に関する懇談会」は副題に「国際収支から見た日本経済の課題と処方箋」と銘打たれている。委員を拝命した筆者も微力ながら何らかの貢献をしたいと思う所存である。今後、書籍を出す機会に恵まれれば、処方箋に力点を置いた議論にチャレンジしてみたいという気持ちもある。

なお、こうして書籍に至る以前に沢山の媒体で連載や寄稿をさせて頂いている（書籍化はそれらの集大成という位置づけでもある）。前著や本書を通じ、筆者の考えに少しでも共感して貰えたのであれば、そうした日々の情報発信も参考にして頂けると思う。現状、連載している媒体も非常に数が多くなってしまったため、ここで全てを紹介することは控えたい。２０２４年に入ってからはメディアプラットフォーム「ｎｏｔｅ」において「唐鎌Ｌａｂｏ」というメンバーシップの枠組みを設け、月５本に絞って、その時点で最も重要と考えるテーマを配信することにしている（※）。メンバーシップ内の掲示板では筆者の論考に対して示唆に富むご意見を頂戴することもあり、個人的にも学びを感じている。実体経済を分析しているつもりでも、実体経済から乖離した感覚を持ってしまうエコノミストや学者は少なくないため、こうした試みはできるだけ続けていきたいと思っている。ご関心があれば覗いて頂ければ嬉しい（※ＵＲＬ：https://note.com/dkarakama/membership/info）。

筆者にも小学生の娘が２人いる。若い世代の経済活動が円安やこれに伴う物価高によって制限されるような世の中になって欲しいとは思わない。それゆえ、今後の調査・分析活動においては、日本がまだやり直せる可能性にも焦点を当てながら考察を深めていきたい。筆者の知恵などたかが知れているが、日本経済好転のために建設的な意見を積み上げる努力はしていきたい。「ドル／円相場が34年ぶりの高値更新」というニュースを横目にしながら、今回は筆を置きたいと思う。

2024年6月吉日

唐鎌 大輔

注

1 ドル／円相場の水準や変化率はブルームバーグからEBS社のシステムで成立したものを参照。

2 例えば日本経済新聞電子版で「デジタル赤字」と検索すると2023年2月8日「日本のデジタル赤字4・7兆円　22年、海外ITへ支払い拡大」と題した記事が最初で2024年6月14日時点では32件の記事がヒットする。

3 日本経済新聞「政府クラウド、さくらインターネットが参入　初の国産」2023年11月28日

4 東大生約300人を対象に行った一部調査では「民間企業への就職を希望する人のうち約16％がコンサルティング・シンクタンク業界を志望し、IT・通信業界の約17％に次ぐ」という結果が示されている。※NewsPicks「東大生はなぜ、コンサルに行くのか？」2020年11月19日。

5 日本銀行「国際収支関連統計 項目別の計上方法」2022年3月。なお、権利の「売買」に関する取引は研究開発サービスに計上される一方、権利の「使用許諾」に関するサービス取引は知的財産権等使用料に計上されるという違いがある。

6 経済産業省「第6回　半導体・デジタル産業戦略検討会議」2022年7月20日

7 日本銀行「国際収支統計からみたサービス取引のグローバル化」2023年8月10日

8 例えばプライムサービスのうち送料無料の宅配サービスは同社が国内拠点を構え、日本国内で

提供するサービスであるため国際収支統計の範疇ではないという見方もある。しかし、その場合も同社の日本法人があげた利益が直接投資収益の支払として海外へ流出するという経路で円売りは発生する。

9 日本経済新聞「Amazonプライム値上げ、楽天を意識 なお米欧の6割安」2023年8月10日

10 BSフジプライムニュース「デジタル赤字の衝撃! 国富が年5兆円超流出 巨大ネット企業×日本」2024年3月7日

11 日本経済新聞「デジタル小作人、米に貢ぐ5兆円 稼ぐ日本『壊』より始めよ」2024年1月15日

12 例えば2023年6月30日の日本経済新聞は「金融庁、外貨建て保険販売の監視強化へ」と題した記事の中で金融庁が「売れば売るほど営業担当者の人事や給与評価が高くなる大手銀行や地方銀行があり、顧客のニーズに沿った商品提案が出来ていない金融機関を問題視している」という実情を報じている。

13 The Economist "It's not just a fiscal fiasco: greying economies also innovate less" May 30, 2023

14 日本経済新聞「米エヌビディア、日本に研究拠点設置へ AI人材育成も」2023年12月5日

15 算式は以下の通り:「税額=制度対象所得(※)×優遇税率」、※制度対象所得=知的財産から

生じる全所得×知的財産開発のための適格支出÷知財開発のための支出総額。この算式は、イノベーションボックス税制に関する課税枠組み（Nexus approach）としてOECDが示し、各国はこの枠組みの中でイノベーションボックス税制を導入することが求められている。なお、例えばオランダは通常25・8％が9％に、英国は25％が10％に、インドは25・17％が10％になったりする。

16 経済産業省「我が国の民間企業によるイノベーション投資の促進に関する研究会」の資料を参照。

17 令和元年10月3日に開催された日本政府の「未来投資会議（第31回）」に使われた配布資料では「GAFA（グーグル、アップル、フェイスブック、アマゾン）と日本の大企業の研究開発費」や「GAFAと日本の大企業の売上高研究開発費比率」といった図表が掲載され、日本企業の劣後が説かれている。

18 脚注5参照。

19 財務省財務総合政策研究所「日本経済と資金循環の構造変化に関する研究会」2023年11月21日

20 財務省「第1回国際収支から見た日本経済の課題と処方箋　委員説明資料②」2024年3月26日

21 輸出入企業は諸事情や自身の相場観などもあって決済の時期を意図的に早めたり（leads：リー

ズ）、遅らせたり（lags：ラグズ）することがある。そのため貿易収支の数字がそのまま同時期の為替需給に直結するとは限らない。

22 財務省「第1回国際収支から見た日本経済の課題と処方箋　事務局配布資料」２０２４年３月26日

23 例えば２０２３年11月13日付の日本経済新聞は「『円弱』1ドル１５０円　理由は金利差だけじゃない」と題し、金利差以外の観点から円安の背景を探っている。また、同年９月３日付の同紙は「需給の円高はどこへ消えた 貿易赤字減でも円買い増えず」と題し、需給要因に根差した円安の可能性を報じている。

24 IMF, "World Economic Outlook" April 2023

25 レパトリは「レパトリエーション（repatriation）」の略で本来「本国送還」を意味するが、金融の世界では「資金の本国回帰」を意味することが多い。企業や投資家が海外から資金を引き揚げ本国に戻す（還流）ことを指す。レパトリ減税は還流額に課される法人税の税率を特別に引き下げることで、これにより海外から還流する資金の増加を意図する。

26 内閣府「平成23年度年次経済財政報告」２０１１年7月。同報告の「第2節 物価動向と金融資本市場」では東日本大震災後の円高について「95年の阪神・淡路大震災後に円高が進んだことから今回も円高になるとの思惑等から、海外投資家を中心に円が買われた」という可能性を指摘している。

27　ブルームバーグ「短期的に円高に振れる可能性も、石川県能登地震で」2024年1月1日

28　同記事ではSBI証券、楽天証券、マネックス証券、松井証券、auカブコム証券の5社を指している。

29　2023年以降、多くのネット銀行では1か月や6か月に区切った上で通常の外貨定期預金よりも高い金利を提供する動きが目立つようになった。例えば「円からドル定期預金（期間6か月）を申し込めば年9・00%」といったような建付けである。もっとも、こうした特別な商品でなくとも2023年から2024年にかけてネット銀行では1年物のドル定期預金で5%程度の金利が提示されることは珍しくない（※2024年6月時点の情報ゆえ、読者においては注意されたい）。

30　The Economist "Our Big Mac index shows how burger prices are changing- In what countries is the ubiquitous meal cheapest — and dearest?" January 25th 2024

31　基本的には4月と10月の年2回公表だが、政治情勢に応じて不規則化することも多い。為替政策報告書は米財務省サイトで掲載されている。U.S. Department of the Treasury "Macroeconomic and Foreign Exchange Policies of Major Trading Partners of the United States"

32　Bloomberg のティッカー（WEIS）を用いて表示される世界の株価指数について、当該期間の上昇率トップ10を並べている。銘柄選択について筆者の恣意性は全くない。

33　「名目GDP成長率－インフレ率＝実質GDP成長率」と考えると、インフレ率がマイナスのデ

フレ経済では「実質GDP∨名目GDP」という名実逆転が起こりやすくなる。例えば名目GDP成長率が＋3％、インフレ率が▲2％の経済の実質GDP成長率は＋5％となってしまう。

34　例えば日本経済新聞「600兆円経済がやって来る　名目の拡大に日本の活路」2023年7月30日

35　日本経済新聞「名目GDP1000兆円、岸田首相『21世紀前半の達成視野』」2024年3月18日

36　例えば国際的なスノーリゾートとして知られるようになった北海道のニセコエリアでは大型宿泊施設の建設規制を意識した法規制が運用され始めており、2024年11月からは1泊最大2000円の宿泊税を導入することも決定している。宿泊税は本書執筆時点で東京、大阪、福岡は元より金沢や京都、長崎などでも導入済み。ニセコの建設規制については以下の報道などが参考になる。日本経済新聞「ニセコはオーバーツーリズム寸前　乱開発防ぐ『総量規制』」2024年3月13日

37　日本経済新聞「Amazonが日本に2兆円投資　AI普及でデータ量急増」2024年1月19日、同「Microsoft、日本にAIデータセンター　4400億円投資」2024年4月9日、同「オラクル、10年で対日1・2兆円投資　データセンター増設」2024年4月18日

38　2022年春に公開された同社の募集要項を基にした数字であり、以下の報道を参照にした。

39 日本経済新聞「賃上げ迫る『黒船』 TSMCインフレで進む企業淘汰」2023年11月30日
読売新聞「コストコの時給1500円、IKEAは1300円から…外資系大型店の全国一律『好待遇』が話題に」2023年11月7日
40 日本経済新聞「北海道ニセコの時給『想定超える上昇』 施設清掃2200円」2023年12月4日号
41 JETRO「2022年度外資系企業ビジネス実態アンケート調査結果概要」2023年3月22日
42 日本経済新聞「半導体大手、対日投資2兆円超 東アジアの経済安保強化」2023年5月18日
43 国際収支関連統計において直接投資のデータは資産負債原則または親子関係原則に基づいて作成される。図表5－3で記載される対内直接投資残高は「本邦対外資産負債残高」統計を基にしており、これは資産負債原則で作成されている。片や、図表5－7は「業種別・地域別直接投資残高」統計を基にしており、親子関係原則で作成されている。作成方法が異なるため対内直接投資残高の合計は互いに一致しない。
44 日本経済新聞「冷える海外勢の不動産投資 5年ぶり低さ、金利上昇にらむ」2024年2月5日
45 ブルームバーグ「GICが汐留シティセンター売却の方針、3000億円超か―関係者」

2023年9月5日。なお、GICには日本専用ホームページがあり、投資実績はそこで確認するのが一番容易である。

46 シンガポール政府投資公社（GIC）「長期的な日本への投資」2023年8月29日

47 脚注24参照

48 脚注37参照

49 内閣府「『海外からの人材・資金を呼び込むためのアクションプラン』における重点施策フォローアップ」2024年1月31日

50 本文中の重点FU分野は内閣府「『海外からの人材・資金を呼び込むためのアクションプラン』における重点施策フォローアップ」における資料3を参照している。2024年1月31日

51 経済産業省、内閣府、総務省、財務省、文部科学省、厚生労働省、農林水産省、国土交通省、環境省、金融庁、公正取引委員会「国内投資促進パッケージ（施策集）」2023年12月21日

52 JR東海が開発を進めていたリニア中央新幹線は、元々、2027年に品川―名古屋間の運用開始を目標としていた。しかし、2024年3月29日、同社は2027年の開業を断念し、2034年以降の開業へ延期となることを発表している。

53 こうした考え方は以下の資料が詳しい。リニア中間駅4駅を中心とする地域活性化に関する検討委員会「リニア中央新幹線中間駅を核とする『新たな広域中核地方圏』の形成」2023年7月21日

54 毎日新聞「『中国に続いてドイツにも…』GDP4位転落は円安だけでない理由」2024年2月15日
55 人口はIMF世界経済見通し（WEO）の2024年4月改訂版で前提となっている数字を使用

唐鎌大輔 からかま・だいすけ

2004年慶大経卒、JETRO（日本貿易振興機構）、日本経済研究センター、欧州委員会経済金融総局などを経て08年よりみずほコーポレート銀行（現みずほ銀行）。財務省「国際収支に関する懇談会」委員（24年3月〜）。著書に『強い円」はどこへ行ったのか』（22年9月）、『アフター・メルケル「最強」の次にあるもの』（21年12月）（いずれも日本経済新聞出版）など多数。TV出演：テレビ東京『モーニングサテライト』や日経CNBC『昼エクスプレス』のコメンテーターなど。連載：ロイター、東洋経済オンライン、ダイヤモンドオンラインなど多数。note「唐鎌Labo」にて今、最も重要と考えるテーマを情報発信中。

日経プレミアシリーズ｜515

弱《よわ》い円《えん》の正体《しょうたい》 仮面《かめん》の黒字国《くろじこく》・日本《にっぽん》

二〇二四年七月　八　日　一刷
二〇二四年九月一七日　五刷

著者　唐鎌大輔
発行者　中川ヒロミ
発　行　株式会社日経BP
日本経済新聞出版
発　売　株式会社日経BPマーケティング
〒一〇五―八三〇八
東京都港区虎ノ門四―三―一二

装幀　沢田幸平（happeace）
組版　マーリンクレイン
印刷・製本　中央精版印刷株式会社

ISBN 978-4-296-12034-5　Printed in Japan